幼児教育
知の探究 11

表現芸術の世界

清水　満＋小松和彦＋松本健義

萌文書林

はしがき

　明治の近代国家建設を目指して学制を敷いた第一の教育改革，第二次世界大戦後の民主国家建設を目指した第二の教育改革は，教育によって国の未来を再建するという国家目的が明確にあったが，1980年以降，紆余曲折しながら模索している第三の教育改革は，今なお混沌とした状況にある。すでに四半世紀が経過しているが，過去の国家に依存してきた教育改革から，民意が改革を推進するだけの活力を有するようになるには，物質的・上昇的な価値から"人間の生"に基本をおいた問いへと価値の転換を図り，人々が志向する文化そのものの本質に光を当てていくことが必要であろう。

　しかし学校が社会から遊離し，子どもたちに合わなくなっていても民意が建設的に動いてこない。また行政が民意と対話し，民意を支えて施策化し，それを推進する機能が働かない。小学校の生活科や総合学習の導入，教育のプロセス・アプローチに対する第三者評価の導入等は，敗戦直後の民主化への教育が目指したものであったはずである。また，幼稚園・保育所・総合施設等の制度的見直しも，戦前からの就学前教育の課題がそのまま積み残されてきた結果といえよう。それは家族の時間やコミュニティの人々のつながり，豊かな地域文化の醸成，そこに生きる人間の本質の発展という方向より，少子化対策，経済の維持といった国の施策が先行するものとなっている。これは，半世紀の間に国家依存，体制依存の体質が招いた混沌であり，今まさに教育理念そのものの問い直しが求められている時が来ているといえよう。

　国による民主化から，民による民主化成熟への道のりには，人間が生き

ることの意味への問い，生きる価値のおきどころ，世代循環するトポスの文化の見直しが必要である。それは，幼稚園・保育所・小学校といった分断された施設区分から，コミュニティの中での就学前から学童期を経て生涯にわたって展開される学習を構成していく視点でもある。地域の子どもたちの生きる場としての総体を受け止め，地域社会の環境・文化と共生する教育への転換は，学校化された知の限界を越えて知の在所や知を構築する関係のありようを転換し，知そのものへの問いを新たにするだろう。

　生の根元にまでさかのぼろうとする本企画は，人間・学び・学校・社会という共同体のトポスに焦点を当てて，従来の就学前教育が子どもたちに当てた光を再考しつつ，あわせて抱えてきた課題も浮き彫りにして，これからの知を構築する視座を掘り起こしたいと思う。

　なお20巻にわたる本企画は，次の三つの特長をもっている。一つは，幼稚園や保育所，総合施設等の多様化に伴い，本来の就学前教育の理念も児童福祉の理念も曖昧になり，幼児教育界を混沌とさせている現状を踏まえ，3歳児から低学年までを見据えた就学前教育に光を当てて"人間の教育"の根元に迫る。二つに，従来の幼児教育に関連した書籍の感覚としては，難しいという批判を浴びることを覚悟の上で，専門性を高めることを願う幼児教育者養成大学やキャリアアップを図る現職者だけでなく，広く一般の人々にも読んでいただけるような知の在所を考える。三つに，現在の幼稚園教員養成カリキュラムの内容を基本においてはいるが，今後の教員養成で必要とされる内容を加えて全巻を構成している。

　本シリーズ刊行に当たっては，萌文書林の服部雅生社長の大英断をいただいた。社会体制転換をしたポーランドが5年制の大学で修士論文を書いて初めて教員の入り口に立ち，一人前の幼稚園教員として認められるには14

年の学習研鑽と実践を積んで国家試験を通るという厳しいものであることを思うと，まだ日本の就学前教育の先は長いという思いもする。しかし，このシリーズによって教科書内容の重複を避け，教師・保育士の専門性を高めるために一石を投じたいという，長年，幼児教育界の出版に携わってきた服部氏だからこその決断をいただいたことに深く感謝する。

　いつになってもこれで完成ということはない。多くの方々から忌憚のない意見を寄せていただき，次の時代への知の橋渡しができることを願っている。

2007年1月

シリーズ編者　青木久子・磯部裕子

本書まえがき

　本書のタイトルを「表現芸術の世界」としたのは，今日の芸術が生活世界から遊離して審美的な美を求める純粋芸術（というより商業芸術）に偏り，後者をもって芸術と捉える人々があまりにも多いことに問題意識をもっているからである。近代科学が隆盛した社会の忘れ物の一つに，この表現としての芸術の世界をあげることができるのではなかろうか。生活による遊びを中心とした幼児教育の実践も，遊びから生まれる文化を創造することより，音楽や造形美術，身体パフォーマンスなど既存の歴史的表現教材を教える文化になりさがり，本来，表現芸術のもつ他者や自然との共振・共感という体性感覚が失われている。生活から遊離し体性感覚，関係の相互性，生の現象が失われた芸術は，博物館に保存され記憶される過去と同然で，日本人が暮らしの中に生成する美とはほど遠い。

　古来，人々は大自然と共生する衝動と悟性を統一するものとして歌や舞いに美を見いだしてきた。鎌倉時代の禅の芸術も人々の生活に根を下ろすことで日本人の美的意識の源流となり文化となって生きてきた。さらに江戸時代，生活即遊びの中から，能や歌舞伎，狂言，茶道や華道などの芸の道が生まれ，また日常の生活や遊びの中から日本家屋や庭園のつくり，衣装や道具が洗練されて美の文化となっていったように，あるいは雅楽や謡曲，お囃子，短歌や俳句，踊って歌う表現的生活が日常にあったというように，本来，表現芸術は舞台の上ではなく遊びや生活，祭祀などの生きる空間・時間の中に，常に生成創造しているものとしてあったのである。

　こうした人間の美意識に対して，多くの先達は表現芸術こそ，人間に活

力をもたらす原動力であり，アイデンティティを形成する源であるとしてきた。かつてトルストイはそもそもロシア語には美という言葉はなくまた，プラトン，アリストテレスの時代から「善」とは別の「美」という意味などなかったとする[1]。バウムガルテンが論理的な認識対象としての真と，感性的な認識対象としての美と，倫理的な意志で到達する善を区分したのは近代以降の美学であって，美を土台に置くかぎり芸術の定義はできないとする。つまり彼は芸術を，人間生活の一つの条件であり，人間が他の人間の心持ちに感染する力こそ芸術の働きであると考え，芸術を次のように定義する。「─中略─ 一人の人が意識的に何か外に見えるしるしを使って自分の味わった心持を他の人に伝えて，他の人がその心持に感染してそれを感じるようになるという人間のはたらきだ」と。「私たちの生活を満たしているものはみな，芸術の働き」であり，人間の生を活性化させ自己存在感・アイデンティティを確立していくものなのである。この理(ことわり)を忘れ，生活から遊離した芸術は，文化のコピーであって文化の生成創造には直接的には寄与しない。また人間の生成創造や生の活力も回復はしない。

　1989年の幼稚園教育要領から「音楽リズム」「絵画製作」の領域が「表現」となってすでに20余年になるが，幼児教育界の多くの実践現場では音楽や美術という文化を教えるスタイルが変わっていない。人間はみな表現者であり共同体という生活芸術の世界を生きているところに立ち返るのは並大抵のことではない。その課題を鮮明にし，次の時代を描くために，表現芸術の世界を3人の方々に異なる視座から描いていただいた。

　第1部は，「表現的生としての人間」と題する清水満氏の論考である。「芸術とは何か」を考える原典として，近代美学を確立したカントの美的判断やシラーの美的教育論が論じられている。今日の私たちは，法律によっ

て社会契約した共同体を生きている意識の方が強く，シラーのいう"美の共和国"とは疎遠になっている。感性が摩耗した時間を費やしていると，己の自由も他人の自由も束縛して生の現象や関係の相互性を失い喘ぐことになる。関係の相互性を失うことは，コミュニケーションとしての身体を失うことであり，活力としての遊戯衝動を失うことであり，美を失うことであるということを忘れている。

　人間の身体的共存に注目して幼児教育の場を"美の共和国"とする清水氏の提案は，まさに学校こそ表現的生のコスモロジーとなる必要性について考えさせられる。清水氏の生活スタイルそのものが表現者として身体的共存の世界をつくりあげていく自由人で，そこに彼の強い人生哲学と美学がかいまみられる。1年の1/3ほどをデンマークで暮らすという彼は，デンマークの人々が様々な遊びや活動を通して，"美の共和国"の思想を実現していること，その思想の背景にはコルの教育思想があること，そして，美の共和国実現のためにフリースクールという教育の形が市民の手によってつくられていることなどを紹介してくれる。私が彼の著『生のための学校』や『共感する心、表現する身体』に出会ってから10年ほどがたつが，本巻の構成にあたってシラーの美学を，現実にある美の共和国として語り，実践できるのは清水氏だという確信が，彼の論考を読むたびに蘇る。幼児教育界が生としての表現芸術を問い直す貴重な機会をいただいた。

　第2部は，「民俗学からみた表現活動」という小松和彦氏の論考である。近代科学が隆盛した時代においては，妖怪だの鬼だの幽霊だのといった見えない霊の存在は否定されてきた。しかし，人間は見えない存在に怖れをいだきつつ精神にこれらを留め置くからこそ，己という実在が見える。空間や時間に伴う不安や恐怖などは混沌(カオス)であるが故に生を照らしだすのであ

る。不安や恐怖が科学知で説明される世界は一見，合理的に思えるが，科学知で説明しえない混沌(カオス)を抱えているのが生の証である。妖怪などの物語は，現世と死後の世界の中間を浮遊して2つの世界のつながりを生みだしている。小松氏の「妖怪学」にはそうした妖怪と付き合う常民の知恵が，歴史的事実に重ねながら描かれている。妖怪学とは，小松氏の『妖怪学新考』(小学館，1994)によると「人間が想像（創造）した妖怪，つまり文化現象としての妖怪を研究する学問である。妖怪存在は，動物や植物，鉱物のように，人間との関係を考えずにその形や属性を観察することができるものではなく，つねに人間との関係のなかで，人間の想像世界のなかで生きているものである」という意味において，妖怪文化学であり人間学であり，文学や芸能，絵画などに物語られ，演じられ，描かれるフィクションとしての妖怪研究である，ということになる。

　その妖怪がなぜ，幼児教育と関係があるのかと思われるに違いない。私は，言葉で説明しえないフィクションとノンフィクションのあいだを生きているアニミズム性のある子どもたちが求める世界が，妖怪学で語られる想像世界，精神世界だと考える。「天の岩戸」や「やまたのおろち」の日本神話に始まり，「酒呑童子(しゅてんどうじ)」や「山姥」「ももんがあ」などの物語は子どもたちの想像をかき立て，心持ちを感染させていく。それらの物語は八百万(やおよろず)の神をいただく日本人のルーツを想像する時空にある。また，地域共同体が伝承してきた「なまはげ」や「人さらい」など恐怖におののかせる祭りや話も現実と仮構を行き来する。子育ての中でカッパや鬼，おばけの話などをしなかった親はいないだろう。幼児期に形成する世界観に想像世界が加わることは，美醜を対のものではなく，美醜が生まれる以前の表現世界，生活芸術の世界に子どもたちを戻してくれる。日本人の心の故郷に妖怪の

物語が棲んでいた時代とは何だったのか，小松氏の「妖怪学」等の文献がずらっと並んだ図書館の書棚の前で，何回も本のページをめくりながら考えた。本巻の企画にあたって，妖怪学からみた生活芸術の時空を，子どもたちの日常に取り戻すために切望した小松氏の論考である。

　第3部は，遊びの協働的実践を芸術の実践形式と位置づける松本健義氏の「子どもの遊びと生活芸術」の論考である。今―ここの〈できごと〉は，人と人との相互作用の中で意味を生成しながら物語として双方の意識を変革し，関係のありようを変えていく。関係が生成する物語をどのように読み解くか，トランスクリプトの手法で表現が生まれる関係の相互性を詳細な分析を通して検証している。そして，幼年期の子どもが活動することによって生まれた不思議を，様々に想像しながら表現することによってみんなの不思議にしていく過程や，浸っている風景の中の自分の行為が詩のような言葉となり，それが相手と共振していく過程など，教師が見過ごしてしまうような子どもの行為表現に注目している。

　"学校教育という制度的な場における表現活動は，制度化され言語化された知識観，人間観，文化観，社会観の側から捉えたもの"で，子どもと他者の協働的実践や相互的実践ではないために，表現活動が形骸化しやすいこと，つまりすでにできあがった「美術」や「芸術」という文化の枠組みからのまなざしで知覚と表現の生成実践に傾いていることへの問題を提起する。とくに造形行為は，日常の幼稚園や保育所等の遊びの中にあり，遊ぶことそのものが目的である遊びにおいて造形，身体，音楽，言葉や詩などで表現されるものは，表現自体を目的としているのではない。遊びに使う道具もその必要性から，音楽や詩も遊びの必然からつくりだされていくのである。現在進行形で〈できごと〉内の関係と文脈が生成されるとは，

まさに述語的主体がそこで形成されているということになる。"人々がそこで見，名づけ，聞き，つくりだす共通世界の探究にこそ芸術が生まれるとする"ギアーツの文化的達成という芸術観を引用しながら，松本氏は「『美術』も『純粋美術』もどちらも『芸術』とは異なる志向性を文化的に有している」として，本来の『芸術』は，生活そのもの，生活実践そのものを行い社会の共同性をつくるものであるとする。幼児や学童の表現を純粋美術，あるいは純粋音楽という大人の目でみたならば，そこには本当の意味の芸術はないということになる。こうした音楽や美術等の視点の転換ができないかぎり，幼児教育のみならず学校教育における表現の世界で，子どもたちは苦しまなければならないのではなかろうか。

　3人の論考の異なる視点と共通する理(ことわり)が，読者諸氏の表現芸術を考える幅を広げてくれるに違いない。就学前教育の場における表現芸術の世界に新たな目を向けて，これからの実践につなげていただくことを期待している。3人の先生方には，見ず知らずの編者の願いにもかかわらず快く引き受けて下さり，これからの幼児教育を考えるうえで，新しいとともに普遍的な視点を提供していただいた。とくに清水氏は2年前に，小松氏は1年前に校了をしていただきながら刊行がたいへん遅れたことを本当に申し訳なく，編者としての責任を痛感している。その間，3人のあいだをつなぎながら奔走してくださり，並々ならぬ努力を傾注してくださった萌文書林の服部直人さんに深く感謝して，前書きの言葉としたい。

　2010年4月

　　　　　　　　　　　　　　　　　　　　　　　　　　青木久子

目　次

第1部　表現的生としての人間―美的な経験と身体

はじめに ………………………………………………………………… 2
第1章　美的にみる ……………………………………………………… 10
　§1　カントの「美的判断」 ………………………………………… 10
　　1．美とは無関心の関心である ………………………………… 10
　　2．美的距離 ……………………………………………………… 13
　　3．美は「社交」の始まり ……………………………………… 15
　§2　シラーの「美的教育論」 ……………………………………… 18
　　1．人は遊ぶときにのみ人間 …………………………………… 18
　　2．美的仮象と遊戯 ……………………………………………… 21
　　3．美の共和国 …………………………………………………… 25
　§3　相互承認 ………………………………………………………… 27
　　1．フィヒテの「承認」概念 …………………………………… 27
　　　（1）カントの相互作用的「人格主義」 ……………………… 28
　　　（2）フィヒテの相互承認論 …………………………………… 30
　　2．ホネットの承認の段階論 …………………………………… 34
　　3．美的な承認 …………………………………………………… 38

第2章　身体の捉え直し ………………………………………………… 41
　§1　表現のメディアとしての身体 ………………………………… 41
　§2　「トロプス」と「イドラット・フォルスク」 ………………… 44
　　1．「トロプス」の思想 ………………………………………… 45
　　2．「トロプス」の具体例 ……………………………………… 46
　§3　デンマークの「イドラット・フォルスク」 ………………… 49

1．デンマーク独自の身体の歴史 ……………………… 50
　　2．第三のスポーツ ……………………………………… 51
　　3．「イドラット・フォルスク」 ………………………… 56
　　4．「イドラット・フォルスク」の具体例 ……………… 58

第3章　デンマークの教育思想とその実践に学ぶ ………… 63
　§1　表現主義の思想的系譜 ……………………………… 63
　§2　コルの教育思想 ……………………………………… 66
　　1．デンマーク教育の最大の貢献者クリステン・コル ………… 66
　　2．物語を語る …………………………………………… 67
　　3．想像力の重視 ………………………………………… 71
　　4．子どもたちが「自由で幸福な場」としての学校 …… 75
　　5．試験も宿題もない …………………………………… 78
　　6．自然の中で学ぶ ……………………………………… 81
　§3　コルから学んだことを生かす――一つの実践例 …… 84
　§4　デンマークの幼稚園を訪ねて ……………………… 91
　　1．生のための場――レグスゴー幼稚園 ………………… 91
　　2．美的表現の場としての「パレット幼稚園
　　　（børneinstitione Palletten）」 ………………………… 96
　結語 ………………………………………………………… 102

第2部　民俗学からみた表現活動

第1章　生活と表現 ………………………………………… 106
　§1　生活の中に埋め込まれた「表現活動」 …………… 107
　　1．表現者としての「常民」 …………………………… 107
　　2．表現活動を取りだすための観点 …………………… 109
　　3．常民の快楽とは ……………………………………… 110

4. 共同化するための「再・表現」としての表現活動 ………… 112
　　5. 常民の「作品」の特徴 …………………………………………… 114
　§2　物語る：伝説・昔話・世間話 …………………………………… 115
　　1. 知識の収蔵庫としての「口承文芸」 ………………………… 115
　　2. "過去"の記憶装置としての「伝説」 ………………………… 116
　　3. 教育・学習装置としての「昔話」 …………………………… 118
　　4. 日常生活の中の出来事を語る「世間話」 …………………… 121
　§3　歌う：儀礼歌・労働歌・遊び歌 ………………………………… 124
　　1. 生活の中の歌 …………………………………………………… 124
　　2. 儀礼・信仰の場での歌 ………………………………………… 125
　　3. 労働に伴う歌 …………………………………………………… 129
　　4. 遊びの場で歌われる歌 ………………………………………… 130
　　5. 子どもたちの唄 ………………………………………………… 132
　§4　造形する：祈りの造形 …………………………………………… 134
　　1. 神事と造形 ……………………………………………………… 134
　　2. 紙で造形した祭具・飾り ……………………………………… 134
　　3. 仮面 ……………………………………………………………… 136
　　4. 絵馬 ……………………………………………………………… 138

第2章　ハレとケあるいは常民の世界観 ……………………………… 140
　§1　演じる：神事と芸能のあいだ …………………………………… 140
　　1. 常民の芸能 ……………………………………………………… 140
　　2. 神事と娯楽の二面性 …………………………………………… 141
　　3. 教育装置としての芸能 ………………………………………… 142
　　4. 演じ手と観客 …………………………………………………… 143
　§2　子どもの年中行事：常民社会の子どもたち …………………… 144
　　1. 子どもの年中行事 ……………………………………………… 144
　　2. 冬から春へ ……………………………………………………… 145

  3．春から夏へ ……………………………………………………… 146
  4．夏から秋へ ……………………………………………………… 147
  5．秋から冬へ ……………………………………………………… 148
  6．地域社会と子ども ……………………………………………… 149
 §3　異界と妖怪 ………………………………………………………… 150
  1．「異界」とは何か ……………………………………………… 150
  2．結界：境界を作る ……………………………………………… 151
  3．異界の表象としての妖怪 ……………………………………… 152
  4．異界と妖怪を学ぶ ……………………………………………… 153

第3章　表現と芸術 …………………………………………………………… 156
 §1　「生活芸術」の発見 ……………………………………………… 156
  1．鶴見俊輔の「限界芸術論」 …………………………………… 156
  2．「民芸」の発見 ………………………………………………… 158
 §2　常民世界の中の「表現活動」と「芸術」 …………………… 163

第3部　子どもの遊びと生活芸術

第1章　子どもの行為の意味生成 ………………………………………… 166
 §1　行為の成立 ………………………………………………………… 166
  1．相互行為による意味の生成 …………………………………… 166
   (1) できごとの相互反映性とインデックス性 ……………… 168
   (2) 相互行為過程の生成 ……………………………………… 169
   (3) 意味生成と自他の成立 …………………………………… 174
  2．日常的行為の還元的思考―事例1：離乳食の食事場面 …… 176
   (1) 食事をすることの変容過程 ……………………………… 177
   (2) 非言語的な〈地〉の地すべり的解体 …………………… 179
   (3) 「指さし」と社会関係的な意味の成立 ………………… 180

§2　子どもの生きる世界 ……………………………………… 182
　1．行為，道具，身体の互換性
　　　　――事例2：ウルトラマンチロへの変身 ……………… 182
　　（1）ウルトラマンチロのトランスクリプト ………………… 183
　　（2）状況記述 …………………………………………………… 186
　　（3）〈もの〉から文化的道具への変貌 ……………………… 188
　　（4）道具の使用により変容する身体の互換性 …………… 189
　2．〈できごと世界〉――事例3：Kのあさがお ……………… 191
　　（1）生活科の授業記録 ………………………………………… 191
　　（2）"あまみず"をあげたこと ………………………………… 192
　　（3）〈こと（異）なり〉から〈言成り〉へ ………………… 193
　　（4）新たな意味生成 …………………………………………… 194
　　（5）対話的生成過程の広がり ………………………………… 195
　　（6）活動の次元で活動をつくり組み変える ……………… 198
　　（7）媒介物と協働的世界 ……………………………………… 200
　　（8）不思議さからの新たな語りの生成 …………………… 201
　　（9）コンテキスト ……………………………………………… 203

第2章　〈できごと〉の現れを生成する行為表現と〈学び〉 ………… 205
　§1　行為表現と〈生きることとしての学び〉 ………………… 205
　　1．遊びと行為表現へのアプローチ ………………………… 205
　　（1）遊びの協働的生成と行為表現との関係 ……………… 206
　　（2）遊びの協働的生成と現実性（リアリティ） ………… 208
　　2．物語と表現――事例4：まほうのほうき ……………… 211
　　（1）まほうのほうきのトランスクリプト ………………… 212
　　（2）詩の始まりと生きることとしてのリズムと〈ことば〉 ……… 212
　　（3）〈ことば＝詩〉が紡がれ合う関係――促され応答する―― …… 213
　　（4）身体内部のはずみ，高まりとしての〈ことば＝詩〉の表出 … 218

（5）沈黙の〈ことば〉 ……………………………………………… 221
　　　（6）詩やリズムとして現れる
　　　　　　　重層的な〈できごと〉としての「まほうのほうき」…… 222
　　　（7）生きることとしての学び ……………………………………… 224
　§2　〈学び〉と共同体の成り立ち …………………………………… 226
　　1．学びの過程の重層性とアイデンティティ ……………………… 226
　　　（1）意味生成と〈実践共同体〉への所属 ………………………… 226
　　　（2）アイデンティティとナラティヴ …………………………… 228
　　2．〈できごと世界〉と道具，言葉や記号 ………………………… 231
　　　（1）主体，道具，対象の位相 …………………………………… 231
　　　（2）対話 ……………………………………………………………… 232
　　3．未知性とアクチュアリティ ……………………………………… 233
　　　（1）他者性による分有的媒介 …………………………………… 233
　　　（2）〈こと〉性を帯びる〈もの，こと，人〉とその〈あいだ〉 …… 235

第3章　遊びと生活芸術―まとめにかえて― …………………… 237
　　1．相互関係性とコンテキスト ……………………………………… 239
　　　（1）〈できごと〉の実践的現象 …………………………………… 239
　　　（2）〈できごと〉の成り立ちと表現のデザイン ………………… 240
　　　（3）行為とコンテキスト ………………………………………… 243
　　　（4）自明性への問い ……………………………………………… 244
　　2．存在と身体 ………………………………………………………… 245
　　　（1）遊びの場や道具と「存在論的差異」 ………………………… 245
　　　（2）〈語る―行為表現〉としての生成 …………………………… 246
　　　（3）輪郭線が現れることと〈動的ゲシュタルト化〉 …………… 247
　　　（4）脱自的実存 …………………………………………………… 249
　　　（5）行為表現における三項関係 ………………………………… 252
　　　（6）根源的沈黙と"開け" ………………………………………… 256

3. アイデンティティと実践共同体 ………………………… 258
　　（1）遊びの〈できごと〉とアイデンティティ ……………… 258
　　（2）多元的なアイデンティティと共同性，相互性 ………… 261
　4. 間，タイミング，リズムと間主体性 …………………… 262
　　（1）音楽行為における〈あいだ〉 …………………………… 262
　　（2）タイミングと間主体の成立 ……………………………… 264
　5. 〈こと〉と臨床 ……………………………………………… 265
　　（1）〈こと〉としての経験とニヒリズム …………………… 265
　　（2）〈こと〉の生成と芸術 …………………………………… 268

結びにかえて ………………………………………………………… 272
　1. 芸術とは何か ……………………………………………… 273
　2. 未来の芸術 ………………………………………………… 276
　3. 日本人の芸術観と美意識 ………………………………… 278
　4. 大衆芸術の振興 …………………………………………… 281

【引用・参考文献】 ………………………………………………… 285
【索引】 ……………………………………………………………… 297

第1部

表現的生としての人間
――美的な経験と身体

　「子どものための芸術教育」という言葉はときどき目にする。幼児のうちからピアノやヴァイオリン、バレエの英才教育があり、幼児のための絵画教室もある。多くは子どものうちから優れた技量を身につけさせようとするか、あるいは「知能発達によい」といった効果を謳うものが多い。子どもにかかわる側でも、芸術は実利的な効果があるとするこうした謳い文句をとくに疑問もなく、受け止めている。だが、果たしてそうだろうか？　それは子どもの豊かな可能性、ひいては人間のもつ豊穣な世界を矮小化するものではないだろうか。

　第1部では、「芸術」を「表現」というより大きな視野で捉えて、子どもの表現の世界のもつ奥行きを明らかにする。美と表現の思想から見れば、「生きることは表現すること」であり、子どもの世界こそがその主役であることが示されるだろう。

はじめに

　私的なエピソードから始まることを許していただきたい。今は大学1年生になる私の息子は、4歳のときプロテスタント系の幼稚園に入った。一番人気は当時では一つしかなかった延長保育をするところで、募集開始の日には親たちが徹夜で並ぶので有名だった。わが家はそこまですることはあるまいと、並ぶ必要のない普通の幼稚園、いわゆる「のびのび系」とよばれるところに入れた。あとで親たちの間で「あそこの幼稚園の卒園児は小学校教員がいちばん手を焼いているそうよ」と噂になっているのを聞いて、さすが「のびのび系」の代表だとかえって気に入った。運動会やクリスマス会などに参観したときも、自由な雰囲気があり、世間の評判にも動じることのない先生方や園長などのしっかりした保育の考え方を感じとることができた。

　それより遡ること数年、大学院生のころ、住んでいたアパートは保育園の前にあった。夜更かしをしたとき、目覚まし時計になるのは、いつもこの保育園で鳴らす鉦や太鼓の音だった。それはまあ見事なもので、一糸乱れぬバチさばきぶり。心地よい眠りの中で徐々に鉦や太鼓のリズムが大きくなってきて、だんだんと半睡状態になり、最後に拡声器で注意する先生の大きな耳障りな声で目が覚めるというのが通例のパターンであった。発表会が近づくにつれて、練習の時間はだんだん長くなり、最後には朝から夕方まで続いた日が何日かあった。予定の日曜日がくると保護者たちが園庭にびっしり押し寄せ、近所の人たちも見物に来て、子どもたちが晴れやかに演技するのであった。オリンピックのマスゲームも顔負けという統率のとれた演奏に行進ぶりであったが、自分に子どもがいたら、こういう場所に入れると萎縮するだろうなと思わざるをえなかった。

　もちろんこうした規律や訓練志向が悪いということではない。規則正しい毎日の生活、舞踊やスポーツ、交通ルールなど、規律や秩序が維持されなければ、そもそも人間社会が成り立たず、子どもがそれに適応することは当然

のことであり，彼らに規律を身につけていくようにするのは必須の教育である。

さらに，厳しい規律を身につければ，社会の要請によりよく適応し，いろいろな面で有利に働くことは経験的に多くの人びとが知っている。私の息子の通った幼稚園が小学校の教員には不人気であったことはその一例だし，中学・高校でのスポーツ系の部活動や大学での体育会活動の経験が進学・就職において高く評価されることも世間の常識である。ミシェル・フーコー（Michel Foucault，仏，1926-1984）がその著『監獄の誕生』[1]などで論じたように，規律を身につけることは不可視の権力構造を身体に受け入れることであり，その構造の中で自己を高い位置に上昇させる可能性をもつことになる。だから保護者や教育関係者がとくに意識せずに，規律訓練をよいこととみなし，それが幼児教育の場においてもある程度の支持を得るのは当然であろう。

しかしこのような見方は，子どもを操作の対象として扱うことを意味しており，そのようにすれば現代社会あるいは大人社会で有利であるという功利的な観点に立つものではないだろうか。たしかにクラシック音楽やバレエなどの世界では，ある意味職人を養成しようとするわけであるから，幼少のころから厳しい訓練を施し，演奏や踊りに可能なかぎり適応するように身体を加工することは必要かもしれない。プロスポーツを初めから志向する親の子どももその運命はまぬがれえないだろう。しかし，一般の子どもたちは幼児の時点で何かになる必然性は少なく，可能性は多様である。それを大人社会の都合で，大人の価値観からするとよいとされるものを，幼児の時期から教え込み，身体にたたき込むことはやはり行き過ぎではないかと思う。

養老孟司氏（1937-）はその著『脳と自然と日本』[2]の中で興味深いことを語っている。彼によれば，脳の出力は「ああすればこうなる」というシステム，操作の考え方であり，人は脳の命じるとおりの機械や人工環境をつくってきた。最初に，ある目的達成を指示する信号を出して命令すれば，可能なかぎり邪魔な要素を排し，結果が目的通りになるように設定するのである。

都市などはその最たるものであり，脳の機能が外化されたものである。早く目的地に到達できるように道路や地下鉄などを建設し，建物も，冬であろうが夏であろうが，あるいは雨でも夜間でも仕事ができるようにつねに一定の条件に保たれる。

　この人工に対する反対が「自然」であり，「ああすればこうなる」という理屈が働かないものだという。自然の災害がそうだし，人が老化したり，子どもが生まれて育ったりすることも思い通りにはならない自然である。だから彼にいわせると子どもが思うように育たないのは，子どもは「ああすればこうなる」が効かない自然であるからだということになる。

　科学は脳の産物であるので，当然，この「ああすればこうなる」を現実世界に適用しようとして，人間の生死，成長ですら機械的あるいは遺伝子工学的に操作しようとする。今の医学の生命観，身体観はこの「ああすればこうなる」を，本来は自然である生命，身体にまで強引に適用しようとするものである。認知科学や心理学にもとづく教育理論などもこの「ああすればこうなる」信仰の典型なのかもしれない。日常的にもわれわれは子どもに対し，早期教育やしつけなどの「ああすればこうなる」というさまざまな言説にふりまわされ，それを子どもに適用することに躍起になり，効果がないとみるやまた別の似たような言説を探しがちである。

　養老氏は，この「自然」を教えてきたのは，かつてはお坊さんであると語る。

　「一休に逸話があります。杖の先にしゃれこうべを載せて，みんなが正月をお祝いしていると，『正月や冥土の旅の一里塚，めでたくもあり，めでたくもなし』と言って歩くわけです。どういうことかというと，普通に生きていれば，富とか権力とか名誉とか，人間はいろいろなものを追いかけますから，それはそれで結構だよと坊さんは言うわけです。しかし，たまにはこういうことを考えなさい，お前もいずれこうだよ，と」[3]。

　物事は意識の計算する通りにはならず，人智の届かないあるがままのものが「自然」であり，それをお坊さんなどが生活の知恵として教えてきたとい

うことであろう。子どもの育ちも「自然」に属するものであるから、「ああすればこうなる」式ではなかなかうまくいかないことは、子をもった親なら経験的に知っていることである。「ああすればこうなる」と思い込んで、必死に子どものためにがんばったのに、自然災害と同様に思いがけぬ理不尽な仕返しを受けて途方に暮れる親もままいる。

しかし、それでも現代は都市化された社会、養老氏流にいえば脳化された社会であるので、自然を操作し、生死も成長も操作の対象として「ああすればこうなる」で貫徹しようという傾向は廃れることはない。しかも肝心のお坊さんの役割をする人はいなくなり、僧侶も「ああすればこうなる」式の経営にうつつを抜かし、「自然」を語ることのできる人が少なくなっている。

子どもに規律を教え、大人から見て御しやすい対象にしようという上に述べた傾向も、当然この「ああすればこうなる」式の発想法である。それを相対化するお坊さんの役割をする人も近くにいない現状では、どのように対応すればよいか。私は「美的な経験」をするということを一つの提言としたい。「美的な経験」は目先の目的を相対化し、「ああすればこうなる」だけにとらわれてしまった自分の視野狭窄を自覚させる力をもつからである。

養老氏のいう「ああすればこうなる」は、むずかしくいえば「目的合理性の行為」と言い換えられる。その行為が目的・成果を実現しなければ意味がないと考え、目的遂行のために全力を尽くすのである。しかし現実の人間の行為は一杯無駄があり寄り道がある。あるものを買いに街に出たら、ついでによけいなものを買ったり、行くつもりではないところに寄ってしまうというのがそれである。だが「人工」的な環境が中心となる現代社会は、この寄り道を許してはくれない。競争の激しいビジネスの場もさることながら、生死のかかる医療や戦争の局面では、この目的合理的行為が最も要求される。よけいなことをすれば生命すらあやうくなるからである。とくに戦場では、いかに敵を倒し、自分が助かるかが第一の関心となり、それ以外のよけいな人間的な感情は切り捨てられてすさんだ感情になるのが常である。

2005年につくられ、翌年日本で公開された『戦場のアリア』[4]というフラ

ンス（ドイツ・イギリス）映画がある。これは第一次世界大戦中の1914年のクリスマスに，実際に起きた事件をもとにつくられたものだ。

　そのとき，フランス北部の寒村でフランス・スコットランド連合軍とドイツ軍が互いに塹壕の中で対峙し，銃撃戦や爆撃を応酬し合っていた。一進一退のままクリスマス・イブを迎え，ドイツ軍の一兵卒として召集されていたベルリン・オペラのテノール歌手が，みなの前で賛美歌や聖歌を歌う。するとそれにスコットランド軍のバグパイプが演奏で応える。反応に気づいた彼は塹壕の外に出て，小さなクリスマスツリーを中間地帯に立てて歌いつづける。スコットランド軍が塹壕の外に出て拍手を送ると，フランス軍も異変に気づいて塹壕の外に出てくる。そして指揮官たちによる一時停戦の話し合いが行われ，スコットランド軍に従軍していた神父がクリスマス・ミサを執り行ったのである。

　その後，ドイツ軍に慰問名義で来ていたソプラノ歌手（テノール歌手の恋人という設定）が「アヴェ・マリア」を歌うと，兵士たちは戦場での美しい音楽に感動し，敵味方の区別がなくなってしまう。彼らは人間性を取り戻して，互いに片言の言葉で交流し始める。翌日も休戦を継続して，中間地帯に置き去りにされた兵士たちの死体を埋葬し，さらには後方にいる自軍が敵軍を集中砲撃するときは，互いに教え合って自分たちの陣地にかくまうことまでしたのである。クリスマスが終わると再び戦いが始まるが，もはや相手を無慈悲に殺すことはできない。事態を知った上官から処分を受けて，別の前線にそれぞれ送られて映画は終わる。

　映画であるからすべてが事実通りではない。しかしこれに近いことが実際にあったというのは驚きであり，感動的である。人間的な感情を押し殺して，ただ敵を倒し殺害することに全力を尽くすように命じられた兵士たちが，それを遂行する戦場で，美しい賛美歌を聴くことによって，それらの目的・利害関心が揺さぶられ，相対化されてしまう。そしてよけいな感情であるはずの慈悲がわき起こり，軍の命令を無視して互いに助け合う。

　「ああすればこうなる」の中にいた兵士たちは，「美的な経験」をすること

で，それよりももっと大事なもの，人間としての本質に気づかせられたのである。人間社会の最も修羅場である戦場において，このような事実があったということは「美的な経験」の力が決してはかないものではないと確信させてくれる。

　この例が示すように「美的な経験」は，人間が日常とらわれている視点・関心とは異なった見方があると教えてくれるものだ。とくに「富とか権力とか名誉」という関心・目的から自由になることができる。そしてあるがままの「自然」，子どもや自然の風景などがもつ本来の姿を私たちに示してくれる。養老氏のいう「お坊さん」がいなくなっても，私たちはかわりに「美的な経験」をして，それに自覚的であることによって，「ああすればこうなる」的な思考法を相対化することができる。それだけではなく，「美的な経験」「美的な判断」は多くの示唆に富む発見にもつながりうるものである。

　はじめに示した養老氏の著書の話に戻る。彼は解剖学的見地から，人間の脳の情報入力には5つ，つまり五感があるが，出力系統はただ1つ，筋肉の運動しかないと語っている[5]。寝たきりになっても，言葉や表情，目の動きなどで意思の疎通が可能であるが，それができなくなると人はコミュニケーションが不可能になるという。言葉にせよ，表情にせよ，動作にせよ人間の身体の筋肉運動での情報発信は，すべて表現的なものなのである。筋肉の運動は，一方で内臓の機能のようにわれわれの身体を維持するためのものであるが，それと同時に表現活動でもあるということを示している。

　哲学思想史的にいえば，近代の思想は，人間が内にあるエネルギーや意匠を外に表出するという捉え方をしてきた。それが言葉になり，動作になり，そして労働となり，また芸術作品となると考えてきた。解剖学的な見地が気づくよりも早く，人間は表現的な存在であるとしてきたのである。

　しかし，近代という時代は資本主義と市民社会の発達した時代であり，同時にあらゆるものを貨幣で換算し，市場価値で，生産したもの・表現したものを見る傾向が強かった。マルクス（Karl Marx, 独, 1818-1883）に至って，人間の根源的な表現活動は「労働」という概念を当てはめられ，資本主義社

会の交換価値の編み目の中に採り入れられて，それ以外の観点で見ることが困難になった。労働は人間の表現活動の一側面にすぎないのに，逆に労働が人間の生存のための本源的な活動と見なされ，芸術的な表現活動は周辺に位置づけられるようになってしまったのである。いわゆる「生産主義」的人間理解である。

この労働中心主義的な人間理解を正し，人間活動の基本を相互のコミュニケーションに置いて人間を把握したのが，ハーバマス（Jürgen Habermas, 独，1929-）である。彼は初期ヘーゲルの相互承認論にもとづき，「労働と相互行為」が人間を外的および内的自然からの独立を可能にするものであるとして，マルクスが重視した労働に対し，相互行為の再評価を主張した。

この視点の転換によって，人間の表現活動は労働の一部という狭隘な理解が是正される。逆に，表現活動の一部が労働であるにすぎないのである。子どもがそうであるように，遊びは表現活動の一つであるが，それは何かを制作するとともに，他者に対してメッセージを送っている。子どもが積み木で遊んでいるとき，それを見ている周りの人間は心が癒され，ほほえましい気持ちになることができる。農民の労働，土を相手の農作業でさえも，それを見ている者にとっては，そのひたむきな姿が心に訴えてくる力をもっている。ミレー（Jean-François Millet，仏，1814-1875）の有名な絵画『落穂拾い』や『晩鐘』は，そのメッセージを芸術作品にまで昇華した例である。

人間はその文字が示すように，根源的に人の「あいだ」でしか生きることはできない。その人の「あいだ」，コミュニケーションの中で，人間が生き，活動をするということは，それ自体が他者にメッセージを表現していることになる。人間存在は根本的に表現的な生命なのだ。生きるということは表現することである。

しかし，これまで述べてきたように，またマルクスが捉え損なったように，私たちはその表現を利害関心の中で，目的合理的につい捉えてしまう。社会の与える意味連関の影響があまりに強いので，役に立つ・立たない，有利になる・ならないという目で見てしまうのである。これを是正し，私たち

の日常の利害関心を相対化してくれるのが、上に述べた「美的な経験」である。

　それゆえまずこの「美的な経験」について述べることにするが、すでにわれわれは「美学」上の議論や概念の一定の成果をもっている。ここではそれらの考え方を手がかりにして、そこから何か得ることはないかどうかを考察してみよう。先人が「美とは何か」について考察を重ねてきたその成果は、今では専門家、研究者だけが関心をもち、いうなれば「死せる知識」「歴史的知識」として、博物館の標本のごとくに誰も顧みない閉鎖的なスペースに押し込まれている。だが「美的な経験」はそもそも日常的にも体験できるものだ。それについての先人の考察は、実は日常に戻してこそ初めて意義をもつ内容をたくさん含んでいるとさえいえる。

　最初に近代美学の一つの到達点であるカントの考えを検討し、次にそれを継承して新たな発展をさせたシラーの理論を考察する。そこから出てくるのは「美的な経験」とはコミュニケーションの経験でもあり、人間の相互の表現の「承認」であるということである。それゆえドイツ観念論の大きな成果である「承認」という考え方についても最後で考察することにする。

　その後は、第2章として身体を表現のやりとり、コミュニケーションの文脈で考察し、最後に第3章として、想像力や表現を重視したデンマークの教育の理論と実践を紹介することにしよう。

　この論の目的にかんがみて、具体的な事例はなるべく幼児教育の場に即して説明するようにした。概念的な思考はたしかに抽象的でむずかしいが、それらの事例でこういうことをいっているのだと理解していただきたい。

第1章

美的にみる

§1 カントの「美的判断」

1. 美とは無関心の関心である

 「美とは何か」について古典的な考察をした人がカント（Immanuel Kant, 独，1724-1804）である。一般には哲学者カントというと，「定言命法」で知られる厳格な道徳の哲学（『実践理性批判』）や難解な形而上学批判（『純粋理性批判』）が思い出され，美や芸術とは縁遠い気がするが，ところがどうしてカント自身は瀟洒な趣味をもつ側面もあり，近代の美学の基礎をつくった（『判断力批判』）人でもある。
 彼の美の定義に「美とは目的なき合目的性である」[6]というものがある。あるいは「美とは無関心の関心」ということもできる。
 どういうことかといえば，たとえば人がスイスのある美しい村の風景を見たとしよう。遠くには雪をかぶったスイスアルプスの山があり，手前には緑のなだらかな牧草の丘陵が続いて，ところどころには木造の家やレンガ造りの教会が散在する光景である。峻厳で鋭角的な山岳に，柔らかい曲線の丘

陵，そしてお伽話にでも出てきそうな牧歌的な家と教会がある。

　丘陵に植えられた牧草，それを食む牛，そして散在する家々は，もともとこういう風景を形成するためにバランスよく配置されたわけではなく，あくまでも実践的，実用的目的からそこに置かれている。家にしても建っている場所は地形的，経済的，農業的な関心から選ばれており，丘陵も雪山も自然の偶然でそのような形と配置になっているにすぎない。しかし，それを一つの景色として見ると，あたかも神様が意図的にバランスよく，美しい構図として全体を統一のある形で配置し，いかにも絵になる光景にしたように思われる。「絵になる」という言い回しからわかるように，あたかも画家がある種の美の理想として描いた絵のように見えてくるのである。

　実際は意図や目的などないのに，背後にそのような意志を感じながら風景が美しく見えることを，カントは「目的なき合目的性」とよんだ。誰かの意志，目的にそってあたかも配置されたかのように見えることを「合目的」というのである。

　このような自然の風景だけではなく，芸術作品も同様のことがいえる。セザンヌの静物画でいえば，彼が梨を描いたところで，人間が梨にもつ目的，すなわち食べるということ，その美味を味わい，栄養をとるという目的は全く果たせない。だがわれわれはそれを梨と見なし，本物の梨以上に梨の本質を看て取ったような気になる。しょせん絵画であるから，キャンバス上にあるのは絵具の色と形の組み合わせであり，模様でしかない。物理的には果実の梨と全然関係のないものであり，だからわれわれもそれを梨と思って食べようとは思わない。にもかかわらず，われわれはそれをあたかも梨のように見なすのである。梨の本来の目的をもたず，また食べたいという関心もないのに，それを梨と見なすように（合目的性，梨という関心）私たちの判断が促されるがゆえに，「目的なき合目的性」であり，「無関心の関心」ということができる。

　逆にいえば，そのものがもつ本来の目的にとらわれすぎていれば，美的な判断ができず，それを美しいと思うことはない。スイスの山の景色にして

も，農業に関心が集中すれば，どんなに風光明媚であっても，平地の少なさ，気候の厳しさ，地形や土壌の不適さなど，基本的にこういう場で農業を営むのはむずかしいと判断し，その風景を高く評価することはないだろう。「たしかにきれいな場所だが，農業には不向きだ」とベテランの農民ならいうかもしれない。またセザンヌの梨にしても，もしある人が飢えているなら，そんな絵を見たところで「本物をよこせ」と頭にきて破り捨てたくなるような代物かもしれない。人がそのような状況にいる場合，飢えを満たすという本来の目的を実現できないものは，どんなに芸術的価値がある絵であろうとも，何の足しにもならないのである。

こういうことから，あるものの美しさを判断できるのは，余裕のあるとき，衣食住の心配がないときだけで，しょせん美というものはお金持ち，上流階級の慰みものにすぎないという世間によくある評価も出てくる。たしかにそれは一部当たってはいる。

しかし，アウシュヴィッツ収容所の中を生き延びたユダヤ人精神医学者フランクル (Viktor E. Frankl, オーストリア，1905-1997) の有名な手記『夜と霧』[7]の中には，地獄絵図さながらの劣悪で希望のない強制労働とガス室の恐怖の中でも，草花や自然の変化に感動することができたこと，そしてそれらのものに反応する繊細な心をもった一見ひ弱な人たちこそが，実は過酷な生活を生き延びる強靱さをもつ人たちであったということが記されている[8]。極限状況の中でも美しいものに反応する心をもった人たちが，人間的な尊厳を忘れず，人間らしい生を送ることができ，希望をもつことができるということだ。映画『戦場のアリア』についてはすでに述べたとおりである。

生活であれ，仕事であれ，人が何かに集中しているときは一つの利害関心が支配し，それの追求ばかりに気をとられてしまう。上の例のように，生死がかかっているときなどは，人は動物とあまりかわりがないくらい生に執着するし，お金への執着，地位・権力への執着，所有欲の執着もそれ以外のものを見させなくする力をもっている。そうすると人が何かを美しいと感じるときは，そういう利害関心への執着からある程度自由になっているというこ

となのだ．利害関心から心が自由になったときに，人は美しいものを評価できる．だとすれば，意図的に自分の執着を相対化して，心を中庸の状態に置くことができれば，物事や現象の美しさ，利害関心から見るのとは違ったあり方，あらわれ方，あるいはそのものがもつ今まで見えなかった特質を理解することができるのではないだろうか．

2．美的距離

　このカントの「無関心の関心」の態度をとくに概念化したものが「美的距離」である．これは対象との間に距離を置き，自分のもっている当座の関心，利害，目的から自由になって，対象をありのまま冷静に眺める態度のことである．すでに述べたように，美しい風景や芸術作品を見るときにはこの態度をとっているが，それを意識的になすこともできる．

　子どもの教育の例でいえば，子どもを自分の意図や関心，目的から見るのではなく，子どもたちを外から利害関心抜きに眺めるということになる．たとえば幼稚園や保育所に来る子どもたちを，今自分が置かれている環境から，すなわちある目的の観点からばかり見る場合がある．遊戯の発表会が迫ってきているのであれば，覚えの悪い子どもが気になり，何とかしようとその子にある種の特訓をしたり，イライラあたったりしてしまう．

　親でもそうである．他者と比べ，子どもが一定の技術や知識などができないと何とかそれを教えようと努力する．それは人間社会を生きるための基礎的な技術と知識であると考え，それがないとわが子が不利になると思ってしまう親心なのだろう．その思いからくる強制が幼児のころから学齢期までずっと続けられる．その親の属する階級に応じて一定の基準がつねにあるから，その基準に達することのない子どもはいつも親から尻を叩かれ，いろんな習い事や塾に通わせられるのである．

　だが，直接の利害関係がない第三者から見れば，その子が子どもらしく生き生きと見えさえすればそれでよい．その子どもの技量や力量がどうだとい

うことはあまり関係ない。よくいわれるように，祖父母の場合は，子育てに直接の責任はなく，また年齢的にも人生の経験は豊かで，人間にとって大事なものは地位や肩書き，技術・技能だけではないということもある程度熟知している。だから子どもを見る際にも他の子どもとの優劣で見ることが少ない。

しかし親はわが子がなかなか思うとおりに成長しないときに，ついイライラして強引に親の側から働きかけ，操作し，強制しようとする。親は自分の関心から子どもを見るために，そのバイアスがかかり，その視界に入ってこないものを評価することができない。

そういうときに祖父母は，親よりは子どもの姿を客観的に見ることができる。子どもが子どもらしく健やかに育ち，快活な笑顔を見せていれば，そのありのままの姿を評価でき，他の子どもの能力や技能との優劣をさほど気にすることもなく，その子が楽しくしていればそれでいいではないかと両親をなだめるのである。だから昔から多くの場合，祖父母は子どもの味方であり，親の強制を緩和する作用をしてきたわけだ（もちろん由緒正しい家柄などでは，祖父母が親以上に格式にうるさく子どもへの要求が強いことも多いが）。

こういう視点は芸術家や写真家にも共通するものである。たとえば発展途上国の子どもたちをカメラマンが写真にとり，発表する。それらの写真を見る私たちは，その子どもらしい表情に心洗われ感動する。写真にあらわれた途上国の子どもたちは，状況の厳しさから，衣服は粗末で，体格もさほどよくなく，清潔感もあまりない。また，彼らは勉強やスポーツといった技能・技術という意味では，大都会の子どもたち，先進国の子どもたちにきっと劣るだろう。

しかし，彼らが笑顔でカメラの方を向き，思い思いの格好をしているのを見るとき，あるがままの子どもらしさ，存在の幸福感めいたものを感じとることができる。もちろん都会の子ども，先進国の子どもたちも遊園地にいるとか，動物と遊んでいるときとかなどは子どもらしい表情にあふれるのだが，塾通いとかピアノ教室といった競争の場ではある種の抑圧や緊張のため

に伸びやかな表情がなかなか出てこないのである。画家やカメラマンなどはもともとが芸術家で美的判断に優れているので，そうした子どもたちの姿を捉えることができる。彼らもまた美的距離に優れた人たちといえるだろう。

教員や親たちは子どものことに一所懸命になり，しつけをきちんとしよう，知能や技術を向上させようというように，一定の目的追求をしている。それ自体は意義のあることだが，ときどきはこのような第三者的な「美的距離」をとって，それが美しいかどうか，生き生きと子どもらしい表情をしているかどうかを見る必要がある。子どもらしいのはいいけれど，成績やスポーツなどまるでダメで，親や教員としてはこれでいいのだろうか，もう少し厳しくして技術を上げるべきではないのかと思うのは当然のことであり，現代社会ではよりそのプレッシャーが強くなっているのは確かだ。しかし，そこは腹を括って，経済的不利を承知で，利益よりも子どもが子どもらしく存在の喜びを表現していることのほうが，瞬間的ではあれ価値あることなのだという自覚が養育者にも必要だとあえていいたい。

そして，このように子どもが生き生きとして幸福感に満ちているということは，保育者自身を励まし，仕事の生きがいを再確認させてくれるものでもある。自分自身の問題で悩んでいるときに，子どもの何気ない言葉，働きかけで保育者が我を取り戻すということはよくあることである。「他者をケアすることによって自己を実現する」というメイヤロフ（Milton Mayeroff, 米, 1925-）によるケアの根本思想[9]は，幼児保育の場でも真実である。

3．美は「社交」の始まり

カントの美の定義としてもう1つ挙げておくべきものは，「美は主観的な普遍妥当性を要求する」[10]というものである。私が今見ている美しいものを，他の人にも同様に美しいものとして賛同を要求するということである。人は美しい景色や美しい芸術作品を見たときに，そばにいる人に賛同を求めずにはおられない。美術館で若い女性の二人連れの一方が「これきれいよね

〜」と友人にいえば、「ほんとにそう」と友人も答える。あるいは、幼稚園で園児が一所懸命に描いて自分でも出来映えに満足した絵を、教師に「先生、見て見て！　いいでしょう」ともってきて賛意を求める。逆にいえば、美しい風景やすばらしいコンサートなどを一人だけで見てもあまり楽しめず、誰かとともに見て「いいね〜」と語り合うほうがよほど楽しい。そういう経験は誰もがもつものだろう。美しいものを見たら、人は自分以外の誰かの承認を求めずにはいられないのだ。

　美的な判断は主観的なものであり、そこには客観的に妥当する普遍的な概念がないため、他者に賛同を要求しても断られることがあるのはもちろんである。人の好みはそれぞれであり、「蓼食う虫も好きずき」なのだ。これが物理法則や道徳法則であれば、普遍的であるので、他者もそれを否定することはできない。万有引力の法則を否定するとか、「盗むなかれ」「殺すなかれ」という道徳的な命題を否定することは許されないことである。しかし、美的な判断だけはそういう客観的な概念、基準というものがないから、たとえどんな権威が「これは美しい」と語ったところで、自分がいいと思えなければそれを否定してもよいのである。

　そうすると美的な判断は、これはいいよねと他者に賛同を求める客観的な根拠はないのだが、それでも求めずにはいられないものということになる。それが「主観的な普遍妥当性の要求」ということの意味である。どこまでも主観的な判断であるけれども、あたかも普遍的に妥当するもののように思いたいということである。

　私の子どもがこんなにかわいくてたまらない、きっと他の人にも同じくらいかわいいはずだと思うから、子どもの映っている写真やビデオをうちに来た人に見せたくなる。私の恋人はこんなにきれいな（かっこいい）人だから、他の人にも見てほしいという思いで、繁華街をデートする。われながら親バカ、あるいは好きであるがゆえの欲目が入っていることは重々自覚してはいるけれども、それでも他の人にも見せたいというところに主観的な普遍妥当性要求があらわれている。

カントはここに統制的な理念としての「共通感覚」[11]＊が働いているとみなした。これは客観的に存在することを証明はできないが，ともあれ人が何か美しいものを見たときに，各人共通する感覚が働いており，それを介してコミュニケーションを取り合うことができるというものだ。

だから，美的な判断は「社交」の始まりである。名勝地で観光客が美しい景色に感動するとき，となりの他人に「いい景色ですねえ」と思わず語りたくなる。友人とクラシック・コンサートや絵画展に行ったとき，一番の楽しみはその後お茶を飲んだり食事をしながら，「ほんとうによかったね」と感想を語り合うことである。主観的な普遍妥当性だから他者に賛意を求めたくなる。そして語りかけて判断が一致すれば，何ともいえない連帯感でうれしくなるのである。

ということは，美的なものはコミュニケーションのためにあるということだ。芸術家が作品をつくるのも誰かに訴えるためであり，それを見たり聴いたりする私たちもその美的なものを介して互いにコミュニケーションをとり，批評するなどしてその共通感覚を楽しむ。

このことは幼児教育の場にもあてはまる。子どもが自分の描いた絵を先生にもってきてどう思うか聞いてくる。そのときに保育者および教師はそれを社交のメディアと見てほしい。おざなりに対応したり，適当に受け流すのではなく，しっかりと対応し，作品のできたことを子どもと喜び合うような姿勢があれば，子どもはきっとうれしくなるだろう。個々の表現活動それぞれでやることもいいが，みなが一つの表現をやるときのほうが，この共通感覚もより活性化するはずだ。みんなで何か共同の絵を描いたり，インスタレーションをしたり，ペインティング・パフォーマンスをする。そして一つのお祭りのようにみなで楽しみ，それを喜び合うのである。舞踊や演劇ももちろんいい。

＊　アリストテレスのいう共通感覚は，自身の五感を統合する根源的能力を意味し，カントもその概念を受け継いでいるが，ここではとくにそれが働いて互いに共通の受け止め方が可能になることを意味している。

そしてそれらの試みをただやり通すだけでなく，終わった後に子どもたちに感想や気持ちを尋ねてみる。そうすると互いに感じたことを語り合う中で，楽しみが思い出され，より印象に残るかもしれない。それらを自発的に絵や日記にして発表する経験も，社交性もメディアを媒介としたコミュニケーションになる。これらの試みは，美的なものがコミュニケーションを活性化するものであり，互いに批評し合うことでよりその効果を高めるというカント的な美の理解を実践するものである。

§2　シラーの「美的教育論」

1. 人は遊ぶときにのみ人間

「人は遊ぶときにのみ人間である」と語ったのはシラー（Friedrich Schiller, 独，1759-1805）である。ゲーテと並ぶドイツの大詩人，劇作家であり，ベートーヴェンの交響曲第九番『合唱付き』の作詞者として知られるシラーは同時にすぐれた哲学者，美学者でもあった。この言葉は，彼の代表的な哲学的著作の1つ『人間の美的教育に関する書簡』[12]の中に出てくるものである。

人間は感性をもち，感性の与える刺激や快楽を追い求める。世界は多様であり，それを感受する感性も豊かな多義性を見せるが，しかしこの世界を支配するのは時間であり，すべては変転してはかなく消えていく。そして世界の流れは，無秩序で混乱を引き起こすこともある。だから人はこの世界に形式や秩序，規則を与えて，世界を恒常的なものに保とうとする。科学的な世界観はこういうものであり，現象がどのように変転しようがその本質はつねに一定で法則性をもつ。

シラーはこの2つの人間の衝動を，それぞれ「感性的衝動」「形式衝動」とよび，人間はいつもこの2つの衝動の葛藤に悩む存在であるとした。前者が強すぎると刹那的なものを求めるようになり，また感性の堕落ということ

が生じてしまう。感性の与える快楽を求めすぎると，人間がダメになることは多くの者が経験的に知っていることである。しかし，後者が強すぎて豊かな感性まで否定して，あまりにも生真面目な朴念仁では人間的ではなくなってしまう。どんな美しい人でもレントゲン写真で見ると味気ないように，科学的にものを見て，人間は筋肉，骨格，血管の組み合わせにすぎないなどと割り切ってしまえば，情趣のない世の中になるだろう。このようにこの2つの衝動は互いに対立するものではあるが，それでは，この間を右往左往しなければならないのだろうか。シラーはこの2つの衝動に調和があるとして，それを「遊戯衝動」と名づける。

　感性のもたらす想像力の自由奔放な活動に，理性の下にある悟性が秩序，形式を与え，その形式の中で豊かな想像がある種の緊張をもち，よけいにそのよさを増す。シラーはこの遊戯衝動によってもたらされるものが「美」であるとした。美とは，自由な想像力に悟性が形式を与えて，その柔軟で闊達な戯れが生じるときに成立する。シラーはカントの弟子でもあるから，カント的なこの美の定義を当然引き継いでいる。

　われわれ人間は対象についての概念をもっているので，何か物を見たときに一般にはそれで判断する。砂や木ぎれを見ても「何だ，ただの砂か」「ただの木ぎれか」としか思わない。しかし，子どもはそれらを見て，概念で判断することはせず（割り切らず），砂や木ぎれをいじくり回してはそこに偶然できる模様や形を面白がる。それは想像力が自由に刺激され，それに概念の意味から自由に，悟性の形式が供給されるからである。

　かりに子どもが砂でらせん形状の小山をつくり，そこに木ぎれを立てて，「ソフトクリームとウエハースだ」といったとしよう。そこにはソフトクリームとウエハースの概念が与えられているが，本物ではないので，本来は関係がない。同様に，子どもが雲の形をいろいろなものに例えておもしろがるときは，想像力の自由な活動に概念の形式を与えて，「あれは綿アメ」「これは金魚」などというのである。しかしそれは本物の綿アメ，金魚ではない。子どもが遊びに夢中になるときは，このような自由な想像力の活動とそれに

一定の形式を与える悟性の活動が，外的対象を概念規定するときとは違って，相互に戯れているときなのである。

　だからシラーは，この2つの衝動の調和であり相互作用である第三の衝動として，これを「遊戯衝動」とよんだ。それはすでに説明したように，子どもが遊ぶときに典型的にあらわれるものだ。子どもは概念や世間的な知の影響を受けることが少ないために，目の前の対象を固定した眼で見ようとはしないからである。彼らの想像力が自由に働き，大人の考えないような発想で，その対象の形態や色がもつ可能性を拡大し，他の事物に自由に関連させていくことができる。

　また，この心的な状態はわれわれが美しいものを見たときにも，同様に生じるものである。ある抽象画を見たとき，初めは色をキャンバスにむやみにぶつけただけの意味のない絵だと思うが，よく見ていくとそこにある種の形式があることがわかる。一見色彩の自由奔放な爆発であるかのように思えるが，よく見るとそこにある種の秩序があり，その両者のせめぎ合いにほどよい緊張と刺激があって，生命力さえ感じたりする。また美しい音楽を聴いたときも同じである。モーツァルトのピアノ協奏曲を聴けば，はじけるようなピアノの響きにどこまでも奔放に音楽が進みそうな気がする。しかし，ほどよい形式の縛りでそれが抑制され，リズム感をもって旋律が繰り返されて，緊張と弛緩が交互に訪れる愉悦を感じるのである。

　シラーによれば，美的なものを楽しむときは，子どもの遊びの状況と同じ心的な状態であり，遊戯衝動が作用している。ここにあるのは「自由」である。狭い目的や関心から自由になり，遊びそれ自体を楽しむことができる。この遊戯衝動の揺動や精神の自由を楽しむことができない者は，目先の関心や利益，あるいは杓子定規な規律や道徳にとらわれた余裕のない大人であろう。

　他方で，感性的衝動に身をまかせれば，欲望や自分の利益のみに走り，享楽やお金で左右される精神の自由をもたない人間となるだろう。ドラッグやアルコールの依存症などはその典型例であるし，ひたすら金銭を第一にして，

人間として大事なものを忘れる守銭奴もこの衝動に支配されている。逆に，形式衝動が強すぎて，規律や秩序で自分を縛り，生真面目に禁欲的に生きる道学者，朴念仁もある意味では規律や秩序に依存しており，自由ではない。

自由は人間が人間であるためには必要なものである。そして美しいものを前にして，それを評価できるのも人間だけであり，動物には美的な判断はおそらくないと思われる。動物は基本的に自己保存の衝動・感性的衝動が支配的であるので「花よりダンゴ」，食べられない絵のリンゴや梨には興味がないのである。「人は遊ぶときにのみ人間である」というシラーの言葉が，真実を語っているものであることは，これまでの説明でよくわかるだろう。

2．美的仮象と遊戯

シラーは，人間が動物的な状態から脱していくときの指標として，美的な仮象を喜ぶこと，そして装飾と遊戯への愛好を呈示している。原始人がこれらの能力を示したときに，彼らは本来の人間性に目覚めたのだ。絵がそうであるように，美的な仮象は実在物ではない。また美的な仮象は現象そのもの，対象に忠実でもない。

ラスコーの洞窟画やギリシャの壺絵は写実的な描写ではなく，今風にいえばかなりデフォルメされており，イラストとでもいったほうがふさわしい表現である。古代エジプトの人物画は，顔は横向きで上半身は正面向き，下半身は横向きという不思議な形態をとっている。これは当時の人びとの絵，仮象を見る様式，形式であり，彼らの人間観でもあった。このような絵画の様式はその時代の人間を見る形式であり，またその頃の表現技術との相関である。

言い換えれば，美的な仮象は決して単なる受動的な映像ではなく，人間の側の能動的な形式設定なのである。技法や人間観が変化すれば，その形式は変わる。シラーがいうように，動物が直接対象にかかわるのと違って，人間は「動物的な感官において直接に接触する対象はわれわれから遠ざけられて

いる」[13]。その距離を可能にするのが，眼と耳において設けられる形式である。この形式は時代，地域によって異なり，近代においては，芸術家個人が新しい形式として自ら創造するようになっていったものである。

さて，原始の時代に話を戻せば，人間はこの美的な仮象を受け止めて楽しむだけではなく，「仮象に楽しみを見つける遊戯衝動が起きるやいなや，仮象を自立的なものとして扱う模倣的な形成衝動も人間に生じるようになる」[14]。つまり，その仮象を模倣して，舞踊や演技として再現するのである。たとえば，神の使いとして崇拝されている大きな鳥がいたとすると，人は宗教的儀式の中で，その鳥の形態を模倣して，演じるようになる。頭に鳥の羽をつけたり，腕を翼に見立てて羽ばたく動作をまねしてみせる。このような過程からある種の演劇や舞踊が生じ，それがより複雑で物語性をもったものになっていった。

このような人類の系統的な文化の発生は，子どもの成長においてもまた繰り返される。いわゆる「ごっこ遊び」である。「ごっこ遊び」はあるものを別の何かに見立てることから始まる。モップとハタキがあったとしたら，モップを逆さにしてそれにまたがり，ハタキを鞭にして馬を駆る動作ができる。モップはその道具としての機能の表象から自由になり，逆さにしてそのモップの部分がたてがみに連想されて，柄が首や背中という新たな美的表象，仮象になったのである。そして馬と鞭という表象（イメージ）の組み合わせになり，その子どもの想像の世界は，目前の教室の中という現実を超えて，どこか西部の荒野かモンゴルの草原かになっているに違いない。また幼児が積み木を車か何かに見立てて「ブーブー」と押しているときも，やはり「ごっこ遊び」である。「ごっこ遊び」はかなり幼児のうちから本質的に人間がもっている活動であることは，これまでの心理学的な研究によって多く論じられている[15]。

「ごっこ遊び」で働いているのは，異質なものの間を形や意味の類似点で結びつけるアナロジーの能力であるが，これは古来から芸術的創造の基本能力としていろいろ論じられてきた。有名なものはアリストテレス

（Aristotelēs, ギリシャ, B.C. 384-B.C. 322）の『詩学』における「比喩」概念である[16]。アリストテレスによれば，比喩は違ったものを結びつけて底に潜む類似をあらわす能力であり，その結果，生命なきものを生命あるかのように生き生きと見せる力をもっているとされる。

　近代イタリアの思想家ヴィーコ（Giambattista Vico, 伊, 1668-1744）はまたそれをさらに発展させて，「互いに離れて異なる物事をひとつに結合する能力」と定義し，芸術の根源的な創造能力，天賦の才能という意味の「インゲニウム（ingenium）」と名づけた[17]。全く異なるものに関連性を見つけ，それらを結びつける力とし，結びつける際に働くものが比喩と考えた。ヴィーコにいわせると，幼児であれ，古代の人々であれ，特殊なもの・個別のものに対する感覚ははつらつとして，それを認め，拡大する想像力は旺盛で，それらを想像上の類概念と結びつける才知は鋭く，それらをとどめる記憶力も豊かである。このとき，記憶力は物事を想起し，想像力はそれらを変化させたり，模倣する力となり，最後に適当な配置や新しい関係に置いて，虚構を構想し，創造したりするのが「インゲニウム」とよばれる力なのだ。

　「ごっこ遊び」は子どもにとって本質的な遊びであるが，それは眼前にある対象物から自由な仮象を自分で創造し，それらを結びつけ，新たに世界を創造することである。それゆえにこそ「ごっこ遊び」と美的な仮象の創造がつながり，実は芸術創造のときに作用する力と同じものであることがわかる。シラーが「遊び」と芸術創造を結びつけ，「人は遊ぶときにのみ人間である」と語る理由も改めて確認できるだろう。

　子どもが興味をもった他者の動作を模倣し，その者になりきって遊ぶとき，それは演劇や舞踊の始まりということができる。上のモップの場合ならカウボーイだとしよう。その子はモップにまたがり，ハタキを鞭として叩くことで，広々とした大草原の中で馬を駆る演劇的世界にいるのである。それは芸術的な演劇がそうであるように，あくせくしておもしろくない日常の世界に一つのカタルシス，解放感をもたらしてくれるものなのかもしれない。

　実はこのモップとハタキによる乗馬のイメージは，私が個人的に親しくし

図表1-1-1
馬に見立てたモップと
バケツとはたき
（劇団道化タイ公演より）

ている福岡県太宰府市の児童劇団「劇団道化」[18]の出し物の一つ『なにができるかな？』からもってきたものである。これは幼稚園，保育所で演じられて好評を博しているものだが，演劇ともいえるし，「ごっこ遊び」でもあるし，芸術的な創造でもあるし，また楽しい舞踊や音楽のパフォーマンスということもできるユニークなお芝居である。

　内容はといえば，タオルや座布団やバケツなど身の回りに転がっている日用品を使って，それらを変形したり，組み合わせたりして，新しいものをつくっていく。たとえば，バスタオルをひねって巻いて，一番上には赤い軍手をつけてニワトリのオンドリにし，小さなタオルではメンドリをつくる。あるいは縞模様の座布団大小をつないで，エンゼルフィッシュに見立てるという具合である。それらを愉快なかけ合いや楽しい踊り，音楽つきで流れるように演じていくのである。舞台ごとに内容が異なり，中には当日の園で会場からアイディアを募集してそれをつくることもある。子どもたちにとっては，何ができるのか期待わくわくで，出来上がったものを見てその意外性に驚き，あるいは自分と同じだと予想との一致に喜ぶ。これが終わるとその園では，しばらく子どもたちが身の回りのものでいろいろなものをつくって，「これ何でしょう」と互いに言い合ったり，「先生これ見て」の連続になる。

　私は2004年1月に，彼らといっしょにタイの孤児院や児童援護施設3か所を訪問するプロジェクトを行った。タイの国境地帯の少数民族はまだ貧し

く，様々な迫害や差別を受けたり，ビルマ（ミャンマー）との紛争にも巻き込まれて，孤児が多い。そういう子どもたちを保護しているNGOなどの施設が多くある。郡部であまり楽しみがないという彼らに，劇遊びのおもしろさを知ってもらおうと企画したものだが，演じ物としてはこの『なにができるかな？』を主にやってもらった。興味深いことにほとんどの内容が，タイの幼児から十代後半までの子どもたちに通用したのである。地域や文化で想像のあり方が変わるかもしれないという危惧も出発前にはあったが，モノを動物に見立てたりする想像力のあり方は，かなり普遍的ではないかと思われた。

　この『なにができるかな？』がどこの園でも―日本でもタイでも―大好評であるのは，「遊び（ごっこ遊び）」とイメージの想像と舞踊と演劇の未分化な状態をその本質とし，それが子どもたちの精神状態に非常によく対応しているからではないだろうか。幼稚園や保育所でも，子どもたちの「ごっこ遊び」を促進するような環境をつくりだし，それらが子どもたちの創造につながっていくような試みをしてみると面白いのではないかと思われる。

3．美の共和国

　カントが美的判断を社交の始まりとしたように，シラーもまた美的な仮象を楽しむ美的な人間こそが，美の共和国をつくり，個人が個人として尊重されると同時に，類的な存在としてもあることが可能になると説く。

　人間がこれまでにつくったのは「必要の国」，すなわち各人が自己の生存を保障するために社会契約をして創りあげた共同体であった。そこでは法律が制定され，強制の原理としては力であり，力学的な権力のメカニズムが重要となった。各人は自己の活動を他者の活動を阻害しないように抑制する。それを守らず，他者を力で侵害した者は，権力によって処罰されなければならない。ここで支配する感情は力への恐れであり，強制が各人の行動の原理となっている。

もう1つの国は「倫理的な義務の国」であり，道徳法則への尊敬から，各人は自己の意志によってそれを遵守するように努力する。この道徳法則は普遍的なものであるので，各人は個別的な意志を普遍的な意志に従属させて，自己の恣意・わがままを規制する。宗教などが説く内面の国がこれにあたり，人はこの理想の状態をめざして，自分の感性を否定し，普遍的な道徳意志に沿うように行動しなければならない。

　この2つの国は，行動基準が感覚的なものか，それとも道徳的な意志つまり理性かの一方でしかないので，人間が2つに分かれて偏ってしまう。しかし遊戯と美しい仮象の国，美の共和国の場合は，人びとは悟性の形式と感性にもとづく想像力の活動を両立させているため，感性と精神が分離せず，人間性をなす両者の調和の下に自己を保つことができる。力学的な法律の国では人は力として他者と出会い，私闘を行うか，でなければ権力によって抑制されるかであり，また倫理的な義務の国では，道徳的な意志によって自分の感性を抑圧し，個人的なものを否定しなければならない。いずれにせよ，そこにあるのは他者の力によって抑えられるか，自己の意志によって自己を抑えるかのいずれかであり，自由や解放はない。

　しかし，美的な国での美的な社交においては，人間はただ形態として他者に対し，ただ自由な遊戯の対象として相まみえるので，そこに抑圧はなく「自由によって自由を与えることがこの国の根本法則である」[19]。各人は力や道徳で他者を縛ることなく，自己の自由な遊戯，表現活動で他者に働きかけ，他者もそれを自由に享受して判定し，自分の反応を返すがゆえに，自由な者同士の相互関係になるのである。

　美的な判断，美的なコミュニケーションは，知性でもなければ意志の強さでもないので，そこでは学識や社会的地位，あるいは道徳的な立派さで人は差別されることはない。学識のある者の表現は自己のジャーゴン（専門用語）に閉じこもることなく，幼児にもわかるような平明さで，彼らが判断できるようなものでなければならない。だからシラーはこの国ほど平等な国はないという。「美的な国ではあらゆるものが，最も高貴な者と同じ権利をもつ自

由な市民である」[20]。人びとは美的な表現で互いにコミュニケートするかぎりは身分の高低もなく，互いに対等な市民であり，平等に生きる権利をもっている。

　たしかに子どもが，高度な知識や人生の経験あるいは優れた技能を大人に示すということはふつうはなかなかありえないことである。同様に障害者や自分では動けない高齢者が，健全者に何か高度な技能を示すというのも困難な場合が多いだろう。しかし，美的な判断，美的な表現の世界であればそれは可能になる。幼児の表現，つたない言葉やつたない絵を虚心に判断するとある意味では詩になっており，あるいは斬新なデザインの絵であるかもしれない。障害者が不自由な手で描いた絵であっても，そこに何らかのパッションが表現されて人の心情に訴えるものがあれば，それは十分な表現である。動けない高齢者が自分の人生を物語のように語るとき，それも一編の小説となりうるものだ。たとえば，宮本常一（民俗学者，1907-1981）の名著『忘れられた日本人』[21]にある河原乞食同然の老人の一人語りである「土佐源氏」などは，凡百の小説を凌駕する芸術性の高さで有名である。

　人びとがそれぞれ生きる中で各自の表現をし，それを自分の美的な表現として捉え，労働や業績や地位などの既成の価値から自由になって，ありのままに評価するとき，シラーのいうような平等性は可能になる。子どもでも大人でも，若者でも老人でも，健全者でも障害者でもみんな生を表現し，それを私たちは自由なとらわれのない心で受け止めれば，シラーのいう美的な共和国は存在できるのである。

§3　相互承認

1. フィヒテの「承認」概念

　今まで述べてきたように，美的な判断での社交，コミュニケーションは，

利害関心から自由ということもあって，生活上の社交や仕事上のつながりと違い，変な利害や我慢が少ない。住宅街だと隣近所とは礼儀をもって付き合わないといけないし，職場では基本的に利害関係から上司や同僚と付き合う。もちろん気の合う人もその中にはいるが，どんなに気が合わなくても，上司であればそれなりにご機嫌をとらなければならない。しかし，美的な判断の場合は，趣味のサークルがそうであるように，基本的な好みの一致があり，価値観が共通しているので，共通の領域，共通の感覚で語り合うことができる。そこには世間的な肩書きはさほど重視されない。たとえば趣味の合唱団であれば，会社社長であれ，自営業であれ，サラリーマンであれ，農民であれ，みな基本的には対等である。

このような日常の利害関係から自由な社交の場は，ありのままの他者を承認するという点では最も有効な場である。役割としての承認は人が社会で生きる際に必然的なものであり，学校では教員と生徒，通学バスでは生徒と運転手といった役割承認は自然になされている。しかし，それはその人の個性や名前をもった独自の存在としての承認ではない。しかし，美的な社交の場では，各人はそれぞれの利害の社会的関係から自由になっているため，肩書きや役割抜きに，その人の個性を承認することが可能である。この他者の「承認」ということはきわめて重要なことであり，現代においても改めて論議されているものである。

(1) カントの相互作用的「人格主義」

「承認」という哲学的な概念は，カントやシラーと同時代のフィヒテ（Johann Gottlieb Fichte, 独, 1762-1814）が形成したものである。その後，ヘーゲル（Georg Wilhelm Friedrich Hegel, 独, 1770-1831）に引き継がれて，現代の社会学で重要な概念となっている。しかしもともとはカントの相互人格性を前提とした「人格主義」が「承認」概念の起源であると私は考えている。この「人格主義」は「他者を自己の目的のための手段としてだけではなく，同時に目的として扱え」という道徳的な命題であらわされるもの[22]だ

が，要するに，他者を自分の欲望や意図を実現するための道具・手段としてばかり扱うな，他者の存在と幸福があたかも自分の目的であるかのように他者に接しなさい，ということである。

　企業や組織がそのよい例であるが，そこに属する人間はいわば機械の歯車であり，会社の道具である。会社や組織の利益・目的を達成するために人は道具・手段としてこき使われ，その人自身の目的はどうでもよい。上司は部下を組織の目的のために使うが，ときには自分の利害のためにも使用したりする。もちろん使われる人間も相手の幸福や会社の繁栄を心から願っているわけではなく，ただ自分の目的・利害である賃金，お金をもらえればよいのである。自己の利益を達成するための手段としての会社であり，上司であるから，その役割を果たせなくなると仕事を辞めればいいだけのこと。経済的な契約関係は，相互に相手を自己の利益のための手段として扱うことにほかならない。

　会社以外でも，このような打算的関係がはびこるのが現代社会である。親は子どもを自分の満足・虚栄心・名誉心のために道具として扱う。子どもをプロ野球選手にするために早くから鍛えたり，自分の果たせなかったタレントになる夢を，子どもに託してステージママになるというのはわかりやすい例であろう。医者や老舗の商店などが，家業をむりやり子どもに継がせようとするのもこれである。孤独感をまぎらわすため，あるいはパートナーがいないのは世間体が悪いからといって，とりあえず恋人を探すことも他者の手段化である。パートナーになる相手の容貌や地位が高いことで，自分の価値も引き上げられるという思い込みもそうである。

　このように，隙あらば他者を自分の利害のために利用しようとするのが近代社会の特徴であるから，カントは他者を自分の利益のために利用するな，他者の存在そのものを尊重して，他者の幸福が自分の目的になるような関係をもて，と説教したわけだ。

　「物件」であれば，私たち人間は物を生活向上のための手段としていくらでも利用してかまわない。人間は万物の霊長と考えるのがキリスト教的西欧

社会であるから、動物も植物も無生物もすべて「物件」であり、人間が利用できる。しかし相手が人間となると、物と同じ扱いをしてはならない。「物件」のように手段や道具、素材として利用されるべきではなく、存在そのものを尊重すべきものが「人格」であり、「物件」に対する「人格」としての「人格主義」なのである。

それゆえカントの「人格主義」には、他者の存在を自己の支配や欲望の対象、あるいはそのための道具・手段として扱うのではなく、他者の存在そのものを尊重し、他者の幸福や自己実現を自分の目的として、そのために相手を支援するという考えが含まれている。もちろんこの要求は他者にも向けられているから、相手もこちらを向こうの欲望のための手段とすることはできない。相手の欲望達成のためにこちらが犠牲になることは、相手の幸福を願うことにはならない。相互に他者が道徳的に振る舞うように、他者に働きかける関係があって初めて「人格主義」は成り立つ。

(2) フィヒテの相互承認論

フィヒテの承認論はカントのこの「人格主義」を現実的な場に移して、発生的にそれを論じたものということができる[23]*。

たとえば、電車などに人が座っているとき、隣の人の足や腕が当たったり、大きく足を拡げてこちらの領域まで来るときなどは、不快に思うのが普通だ。これはこちらの領域の物理的侵害であり、攻撃になるからである。それが意図的ではなく偶然当たった場合は、人は言葉で「失礼」といったあいさつをする。これは攻撃ではありませんよという意志表示であり、あなたの存在を尊重していますというメッセージを送っているわけである。もしこれがないと、侵害された方は攻撃とみなし、注意をするかあるいは短気な人なら押し返すかもしれない。そうなるとそこには闘いが生じてしまう。

---

* フィヒテの承認論は、『自然法論』第1部および『道徳論の体系』第18節で詳しく展開されている。

身体を通じてのせめぎ合いだと，どうしてもそれは相手に対する威圧になりがちだ。だが，このような物理的な圧力にならず，相手に作用するものとして言葉がある。人は初めて出会った人間に対し，まずは言葉を送って働きかけるのである。わかりやすい例は無人島か何かに漂流して，そこで人間に出会ったときを考えてみるとよい。自分とは違う人種らしいので，言葉はわからないとは判断できるが，それでも人はまず相手に言葉をかけようとする。自分は敵意をもった存在ではないというメッセージを送るのである。言葉の共通性はないが，それでも表情や動作から相手はこちらが攻撃をしようとするのではないと判断したようにみえる。そこでお互いわからないままでも言葉のやりとりを続け，互いに敵ではないことを承認し合う。

フィヒテはこのようにして，言葉による「促し」を送り合うことで，攻撃とは違う人間の相互作用を示し，それによって相互の承認が可能になるとした。言葉の次には身体を用い，メッセージを送る。これはあいさつとしての動作であり，握手や肩を叩くことなどである。

フィヒテはこの承認のもっとも原型的なものが母子の関係だと考えている。彼は詳しくは述べていないので，敷衍して考えてみると以下のようなことになるだろう。母親はまだ言葉も理解できない赤ちゃんのうちから子どもに語りかけ，いろいろと促していく。「さあおっぱいの時間よ。たんと吸ってね」とか「おしめをかえましょうね。ほら足を上げてね」と語りつつ，実際は自分が子どもの足を上げたりするのであるが，それでも行為を促す言葉を送りつづける。子どもが成長するに従って，自分でできるようになる。その過程の中で，子どもは自分に向けられたメッセージであると理解するようになり，自己の意識をもつようになっていく。それゆえフィヒテもいうように相互承認は自己意識の確立と同時に行われる。

この母子関係による相互承認は，現代的にいえば，メイヤロフの「ケア」の思想ともつながりうるものである。周知の通り，メイヤロフは『ケアの本質』において，親と子の相互関係をケアの典型例として論じている。ケアにおいては，相手を支配したり所有しようと試みることはない。相手が本来もっ

ている存在の権利において相手を尊重し，承認する。そしてその相手が成長し，その人らしくなることを望むのである。

> ケアしている親にとって，子供はそれ自身の価値を持っていると感じとられている。そのときその価値は，親たちの要求を子供が満たす力を持っているのとは全く別のものなのである。……言い換えれば，私はケアする対象が，それがもつ存在の権利ゆえに，かけがえのない価値を持っていると深く感じているのである[24]。

ケアの関係においては，相手を自分の目的を果たす道具・手段として扱うことはない。相手の存在そのものがかけがえのない価値をもつことが承認され，相手の本質が存在や行動に表現されることを望み，そのためにケアをするのである。それが相手の成長であり，その人がその人らしくなることである。

他者がその人らしくなり，その人のよいもの，可能性が実現され，その人の本質が発現されるように他者に働きかけるという点で，フィヒテの「促し」による承認とメイヤロフの「ケア」は同じ内容をもつ。

カントの「人格主義」も人間同士の相互性・相互作用を前提としたが，フィヒテの承認も，人間存在の相互作用による自己反省的な構造が前提になっている。人間は自分自身を直接見たり，対象化することはできない。それゆえ鏡に映して自分の姿を見たり，他者の反応から自分の行動，外見，態度などを間接的に類推する。そして他者の言葉による指摘で，自分の姿を客観的につかむことができる。このように人間は他者に働きかけ，他者を自分の鏡にすることによって，自分を対象化し，反省をするのである。

二人が向かい合えば，相互に相手を鏡にすることになる。自分の行動が相手の反応となって返されて，自分の姿を反省し，また新たな働きかけをして，それによって自己が成長していく。子どもは親の鏡であるとか，子育てによって親になるとか巷でよくいわれる言葉は，この鏡像的な反省構造，相互作用を言い表したものである。

しかし，ただ相手を鏡にするだけでは，それは相手の人格や個性を承認したことにはならない。相手の支配・操作も，自己の権力を他者に映して，他者を自分の意志のまま動かし，他者が自己の手足の延長となる自己拡張の欲望を満たすもので，これも鏡像関係の一つではある。しかし，そこには他者固有の存在，表現の承認はなく，自己の表現のみしかないため，一方的であり，相互的な関係はない。承認は，あくまでも相互の作用がそれぞれ鏡像関係となり，自己の働きかけが反省されると同時に，他者の固有の働きかけも受容され，それを相手に返していくものである。

　たとえば，看護師が病院で患者たちに接するとき，不特定多数の抽象的な患者一般と見なして，看護に必要とされるに十分なプロフェッショナルな対応はするが，個人的にその患者との関係を結ばないということがある。医師も，患者と個別の関係をもつことを避け，相手の顔を見ることもあまりなく，ただカルテとレントゲン写真ばかりを見て，病気の名前でしか患者のことを覚えていない人もままいる。しかし，彼らが個々の患者を個人として扱い，その個性や表現を受け止め，それに応じてケアをしたり，あるいは人間的な交流を心がければ，それは相互承認の関係になる。

　同じことは幼児教育の現場においてもいえる。子どもたちを園児一般として扱うことなく，個々の子どもたちの個性や表現を受け止めて，一人ひとりの子どもと固有の関係を築くことができれば，その人は教師，保育者としてさらなる自己発展が可能になるだろう。メイヤロフがケアの本質を「他の人々をケアすることをとおして，その人は自身の生の真の意味を生きている」[25]というのも，それは相互承認の関係が成立しているからである。

　このように，承認の関係は他者を支配したり，自分の目的のための道具として操作することがなく，相手の存在と表現を受容し，相手の成長のために相互に働きかけ，そしてそれが自分にはね返って自己が発展することである。それは人間が互いに人間になるための必須の過程である。日常的には愛による関係，友情あるいはケアの関係が最もわかりやすい例であろうが，それだけではなくいろいろな局面において成立可能な関係である。以下にその

一つの考察例として,「承認」の概念を現代社会の問題に適用したホネットの議論を紹介しよう。

2. ホネットの承認の段階論

　ドイツのフランクフルト学派[26]*は現代思想において大きな役割を果たしているが,その第三世代に属するアクセル・ホネット（Axel Honneth, 独, 1949-）は自分たちの思想の根幹をなすこのドイツ観念論の承認論をさらに現代に生かして,人間学的社会理論を構築しようとしている。彼はその著『承認をめぐる闘争』の中で,承認によって得られる自己への感情を「自己信頼」「自己尊重」「自己評価」という3つの形態に段階的に区分している[27]。これらは愛と法の形式において承認される形態である。

　「自己信頼」は愛の関係の中で承認されることによって生じる確信である。親が子どもを愛し育むときに,子どもは自分自身への確信と信頼をもつようになるし,男女が互いに愛し合えば,自分が愛されるに足る人間であることを確信するようになる。

　今日のような移民や難民が多く流入する時代では,住み慣れた故郷を追われて,全く未知の文化と慣習をもつ異国に住むことを強制されることもある。そのような難民は,もし家族がいなければこれほど孤独で耐えがたい生活もないであろう。あるいはその人が新たな居住地で偏見による迫害を受けやすい境遇にある場合は,さらに困難である。アメリカ合衆国でのイスラム系の移民,難民,あるいは日本で北朝鮮籍である在日朝鮮人であるとかいったケースである。しかし,このような場合でも,異性愛による承認はその当事者の人間としての存在を救う力をもっている。

＊　フランクフルト大学にいたホルクハイマーとアドルノを中心としたドイツの思想学派。ヘーゲル,マルクスとフロイトの思想を受け継ぎ,現代の管理社会を鋭く批判した。「批判理論」ともよばれ,1968年の学生革命の時代に世界的に影響を与えた。第二世代をハーバマスが代表する。

私が留学していたドイツでは，かつてはイラン，アフガニスタン，最近ではイラクからの難民が多く流入したが，彼らがまず学ぶことを強制されるのはドイツ語である。彼らにドイツ語を教えるのは「外国人のためのドイツ語」教師資格をもつドイツ人であり，私の知るかぎりでは割合としては女性が多かった。そうすると（私の見聞した例では），イランあるいはイラク人の男性とそのドイツ人教師に愛情が芽生えて，カップルになることも多くありえたのである。
　このとき男性の難民は，それまでの孤独感，疎外感の大部分が解消される。右も左もわからない異国で自分自身の人間としての存在が承認されず，ただお役所関係者から登録番号でしか判断されない存在だった自分が，ファースト・ネームで呼ばれ，一人の人間として尊重されて，故国で織りなした自分史を語るように促されるのである。自分を愛してくれる人がいるということほど，自分の価値を再確認させることはない。そして愛されるがゆえに，自分も人を愛するようになり，人間としての豊かな感情を取り戻していく。
　この愛による承認は異性愛だけではなく，ケアに関することであれば，子どもと保育者，患者と医療者などにおいても成立する。難民の子ども，あるいは親に虐待されて親への愛情を拒否された子どもなどに対して，養育者が愛をもって承認し，その子どもを慈しめば，自己否定的な感情も徐々に変化し，その子は最終的に自己への信頼と相手への愛情をもつことが可能になるはずだ。もちろん簡単にはいかず，多くの困難がそこにあるのは当然であるが。
　次に「自己尊重」は，一人の人格，道徳的で責任をもった主体として承認されることで生じる確信である。一人前の人間として，その人の責任能力を信頼して扱うことであり，これが可能になるためには，社会的にいろいろな権利が保障されていなければならない。外国人であれば，身体，生命の安全，居住の保障，医療や教育，さまざまな市民へのサービスをその国の人々と同等に受けることができる権利である。

愛による承認だけでは，その人間は家族や友人などごく身近な人間関係の中だけでしか承認されていない。ひとたびその狭い人間関係あるいは家を出ると，自己の存在が無視され，否定的に扱われてしまう。言うなれば居留区・収容所に閉じ込められた異邦人的な存在であり，社会的な人間としての権利，誰にも共通する人間としての尊重がここにはないのである。人種差別や宗教的差別，民族差別など現代「差別」といわれるものの多くが，この人格的承認の否定のあらわれになっている。

　子どもの場合この「自己尊重」は，たとえ全面的に一人前の大人として扱うことは無理としても，それでもその子をなるべく信頼して，責任や能力，自律心をもった子どもとして扱うことだと理解すればわかりやすいであろう。いろいろなことを大人の指示や助力を受けず，自力で一人でやれるように促す。子どもも自分は信頼を受けていると意気に感じ，与えられた課題をクリアしていく。おまえはまだ子どもだ，自分では何もできない存在だから，周りの者がついていないとダメだとか，何をするにしても養育者に許可を得るようにという態度で接することは，この「自己尊重」を損ねることになってしまう。僕（私）はまだそんな扱いなのかと自分を卑下させてしまう。それでは内からあふれでる活動のエネルギーも抑圧されて，別の機会に暴力や破壊といったいびつな形で発散させられてしまうだろう。

　最後の「自己評価」は，身近な共同体に対して貢献できる価値をもった存在として承認されることを意味する。つまりその者が属する社会でそれなりの役割をもち，社会的に貢献できる能力をもった者として周りが承認することである。今までふれてきた移民，難民の例でいえば，彼らが自分たちのコミュニティだけを生活の基盤とせずに，その社会全体に受け入れられ，その町の一員，その社会の企業の一員として，差別を受けずに働くようになるレベルをいう。あるいはかつては職場の花的な扱いで責任ある業務につくことが困難であった女性労働者が，今日では男性並みに責任ある立場につき，組織の一員として与えられた役割をこなして正当に評価されるようになったという事実もこの事例に属するだろう。ここまでのレベルに達することができれ

ば，その者に対する差別というものはかなり少なくなってくる。

　子どもに対する関係でこれを考えると，子どもが自分の属する組織，多くは学校で自分の役割を与えられ，それをこなすことが社会的役割の承認になる。これは多くの学校でなされていることであり，クラスのいろいろな係に子どもが任命される。幼稚園や保育所で，子どもにクリスマス会の準備係の役やお芝居で演じる役割を与えることなどもこれに該当するといっていいだろう。

　ただ，子どもがこのような役割を経験することが，大人の都合，大人の目的合理性を優先されたものになると逆効果である。私が見た例で多かったのは，教員から見て指示をそつなくこなすタイプの子どもに重要な役割を与えるという傾向だが，基本的には子どもの要望が尊重され，そして子どもの中でその役割分担が支持されるかどうかを考慮することが必要だろう。そういう意味では，世界のあちこちで試みられている「子ども村」的な子どもの自治活動などにその思想の具現化をみることができる。

　有名なものはスペインの「ペンポスタ」であるが，私はそこに行ったことがないので，自分の見学した例でいえば，デンマークのセーディンエ・フリースクール（Sødinge friskole）がそれにあたる。デンマークで「フリースクール（friskole）」というと，この後に紹介するクリステン・コル（Christen Kold，デンマーク，1816-1870）の実践の伝統を継承する私立の小中学校を意味して，デンマークの初等教育の大きな柱の一つを占める学校である。

　このセーディンエ・フリースクールは，いわゆる通例のいかにも学校といった建物をもたず，「風車の町」と名づけた町を自分たちでつくり，それを学校として運営している。お店や新聞社，図書館，教会（を模した集会所）そしていろいろな家などが建ち並び，それぞれの建物にクラスが入って，一定の期間ごとに場所を交替する。そして図書館の建物に入ったクラスは，そこにいる間は図書館の係として役割をこなす。他の建物も同様である。言うなれば，子どもたちが学校にいる間は町の一員として，自分たちの町を運営していく。役割分担もそれゆえフレキシブルであり，子どもたちは時期に応

図表1-1-2
セーディンエ・フリー
スクール
(デンマーク)

じて多種多様な役割をこなしていくのである[28]*。

　幼稚園では，これも第3章で紹介する「生のための場」の幼稚園がこれにあたるだろう。幼稚園の敷地内は子どもたちの解放区として，何をしても自由，各自好きなようにグループをつくって，好きなことをする。教員はサポート役として傍につくが，主体はあくまでも子どもたちであり，子どもたちとの話し合いによって日々やることが決められていく。役割はそれゆえ可変的で子どもたちの主体性にまかされている。詳しくは第3章§4を参照してほしい。

3. 美的な承認

　以上承認について述べてきたが，本来の文脈である美的な承認ということに戻れば，それは各人の表現を美的に判断して承認するということである。これは役割や能力で承認するという実践的な承認とは異なる。すでに述べて

＊　セーディンエ・フリースクールについては拙著『共感する心、表現する身体』新評論，1997を，フリースクール自体については拙著『生のための学校』新評論，1998を参照されたい。なお，セーディンエ・フリースクールは現在では「風車の町」をさらに変化させ，違った形態にしているということである。

きたように，実践的な目的や関心から判断するのではなく，それらから自由に，表現や行動をありのまま判断していくのである。美的距離を置いて判断するということでもあり，「美の共和国」の成員として子どもたちの表現や作品を承認していくということだ。そのためには，園内をある種の美術館にすることも有効だし，演劇や音楽の場として自由に表現させていくことも一つの方法である。

　それは幼稚園や保育所ですでになされていることをより強化するということでもある。歌にせよお遊戯にせよ，工作遊び，野外での自然の中での遊びなど基本的に幼児教育の場は，こうした創造表現活動にかかわる場である。それは何よりも幼児教育の場が，もともと実利的な仕事や将来のための勉強といった訓練の場ではないということからきている。幼児教育の場は最初から文化の拠点として位置づけられているのだ。だからその文化の拠点，創造表現活動の拠点という性格をきちんと守れば，美的な承認は自然になされることになる。

　しかしこの原則の理解が不十分になると，少子化に伴う募集活動のメリットのためにと，実利的な世間に迎合し，本来の姿を忘れてしまう。早期教育を売りにして，うちは英語に力を入れていますとか，有名私立小学校受験用の教育をしていますとか，インドの学校にも負けないような算数教育・計算能力を涵養しますとか，右脳を鍛える教育が特色ですなどと実利的な親たちを喜ばせる方針を出していく。そうなると大人のあてはめる「あるべき形式」をもとに子どもたちを教育し，鋳型にはめるだけである。文化の場とはとてもいえず，単なる訓練・調教・加工の場となってしまう。

　幼児教育の場において，今まで述べてきた美的な判断，美的にものごとを捉えるという姿勢は，それ以外の社会よりも多くの妥当性をもっている。それはすでに述べてきたように，子どもの活動・遊び・表現そのものが芸術的な表現と多くの共通性をもつからである。彼らの表現や活動はある一定の目的を志向する労働ではない。子どもにとって活動や表現の多くが遊びであり，活動そのもの，表現そのものが楽しい。絵を描くこと，音楽に合わせて

体を動かしたりすること，歌うこと，楽器を鳴らすこと，何かモノをつくったり壊したりすること，それらのすべてが芸術的な表現活動の原型になっている。それゆえにこそ幼児教育の場でなされることは，基本的な生活習慣の規律を身につけることのほかは，遊びや創造表現活動が主になってきたのである。

第2章

身体の捉え直し

§1 表現のメディアとしての身体*

　子どもの表現活動というとき,「身体」の問題も重要である。一般に私たちは「身体」というとすぐに健康やファッション, あるいはスポーツでしか捉えない。たしかに健康であることは身体が資本の現代, 豊かな生活を営む基本だし, また病気の苦痛の少ない老後を送る必要条件だろう。ファッションやスポーツは若者や庶民のかかせない話題であり, 現代の文化消費でもっとも重要なものだ。そこから私たちは, 身体とは労働を担い, スポーツをして競争やエネルギーの発散の喜びを味わったり, 健康を維持したり, ときにはファッションや化粧の土台として他者との差異化を楽しむものとしてもっぱら考える。

　子ども相手の場合は, とにかくすくすくと健康に育つこと, 標準的な体重や身長の数値を基準にして, それを下回らないようにすることを考え, その

＊　§1は拙論「コミュニケーションとしての身体表現」(『演劇と教育』晩成書房, 2000年12月号所収) に訂正加筆をしたものを利用した[29]。

ためにタンパク質やカルシウムなどの栄養に気を使ったり，添加物や農薬などの含有されているような食物を避けて，なるべく無添加で自然に近い食品を摂取させるように努力しがちである。子どもが小さいうちは生協に加入して，良質の食品を購入する母親が多いという傾向はそのことを裏づけている。

挨拶したり，握手したり，視線を送ったり，髪を掻いたり，貧乏ゆすりをしたり，下を向いたり，頭を抱えたりといった感情や意志のコミュニケーションを担うものとしての身体は日常至る所で目にしながらも，それが感情と身体とが一体になったものであるために，意識の上では全然気づかず，学校や社会で叩きこまれるスポーツや保健，栄養学，あるいはファッション，化粧の対象としての身体ばかりに目がいきがちだ。たまに演劇やバレエ，舞踊（あるいは少ないが茶道や武道など）をやる人が，表現の媒体としての身体を意識するが，それとてすでに確立された高度な身体技法にいかに近づくかばかりを考えるために，コミュニケーションとしての身体の側面にまで気づく人はそう多くはない。

このような現状の中だからこそあえていう。身体とはコミュニケーションのためにあり，身体は何よりも表現のメディアなのだと。身体は長生きするためにある道具ではなく，すてきな服が似合い，他人の目を引くためにある武器でもない。他人よりすぐれた体格で，スポーツや戦いを有利に導くためのモノでもない。それは何よりも，他者との身体的な共存の中で，喜びや悲しみなどの人間的な感情を分かち合う「コミュニケーションの場そのもの」なのだ。

人がこの世に誕生するとき，仏陀のように「天上天下唯我独尊」といって生まれてくるのではない。何よりも身体的存在として，生まれ落ちた赤ちゃんは泣き，手を動かし，足を蹴り，産湯の中でにっこりほほえむのだ。このとき，身体は意識と未分離で，身体が即こころでもある。

虚空に手を伸ばす赤ちゃんは，身体によって空間の広がりを知り，お母さんの胸に抱かれ肌で対話することで，自己の存在の揺るぎなさを得る。何で

も口に入れたり手で触ったりして，触れることで世界の広がりを獲得していく。ほかの子どもを見て，同じ動きをすることで，他者と出会い「身体的な共存」を自覚する。目の前の子どもが泣いていると，思わずつられて泣いてしまう子ども。身体的な共存は共感の関係でもあるのだ。

　別の言い方をすれば，子どもの体はそれ自身「ポエジー（詩学）」をもっている。彼らは感情を体で表すことの快感を知っている。うれしいとき，広い空間でのびのびできるとき走り回る子どもたち。悲しいときに身体で雄弁に表現する子どもたち。われわれ大人が子どもたちの運動会や遊戯の発表会あるいは地域の伝統的な子どもの祭や，校庭や公園で遊ぶ子どもたちを見て何ともうれしい気持ちになったり，泣いている子どもを見ておやおやどうしたのと思わず寄って声をかけたくなるのも，彼らの身体が表現するポエジー，意図しない作品としてのドラマに心打たれるからだ。

　彼らの身体も可塑的で可変的である。子どもの身体は柔軟で，どんな動きでもたいていは可能だ。スポーツやピアノ練習あるいはバレエなどで，幼いころから大人を規範とした一定の身体規律を過度に当てはめることは，その可能性を奪うことでもある。彼らの身体の可塑性，大人の日常の身体技法から自由な動き（あるいは逆の意味でそれらから自由な障害者の身体技法など）は，それ自体新しい解釈の可能性をもっている。それは物語や作品を相手にしたときの解釈と同じなのだ。そういう意味でも，彼らの動きは「身体の詩学」なのであり，日々新しい物語あるいは再編された物語を身体で織りなし，表現している。

　言うまでもなく，身体へのまなざしは，演劇や舞踊にかかわった人なら，ある程度は意識された事柄である。だがそれを確信をもって貫き通すには，あまりにも環境が不備だ。わが国にはびこる「競争志向」「評価志向」「技術志向」の影響が強すぎるからであり，学校教育の場ではとくにその傾向が顕著だからである。業績や技術の高低は誰の目にも見えやすい。学校演劇でも規範としての商業演劇が意識されていないというわけではないし，あるいはコンクールで入賞した表現活動を1つのモデルとして仰ぐのは，どこでも見

られることだ。「作品至上主義」あるいは「技術至上主義」の考え方はここでも支配的である。

　表現活動を，既成の芸術やスポーツを基準にそこから編成しないようにしよう。日常生活の中で営まれる身体による表現活動を，芸術の原初的形態あるいはコミュニケーションの発露として，それ自体を理解することが重要だ。まずは既成の価値判断を括弧に入れる。すでに語ってきたように，ここでも表現に関して「美的距離」をとることが求められている。

§2　「トロプス」と「イドラット・フォルスク」

　だが，根強い身体への画一的な見方のために，根本的な発想の転換を今すぐ期待できるものではない。しかし比較的に楽にできる実践を通して，こうした認識を深めることはできるだろう。

　子どもたちと演劇ワークショップを行うことは，すでに各地で試みられている。第1章に挙げた太宰府市の「劇団道化」は，熊本県や鹿児島市の子どもたちといっしょに地域の特色を生かしたオリジナルな芝居をつくり，練習の時点から身体表現ワークショップに力を入れて，ともに何かをつくりあげる楽しさ，表現する喜びを各自が自覚できるような工夫をし，地域住民の協力を得て，最後の上演まで展開している。またアメリカ経由の心理学のワークショップとして「アイス・ブレイキング」も盛んになってきたが，しかし，これはあくまでも交流を深めるための一プロセスとして道具化されている点が欠点であろう。それ自体の可能性を考えてみる必要がある。

　こうしたことから要求されているのは，身体を動かしたり，表現をしたりするワークショップを別の目的のために利用するのではなく，身体表現そのものの楽しさ，人とつながる喜び，心を開く作用に注目して，それを展開するよりユニークなプログラムをつくっていくことである。一例として，ここでは私のよく行うものとして「トロプス」とデンマークの「イドラット・フ

ォルスク」を紹介しよう。

1.「トロプス」の思想

「トロプス」とはSports（スポーツ）の綴りのsを取ってTropsと逆にしたものだ。これには既成のスポーツがあまりに競争主義，勝利至上主義，技術一辺倒になっていることに対する批判が込められている。愛知県の体育の先生たち，影山健さん（元愛知教育大学教授，1930-）や岡崎勝さん（愛知県小学校教諭，1952-）たちが現状のスポーツのあり方，学校教育での体育授業のいびつさ，プロスポーツやオリンピックを規範にそれ以外のスポーツが規定されている事態から，もう一度スポーツ，遊び，身体を動かすことの豊かな意味を取り返すために，1970年代に考案したものである[30]*。

影山さんたちは独自の考察にもとづいて，日本の昔ながらの遊びや世界の子ども遊びあるいは演劇ゲームといったさまざまな遊びやゲーム，それに非暴力トレーニングなどを集め，それらを取捨選択し，アレンジし直したりして，みなで実践できるようにした。すでに創案されて20年以上経つので，炯眼な体育教員がいる学校では実践されており，また生涯スポーツ普及を受けて，岡崎勝さん自身教育委員会から呼ばれて講演やワークショップをすることも多くなっている。勝利至上主義，軍隊的な精神論や上下関係の支配する既存の部活動などを批判して，教育委員会とはある意味敵対関係にあっただけに，招かれた当の本人が驚いているくらいである。

トロプスの基本的な立脚点は（1）誰もが楽しめる運動，（2）みんなでつくる総合的な運動，（3）自然や人との対話，というものである。

まず誰もが楽しめる運動であるので，筋力が強いとか背が高いとか足が速いといった能力差があまり反映されない運動になっている。能力主義には反

---

* 詳しくは影山健・岡崎勝 編『みんなでトロプス！：敗者のないゲーム入門』風媒社，1984 を参照のこと。

対だが，だからといって徒競争で全員を並んでゴールさせる悪しき平等主義のようなことはしない。競争の勝敗は偶然や機知で決まる要素が多いので，身体能力がさほど要求されないようになっている。また勝ち負けがなく，みんなで笑って楽しめる表現的な遊びも多く，共同で何かをつくりあげるタイプのゲームもたくさんある。それゆえ現在では，中高年でもできる生涯スポーツとして導入されているくらいである。

誰もが楽しめるようにするためには，参加者を見てルールもその場に応じたものに変えていく。幼児と若者が混じるときは，幼児にハンデをつけたりもする。楽しむことが一番大事なので，ルールも可変的で，競争至上主義も避け，何よりもみんなの顔に笑顔がこぼれることを重視する。「下手くそだから」とか「どうせ勝てないから」「みんなの足を引っ張るから」などというコンプレックスをもつ必要はない。そのような敗者をつくり，運動嫌いにさせることがトロプスの最も嫌悪することなのである。

みんなでつくる総合的な運動ということでは，当然ながら芸術的な表現ワークショップ的な要素も重視する。しかし，トロプスはそもそも何がスポーツで何が芸術，何が演劇といった区分けをしない。もともとの民衆の遊び，祝祭時にやっていた活動は，それらが渾然一体となったものであり，近代の専門分化によって，そのような区別が意味をもち，同時にアマチュア性をさげすむ原因ともなったのである。

2.「トロプス」の具体例

たとえば，よく知られているゲームの一つとして「ウィンク・キラー」がある。これもトロプスの中に採り入れられている。鬼の役のキラー（殺人者）がウィンクで人を殺し（悩殺？）ウィンクを送られた人はおおげさに倒れて死んだふりをする。それを何度か繰り返して，周りの者が誰が犯人か当てるという遊びである。この遊びの面白さはその死亡の様子の演技である。派手に死ぬ者もいれば，あっさりバッタリと倒れるだけの者，それぞれの個

図表1-2-1
「これは失礼！」

性が出てくる。演劇的要素の強い遊びであるが，大なり小なりトロプスには演劇的要素，音楽的要素，舞踊的要素が含み込まれている。

だから自分たちで音楽を演奏しながら遊ぶということもするし，舞踊の曲をかけてダンスと遊びが混じったものもある。私がよくする一つに「これは失礼！」というトロプスがあるが，表向きは優雅な音楽に乗せて，二人が手を取り合ってにこやかに社交ダンスを踊りながら，実は相手の足を踏み合うという現代の世相を象徴するような熾烈な（？）ゲームである。

お互い踏まれないように逃げつつ，同時に相手の足を踏むが，それを優雅なダンスの振付のように柔らかくしなければならない。柔道やレスリングのように，相手に足をとられまいと必死に力ずくで組み合ったらダメである。踏んだ方は優美な笑顔をして「あら失礼」と挨拶をし，次の闘いが始まる。これを7～8人で輪をつくってするやり方もある。

テニスであれゴルフであれ野球であれ，現代のスポーツをするにはウェアやら道具やら多額のお金がかかる。海上スポーツや本格的なサイクリングは相当なお金持ちでないととてもやれない。商業主義と癒着したスポーツを批判するトロプスは，道具もヒモや棒やタオルなどその辺にあるモノを使い，手づくりですることを奨励している。日常の道具をイマジネーションを働か

せて，いかにユニークな使い方をするか，みなでアイディアをもちよることも創造の一つである。

　3番目の自然と人との対話という点は，今の時代こそ重要なものであろう。体育館やグラウンドなどで運動をするのは，実は環境としては最悪である。もともとスポーツ自体が軍事教練として軍隊と密接なつながりをもつ歴史があり，それらを輸入した日本ではとくにその傾向が強かった。体育館もグラウンドもよけいな感情をもたせないようにするために，鉄柱，むきだしのコンクリート，固い地面など，きわめて無機質につくられている。病院，軍隊，収容所と同じ色合い，雰囲気をもち，そこに入る人は主体的な人間の感情を押し殺すような圧力を受け，操作の対象として，ひたすら身体が管理される存在となる。

　トロプスはこのような施設よりも，日常の環境を好む。一番いいのは自然の草原，小川などがある環境であり，それが無理なら屋外の公園である。子どもたちにとっては路地裏も冒険の場所であるから，車さえなければ私たちのごくふつうの生活環境でもかまわない。草原，芝生の上で遠くには山や丘を見ながら，青空の下で自然との親しみを感じながらゲームをする。

　人とのつながりというのは，トロプス自体が身体を接触させて心を開くメディアであるから，もっとも重視されるものだ。これは実際にやれば効果はすぐにわかるが，私が大学の講義の一コマとして，このトロプスやデンマークのイドラット・フォルスクを学生とやると，それまで会話さえなかった学生同士がその後話すようになり，友人になる。アイス・ブレイキングという形で親睦を深めるワークショップとして，今ではあちこちで試みられているように，身体を動かして競争的でないゲーム，遊びをするということはいわば童心に帰ることであり，屈託なく楽しく笑う空間を共有することでもあり，心を開かざるをえないのである。影山さんは「笑いのないトロプスはトロプスではない」[31]と書いている。これは学校の体育授業や部活動などで「白い歯を見せるな！　たるんどるぞ！」という軍隊式の指導を行うあり方への対抗という意味合いをもつが，基本的には楽しさの分かち合いこそが大

事という彼らの考えを示すものである。

「人との対話は，運動をとおして，すなわち"裸のつき合い"をとおして，よりたしかなものになってくるものです。運動は，人と人とをつなぐ表現媒体でもあるのです」[32]と影山さんたちは書いている。

この側面をもつ典型のトロプスは「キャタピラ」である。10数人から20人くらいの老若男女が，びっしり体を付け合ってうつぶせに一列に並ぶ。そして端から順にその上をゴロゴロ転がって，終わるとまた隣の人にくっついてうつぶせに寝る。前の人が転がったら，次の人は間を空けないように次から次に転んでいく。結果としてキャタピラのように進んでいくから，この名がついた。これをやると反応はすごい。小さい子どもたちは喜んで何度もやり，しまいには目が回って気分が悪くなるほどである。大人は「重くてごめんなさい！」などと言いながら，転んでいき，終わった後など「○○さん，細い割には重いのね〜」などと話がはずむ。人の体の柔らかさ，弾力，気持ちよさを知るいい機会でもあり，また太めの人がよい意味での注目を浴びて，笑いの中心になれるときでもある。

これらは幼稚園や保育所，子ども園などで，すぐにもできる楽しい遊びになる。大人も入っていっしょにできるというのも利点である。実際のトロプスの内容と遊び方は影山さんたちの著書『みんなでトロプス！：敗者のないゲーム入門』（風媒社）に書いてある。

§3 デンマークの「イドラット・フォルスク」

デンマークの「イドラット・フォルスク（語義的には民衆の身体運動）」は，デンマークの農民文化の中に伝えられていた民衆の遊びを復活したものである。近代化とともにスポーツ，芸術的な舞踊・ダンスの流入で，すっかりすたれてしまった地域の子どもの遊びや祭にあったゲームを主な内容とする。トロプスも世界的なこうした民衆の祝祭ゲームの発掘などをヒントにしてい

るが，デンマークでは自分たちで過去の民衆の遊びを採集し，自らの伝統の維持を意図して復活させた。

これにはデンマークの近代史の特色が反映しており，さしあたり必要な分だけ説明しておこう。

1. デンマーク独自の身体の歴史

多くの国々では近代化を都市のブルジョアジーが担い，彼らの価値観を地方の農村に波及することが推進された。日本がその典型であるように，どんな田舎にも公立学校がつくられて，都市の価値観に立つ義務教育が行われ，教員は都市に見られる文化や産業を進んだ証とみなし，地方の農民文化や共同体のあり方は遅れた旧弊と断定して，それを否定することが彼らの仕事になった。

子どもの身体活動にしても，子ども社会にあった伝統的な遊びは価値あるものとは見られず，学校で教える西洋的な近代スポーツがよいものとされ，バレエやピアノを習うことが「ハイカラ」なものになる。学校教育で導入された体操は，将来の軍事教練を準備し，また個々バラバラで統一的な行動がとれない田舎の人間を管理し，統率できるよい手段と化した。学校だけではなく「ラジオ体操」という形式で地域の住民を巻き込み，リーダーの笛一つで迅速な行動ができる操作の客体としての身体を養成したのである。

こういう過程は多くの国家で共通した内容をもつが，デンマークだけはこの都市ブルジョアの動きに対抗し，地方の農民たちが独自のアイデンティティを主張して，対抗文化の民衆運動が起きた。それには多くの要因があるが，19世紀半ばに活躍をしたグルントヴィ（Nikolaj Frederik Severin Grundtvig, デンマーク，1783-1872）というデンマークの近代文化を形成した知識人がいたことが大きい。彼の影響の下に，多数を占める農民たちは都市ブルジョアの政府に対抗し，教会，教育，文化，体操も自分たちの独自のものをつくりだして，発展させた。

その中心となったものが「フォルケホイスコーレ（folkehøjskole）」[33]*という公教育に対抗する民衆の学校で，グルントヴィのアイディアを農民や牧師たちが独自に展開して実現させた。これは18歳以上の若者が学ぶ寄宿制の高等教育学校だが，試験も単位も問わず，自己の啓発と社会的な意識を得るために学ぶデンマーク独得の学校である。ここで学んだ農民たちが社会変革の一大勢力となって，今日のデンマーク社会を形成した。言うなれば対抗教育・対抗文化が，世界的に共通する都市のブルジョアの近代化教育・近代文化と争って，最終的には対抗教育・対抗文化が勝利した国がデンマークなのである。

体操の歴史においてもこの学校は政府とは対立し，独自の展開をする[34]**。政府はドイツから学んだ軍事教練的な体操を学校や地域で奨励したが，農民たちはスウェーデンから来たリング式体操を選び，独自の工夫も加えて，政府の与えるドイツ系体操を拒否した。その体操をみんなでするための集会所をつくり，そこに来て体操を共同でする ことで連帯感を育んだ。また集会所は，体操後は民主的な討議の場となって，農民たちの政治意識を高める役割を果たした。日本で「デンマーク体操」とよぶのは，このリング式体操を指している。

2．第三のスポーツ

この歴史は今も続いて，デンマークにはスポーツの全国組織は3つある。まず「デンマーク・スポーツ連盟（DIF）」はどこの国にもある国家的な体育協会と同じで，近代スポーツの奨励，競技技術の向上などに力を入れ，最終的にはプロスポーツやオリンピックを志向する。次には「デンマーク・企業

＊　フォルケホイスコーレとグルントヴィについては拙著『生のための学校』新評論，1998に詳しく説明している。
＊＊　デンマークの社会運動としての身体の歴史については，ヘニング・アイヒベルク，清水諭 訳『身体文化のイマジネーション デンマークにおける身体の知』新評論，1997を参照されたい。

スポーツ連盟（DFIF）」で，これは名前が示すとおり社会人スポーツの団体で，大きな組織ではない。最後に人数的には最も多いのが「デンマーク・体操連盟（DGI）」で，上述の農民運動の流れを継承するものである。民衆の共同性，アイデンティティ，身体的発展，民衆の身体文化の継承を主たる目的とするので，技術や勝利への志向はあまり強くはない。

　コペンハーゲン中央駅の裏側にDGIが運営する「DGI Byen（DGI村）」[35]というホテルとレストランなどを併設した一大スポーツ施設がある。グラウンド，各種コート，体育館，スケート場，ジム，サウナやヒーリング・バス，温水プールなどがあって，市民が利用している。

　私がコペンハーゲン滞在のときよく利用するのが温水プールであるが，このプールは円形をしており，箱形の競泳プールではない。それは水泳は速く泳ぐことがすべてではないという思想からである。円形であればどこでもスタート地点になるし，ゴールにもなる。泳いでいる人たちは誰が一番先頭かと判断されることはない。固い長方形よりも円形のほうが柔らかい印象を与え，また調和を示すことができる。設計の時点では水泳連盟などから，せっかくつくるなら競技用プールにしてほしいという要望を強く受けたそうであるが，DGIの伝統を貫き，競争的な要素を減らす方向でつくられた。ただし

図表1-2-2
DGI Byenの円形プール

中心部に25メートルの長さの長方形の部分を設け，ロープを張れば競泳用にできるという妥協も行っている。

　DGIの活動はフォルケホイスコーレ運動のスポーツ面での大きな流れであるが，フランスで確立された「より速く，より高く，より強く」の近代スポーツ観とは対立する側面をもっている。一部の運動能力に優れた者の技術を高め，競技会で優秀な成績を収めるという志向に反対し，みんなで健康づくりや楽しみのために運動をするという点では，現代のスポーツのもう一つの柱である「フィットネス・スポーツ」「生涯スポーツ」に近い。しかし，政府や企業ベースでなされるこの「フィットネス・スポーツ」「生涯スポーツ」が，国民の労働力としての質を上げ，画一的な身体規律を身につけさせるという操作的な身体観をもつため，それらには批判的なホイスコーレやDGIの関係者たちは，改めて自分たちの民衆運動としての歴史を自覚し，第三のスポーツのあり方を提唱した。そのリーダーの一人，ヘニング・アイヒベルク（Henning Eichberg，デンマーク，1942-）の定義づけによれば，次頁図表1-2-3の通りである。

　「業績スポーツ」の三角形はヒエラルヒーを示す。トーナメント戦や，地域予選，国内大会，世界大会という競技会のレベルのヒエラルヒーなどに端的にその三角形はあらわされ，また選手の格づけもこういう形をもつ。記録，成績が最優先され，身体能力と技術の極限化をつねに志向するので，運動器具開発が欠かせず，ドーピングもつきまとう。

　「フィットネス・スポーツ」はすでに言及したが，国民の健康づくり，労働者の健康と次の労働のためのリフレッシュなどを目的とし，国家衛生学的な観点から奨励される。最近では，高齢化社会に伴う医療費の軽減も間接的には意図している。それゆえの「生涯スポーツ」なのである。

　第三のスポーツはこの図では「身体経験」とされているが，何よりも語義通りの「ムーブメント」，身体を動かすことの意味と感覚を経験することが大事になる。ヘニング（面識があり，ファーストネームでいつも呼んでいるので，その使用を許していただきたい）はまたこれを「社会的官能性」ともよんでい

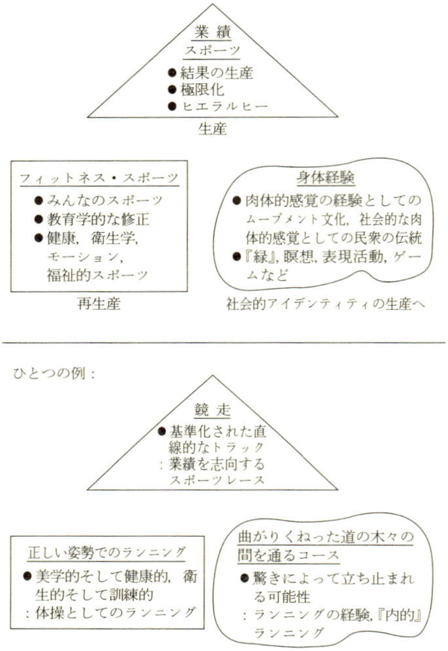

```
         業績
        スポーツ
      ●結果の生産
      ●極限化
      ●ヒエラルヒー
         生産

フィットネス・スポーツ        身体経験
●みんなのスポーツ       ●肉体的感覚の経験としての
●教育学的な修正         ムーブメント文化，社会的な肉
●健康，衛生学，         体的感覚としての民衆の伝統
 モーション，         ●『緑』，瞑想，表現活動，ゲー
 福祉的スポーツ          ムなど
  再生産          社会的アイデンティティの生産へ
```

ひとつの例：

```
         競 走
      ●基準化された直
       線的なトラック
       ：業績を志向する
        スポーツレース
```

```
正しい姿勢でのランニング   曲がりくねった道の木々の
●美学的そして健康的，衛    間を通るコース
 生的そして訓練的     ●驚きによって立ち止まれ
 ：体操としてのランニング    る可能性
             ●ランニングの経験，『内的』
              ランニング
```

図表 1－2－3
アイヒベルクによるスポーツの区分
ヘニング・アイヒベルク『身体文化のイマ
ジネーション』新評論，1997，p.32

る。彼の言葉を引用すれば，「それらは，ダンスや身体文化における『新しい波』と同じように，民衆スポーツの比較的古い形式の中で表現されているものに見いだすことができる。これは驚きや笑い，どこへ向かうのかわからない歴史的変化とその破壊的な性質の領域である」[36] とも語っている。

それはデンマークの農村にあった古くからの祝祭の経験に存在したものでもある。集まった彼らは伝統的なゲームをしたり，北欧のフォークダンス（フォルケダンス）を楽しみ，また派手な飲食と喧噪の会話に興じる。ときにはそれが行きすぎてちょっとした破壊，毀損，喧嘩もあるという具合である。それらが緑豊かな野外でなされ，歌を歌いつつ丘に登ったり，船を漕いだりして自然との交流にもなっている。

そして多くの者がもっているはずの，子ども時代，山や森，海や川で遊ん

だときのあの忘れがたい経験，自然の感覚と一体になった官能性をも含むえがたい経験も，この「社会的官能性」に属するものである。私自身の経験をいえば，対馬の漁師の子どもとして海に育ち，ずっと海で泳いできた。今住んでいる宗像市（福岡県）も福岡県で最も美しい海岸（さつき松原）をもち，夏にはそこでよく泳ぐが，見渡すかぎりの水平線，そして夏の雲と青空，目の前に横たわる緑濃き島（筑前大島，地島）がつくる絶景のパノラマは，故郷の海での身体経験を思い出させてくれる。そしてこの海と空に包まれて，仰向けになって波の動きに身をまかせゆらゆらと漂うとき，この解放感，海と空と一体になった官能は，近代的で味気ない建築物のプールでは絶対に味わえないものだと痛切に実感する。

　都会の子どもであっても，キャンプで田舎に来て，森の中でみなで食べる飯盒のごはんのおいしさ，キャンプファイアーの魅力，テントの外で見たネオンも灯りも一切ない星空の美しさの感動を知っている者は多いはずだ。また，童謡には多く夕焼けの光景が出てくるが，これは日本人の原風景といえるものだからだろう。わらぶき屋根の農家が里山に散在し，山々に夕日が沈むとき，カラスが鳴いて赤とんぼが稲田の上を飛び回る。子どもの頬は夕日で真っ赤に照らされて，トンボを追ったり，あるいは沈む夕日に心打たれて見入ってしまう。遊びと美的な感動，自然との身体的な交流がないまぜになった不思議な原初的経験である。これらの身体経験こそ幼年期・児童期に最も重要な経験であると思うし，それを体験させてやることが求められている。

　デンマークの学校では，それゆえ，このような野外での遊び，野外でのスポーツを数多く採り入れている。夏にはカヤックに道具一式を乗せて，ノルウェーやスウェーデンまで途中でキャンプしながら長期のツアーをしたりもする。グラウンドを走るよりもフィヨルドに沿ってつくられた白樺の道をクロスカントリー式に走ることもあれば，かなりの長距離を自転車で行く。

3.「イドラット・フォルスク」

　デンマークの農民たちは祝祭のときにいろいろなゲームをした。それは身体だけを使うものもあれば，布きれ，鍬の柄や馬蹄などの身近な道具を使うものもあった。これらの多くは子どもたちの日常の遊びともなっていた。日本でも地域独得の子どもの遊びがあったり，路地裏での子どもの遊びがあったようにである。これらの遊びは近代化に伴い，サッカーなどのスポーツの浸透によって廃れてしまうのは日本と同様である。しかし，デンマークのホイスコーレ運動は第三のスポーツとしてこれらの民衆の遊び，ゲームを捉え直し，復活させる。それが「イドラット・フォルスク（idræt forsk）」である。

　ゲァリウ体育ホイスコーレ（Gerlev idrætshøjskole）に併設された「身体文化研究所」が中心となって，1980年代にデンマークの民衆の遊びが採集調査され，体系的にまとめられた。リーダーはそこの研究員であったヨアン・メラー（Jørn Møller，デンマーク，1943-）である。彼は1990年に「Gamle idrætslege i Danmark（デンマークの伝統的運動遊技）」4冊本[37]を出し，その成果を世に広めた。この本は各冊それぞれ100ずつの遊びをやり方を含めて具体的に紹介し，合計400の伝統的な民衆の遊びを網羅している。1冊目はボールを使ったり，ものを投げる遊び，2冊目は鬼ごっこのような相手を捕まえたり見つけだす遊び，3冊目は器械体操的な動きや力のいる遊び，4冊目は対戦型やチーム同士の競争の遊びというように分類されている。

　評価すべきは，メラーたちはこの中でとくに面白くやりやすい遊びを選び，そのための道具を自分たちで製作し，その道具一式を昔風の木の箱に入れて，プロトタイプをつくったことである。これを量産すれば単価あたりのコストが安くなるので，あちこちで実際に実施をして普及に努めるとともに，学校にも採り入れてもらうよう運動した。そして教育省が公立学校にこの道具一式を政府予算で配布するようにしたのである。今ではデンマークの学校ではこの「イドラット・フォルスク」は当たり前のようになされているし，それ以外の成人教育の場でもアイス・ブレイキングや交流を深めるよい

手立てとして広く行われている。地域の祭りでも復活して，昔の遊びを再びやるようになったのである。

　この動きの背景には，1970年代のアメリカでの「ニューゲーム (New Game)」[38]運動の影響もある。これは影山さんたちの「トロプス」も影響を受けたものであるが，68年世代の管理社会批判のカウンター・カルチュア運動の一環として，アメリカのカリフォルニアで盛んになった運動だ。既成のスポーツが国家的な価値，管理抑圧的で権力的な構造にもとづくものであることを批判して，それに対抗する民衆の遊びや創作の遊びを若者たちが実践していった。今日では「スロースポーツ」[39]というものが普及しているが，その大本になったものだともいえるだろう。

　デンマークでは，1980年代に体育専攻の学生たちが市の公園を使ってこのようなゲームをする日を定め「大きなゲームの日」と名づけて，市民運動として展開した。老若男女が分け隔てなくみんなで楽しく笑って運動できる日ということで，全国にも広まり，年中行事として定着した。既成スポーツを相対化する「ニューゲーム」の考え方はデンマーク人にとって疎遠なものではなかった。それにデンマークの伝統意識を加味した「イドラット・フォルスク」は喜んで受け入れられたわけだ。

　日本の現状を振り返ると，あまりのお寒い状況に暗い気持ちにならざるをえない。子どもたちが路地裏でやっていた昔ながらの遊び，缶蹴り，馬乗り，ビー玉，メンコなどは，自動車による道路の占有によってすっかり失われた。公園は全国どこでも画一的なつくりで，砂場にジャングルジム，鉄棒と，学校での体育教育の規範を越えるものはない。都市部には自然もなく，田舎でも最近は所有権にうるさくて入会地はなくなっているから，木や竹を切りだして自分たちでチャンバラの剣をつくるとか竹馬や釣り竿を製作するなどということもできない。これらの子どもの遊びが子どもたちの身体発育を促し，異年齢の子ども社会を形成する媒介となり，あるいは自然に親しんだり，道具の使い方を覚えたりすることにつながって，計り知れないほどの教育的効果があったことは言うまでもない。

しかし，現状ではこうした遊びはできず，ある者は水泳教室やバレエ教室に通わせられ，子どもたちは等級に分けられ隔離されて指導が行われる。それに行かない者は家でテレビアニメや幼児番組を見たり，テレビゲームをするという有様で，そこには孤立させられた子どもたちがいる。

それゆえ，幼児教育の場においてこのような子どもの遊びを復活させることは大いに意義があることだと思う。第一に道具が高価ではない。たこ揚げも市販の高価なものを買うよりも，自分たちで竹ヒゴと半紙でつくる方が安上がりで製作の楽しみも増す。空き缶も家からもってきてもらい「カッポ」をつくるのも楽しい。今でも実施しているところもあるかとは思うが，より自覚的になることが必要である。

4.「イドラット・フォルスク」の具体例

私自身もときどきは呼ばれてワークショップをするが，この「イドラット・フォルスク」は大好評である。よくやるものの例をいくつかあげてみよう。

《猛犬注意》

① 人数は10人以上。多い方が楽しいかもしれない。一人鬼（猛犬）を決める。
② 公園などでは大きな木，体育館などでは鉄の柱などに1メートルほどの長さでロープを結びつける。
③ 参加者は各自大きめのボロの布きれ（タオル，手ぬぐい，風呂敷，シャツ，シーツなど万一破れてもよい古いもの）を持参するが，それを木（柱）の周りに適当に散らして置く。
④ 猛犬役がロープをつかみ，それで動ける範囲を犬になりきって行動して吠える。四つんばいでも二本足でもかまわない。ロープを放してはならない。
⑤ 参加者はいろいろなフェイントをかけながら，自分の置いた布きれを取

り戻す。犬は取りに来た者にタッチする。
⑥ タッチされないように，布きれを取り戻したら，また犬の近くに放り投げて再度チャレンジする。犬は布きれを置きに来た者をタッチしてもそれは無効である。
⑦ 犬からタッチされた者は次の鬼（犬）となり，交替する。

　犬から遠いところで取り返すのがコツである。そのためには犬に近い者がうまくフェイントをかけて，注意を引きつける必要がある。だから参加者同士のチームワーク，協力関係が重要になる。
　面白さはひとえに犬役の演技ぶりにかかっている。「ワンワン」「バウバウ」と吠えて猛犬になりきることが大事。取ろうとする布きれを踏みつけたり，それに噛みついたりして，取る者と駆け引きすると楽しくなる。犬は転ぶことも多くなるが，大げさに転んで見せたりするのも一興である。小さい子どもがとても興奮して喜ぶ遊びである。犬役は最初は大人，若者，大きな子どもがやるといいだろう。小さな子が犬役になったら，ゆっくりと近づくなどの工夫をしてやるといい。血気盛んな男の子が興奮して犬を叩いたり蹴ったりする場合もあるが，そのときにはルール違反であり，ひどいことをしていると注意した方がよい。

《ネズミとネコ》

① 12人から15人くらいで1グループ。まず並んで各自番号を言い，自分の番号を覚えておく。
② 1, 2, 3番の者をはずして番号順に並んで手をつないで輪をつくる。手を伸ばし，各人の間を最大限の間隔で開ける。
③ 1の者はネズミとなって輪の中に入る。2と3の者はネコとなって輪の外に出る。それぞれ反対に位置する。
④ ネズミはネコの動きを見て，フェイントなどをかけながら，つないだ手の下をくぐって輪の外に出る。出た場所とは違うところからまた輪の中に

戻る。
⑤ ネコはネズミが輪の外に出たら追いかけてタッチする。
⑥ ネズミが3回輪の外に出てタッチされずに戻れたら，ネズミの勝ち。ネコはネズミをタッチしたら，ネコの勝ち。
⑦ ネズミが勝てば，4番の人がネズミになり，4番の人の場所に1番の人が入る。ネコはそのまま。
⑧ ネコが勝てば，番号の速い順，最初なら2番から輪に戻り，ネズミ役の人がネコになって外に出る。ネコは誰がタッチしたかは問わず，つねに番号順に輪に戻る。全員が終われば，そこで終了。

　これもかなりの運動量で，子どもはとくに喜んでやるものだ。ネコ役の2人はうまく協力し合って，ネズミを追わねばならない。一方が動きが鈍くても，片方のネコの活躍で元に戻れることが多い。各人の運動能力に応じてルールを可変的にすることが大事である。子どもは外に出るのは2回あるいは1回とか，若者なら4回とか，あるいはネコ2人とも動きが今ひとつのときはネコ役を3人にするなど。臨機応変にしてみんなが楽しくなることが第一の目標である。

《牛追い》

① 用意するものは太めのロープ。それを輪にして外側に立ち両手でつかむ。外側にいる者たちは牧童という設定になり，ロープは取り押さえるための柵である。人数は15人以上25人くらいが一番おもしろい。輪の大きさは人数によって変化させる。なるべく小さめにして，輪をつかむ者たちがぎっしりくっつくくらいの大きさがよい。
② 輪の真ん中に鬼が立ち，この鬼が牛となる。牧場で暴れる牛という設定である。両手の人差し指を立てて頭の横につけ，上半身を折り曲げて牛の格好をする。鬼はこの牛の演技，表現を上手にすることが面白さを増す。闘牛の牛のイメージが参考になるだろう。

第2章 身体の捉え直し　61

図表1-2-4
牛追い

③ 牛は角を突き立てて，輪の外にいる誰かをめがけて突進する。手を添えた頭ごと外の牧童の身体に触れればよい。ただし手と肘までは当たってもOKで，それ以外の部分である。牧童はロープから両手を放してはならない。離れたらそれは柵がこわれたと見なし，牛はそのロープを越えて，外に出て離れた牧童をどこまでも追いかける。
④ 牧童はみなで協力し合って，牛の動きに合わせて身体を刺されないように輪を移動させて逃げる。牛はフェイントをかけたり，急に方向を変えたりして，なるべく牧童にタッチできるように工夫する。身体に角がタッチしたら，当てられた者が次の牛になって輪の中に入り，元の牛は牧童に戻る。

　この遊びは，みなが自分だけがタッチされまいとして逃げると輪が動かなくなる。だから牛の動きを見て，牧童は輪を動かさなければならない。つまりみんなとの協力が大事であり，助け合いの精神が試されている。身体も密接して動き，いわば押しくらまんじゅうのような感覚になるので，一体感もある。そして何よりもスリル感が楽しく，これをやると歓声や叫び声が止むことはない。運動量もかなりあって数回もすればみなの息が上がってくる。

牛役の鬼は演劇的役割が求められ，いかにも牛らしく振る舞うと周りの人間から笑い声が生じる。身体の大きさ，男女の違い，子どもか大人かの違いで，牛の性格も変わり，おとなしい牛，いかにも暴れ牛，かわいい子牛と変化する。牛がおとなしかったり，まだ幼い子どもだったりすれば牧童も意識して手加減してやるルールの可変性も必要である。道具もロープ1本ですむ。みなで転ぶことも多いので，体育館よりは芝生や草原でやるのが一番よい。
　「トロプス」のところで書いた（1）誰もが楽しめる運動，（2）みんなでつくる総合的な運動，（3）自然や人との対話，の3つの要素を「牛追い」ももっており，「イドラット・フォルスク」全体がそれらの傾向を共有している。

第3章

デンマークの教育思想とその実践に学ぶ

§1 表現主義の思想的系譜

　むずかしい話に戻って申し訳ないが，思想史上では，これまで論じた内容は「表現主義」という言葉をあてはめることができる。狭い学術的な用語としては「表現主義」は，日本では主に20世紀初頭のドイツに現れた美術運動＊を指すことが多いが，ここではもっと広義の意味で「人間の自己表現の形式はすべて何らかの意味で芸術的であるということ，また自己表現は人間の人間たる本質の一部であるということ」[40]として用いる。これは優れた思想史家アイザイア・バーリン（Isaiah Berlin, 英, 1909-1997）がその著『ヴィーコとヘルダー』で示した定式によるものである。

　バーリンは，この表現主義は18世紀後半にヘルダー（Johann Gottfried Herder, 独, 1744-1803）によって提起された考え方だと述べる。彼によれば，ヘルダーは「人を理解するとは，人が言わんとするところ，意図すると

＊　カンディンスキー，エミール・ノルデ，マックス・ペヒシュタインなどの画家がこれらに属する。

ころ，伝達したいと願うところを理解することである。創造とは伝達である」[41]と考え，それゆえ「人間とは，他人との関係によって形づくられ，他人との関係を物指しにして定義すべきものである」[42]とした。

その際に，最も基本になるものは言葉である。「言葉は，情念を物と，現在を過去と結びつけ，記憶と想像とを可能ならしめることによって，家族，社会，文学，歴史を創り出す」[43]。だからヘルダーは地域の伝承や民謡を重視して，そこにその地域の精神があらわれていると考え，のちのロマン主義的ナショナリズムを準備した人ともされる。グリム童話として結実したグリム兄弟（Jacob Grimm, 独，1785-1863, Wilhelm Grimm, 独，1786-1859）の民間伝承採集やサヴィニー（Friedrich Karl Savigny, 独，1779-1861）の歴史法学はヘルダーの思想の継承である。

しかしヘルダーはどこの文化が一番よいとか，どこが一番進歩しているなどという優劣をつけない。それらはみな同様のかけがえのない価値をもっているとして，今風にいえば「文化相対主義」的な立場に立つから，彼はのちのナショナリストとは明らかに異なる。個人の表現は他者あってのことであり，民族の文化はそれだけではあまり意味がなく，他民族の文化と比較対照して初めてその独自性がわかるものだ。自分の価値，自民族の文化が最高であると思うのは勝手だが，そのことで他者や他民族の文化を否定したり，さげすんだりすることは相互表現・相互承認による互いの啓発をなくしてしまう。

ヘルダーがこのような「多元論」に立つ表現的な考えに至ったのは，彼自身プロイセンのモールンゲン（現在はポーランド，モロンク）に生まれ，その後ケーニヒスベルク（当時はプロイセン領で現在のロシアのカリーニングラード）で学び，リガで活躍というように，当時のバルト海文化圏に属していたということも大きいのではないだろうか。当時のバルト海文化圏の生みだした最も有名な人間は哲学者カントであるが，彼は生まれ故郷のケーニヒスベルクを生涯出ることがなく，この町以外の世界を知らなかった。しかしカントは世界の地理を語り，また世界の民族を『人間学』の中で語っており，日本人

への言及さえある。それはバルト海沿岸都市であるケーニヒスベルクに，世界の港から商人が様々な商品や文物をもたらし，海の彼方に行かずとも情報を得て現物を見ることができたからである。中世以来のハンザ同盟の伝統を受け，このバルト海では国家や民族を超えた交流があり，異なる文化を承認する風土があった。

　デンマークももちろんこのバルト海文化圏に属したので，ヘルダー的な思想はなじみやすい考えであった。またラウエンブルク公国，シュレスヴィヒ・ホルシュタイン公国を経由してドイツの最新の思潮はすぐに伝えられた。デンマークの近代精神を体現したグルントヴィはヘルダーに最も影響を受けた人であり，グルントヴィの考えの中に上述したヘルダーの思想が，グルントヴィ流に消化されて取り入れられている。また先に論じたカント，シラー，フィヒテもグルントヴィの基本的な思想形成の糧になったものでもある。そういう意味では，これまでに述べてきた内容はすべて大なり小なり思想的な文脈として，グルントヴィや当時のデンマーク文化につなぐことができる。

　しかし，ここでグルントヴィについて語ることはしない。というのは彼は思想家ではあるけれど，教育の実践者ではなく，子どもの教育にかかわったことはないからである。その代わりに，彼の弟子ということもできるクリステン・コル（Christen Kold，デンマーク，1816-1870）の思想と実践を述べることにしよう。コルの基本的な立場はグルントヴィと共通しており，しかも彼は実際に子どもの教育に従事し，デンマークの近代教育を築きあげた最大の人物だからである。彼が教えたのは，主として7歳以上の子どもたちであり，その意味では幼児教育の専門家であったわけではないが，今のデンマークの教育全体の考え方そのもののバックボーンになっており，幼児教育の場にも背景として影響を与えている。コルを知ることは現代のデンマークの教育観を知ることであり，幼児教育にとっても示唆の多いものであると思われる[44]*。

＊　コルについては，拙訳・解説『コルの「子どもの学校論」』新評論，2007を参照されたい。

§2 コルの教育思想

1. デンマーク教育の最大の貢献者クリステン・コル

　クリステン・コルは1816年にユラン（ユトランド）半島北西部の地方都市ティステズに生まれた。貧しい靴屋の子どもであったが、指先が不器用であったので靴屋になることができず、仕方なしに当時できたばかりの師範学校に行き、教師となった。補助教員や裕福な農家や牧師の子どもたちの家庭教師を続けるうちに、当時の詰め込み・暗記中心の勉強を批判して、独自の方法で教育をするようになる。そのため異端視され、危険人物扱いを受け、生涯公立学校の正教員になることはできなかった。

　当時の義務教育は、最終的にキリスト教の教理問答集[45]*を丸暗記して、堅信礼**に臨み試験を受けるためのものであった。この丸暗記に多くの子どもたちが苦しんでいるのを見て、コルは無意味な暗記を強いることは子どもを苦しめ、子どもたちのよさを押し殺すことになると考え、聖書などを口頭のわかりやすい物語に直して子どもたちに語りかける教育法をとった。これが大きな成功を収め、コルは子どもたちのもつ可能性に気づくが、教理問答集の教科書を用いないことが問題となり、教会や行政の様々な圧力を受けた。

図表1-3-1
クリステン・コル

＊　キリスト教の教義の重要点を問答形式でまとめたもの。『マルチン・ルターの小信仰問答書』などが有名。
＊＊　洗礼を受けた信者が十代になり、神父、牧師から教理についての問答試験を受け、一人前の信者として認められること。

国家の管理する公立学校ではこうした教育は無理だと考え，最終的に彼は義務教育段階の子どもたちが行く私立の学校を設立した。それが1853年のことである。国家の管理から自由だという意味で「フリースクール（friskole）」と名づけられ，暗記勉強・試験・成績評価・宿題のない学校として運営された。その後，農民運動の進展とともに各地にフリースクールがつくられ，現在でも259校（2007年）がその伝統を継承している[46]*。

試験や詰め込み勉強を否定し，生きた言葉による対話と口頭でのお話しを重視するコルの教育法は，その後公立学校にも取り入れられて，今ではデンマークの小学校には試験も成績評価もない。想像力を重視した創造的な科目が尊重され，日本の現状から見るとはるかに自由な教育がなされている。現在では，コルはデンマーク最高の教育者として評価され，近代教育の最大の貢献者として扱われている。

コルは実践者であったので，ペスタロッチ（Johann Heinrich Pestalozzi, スイス，1746-1827）などと異なり，世間に向けて書いた著作を残していない。彼の書いたものとして残っているのは，懸賞論文に応募して落選した論文『子どもの学校論（Om børneskole）』だけで，これは死後に初めて公開された。ほかには講演の速記録や周りにいた者が書き留めたメモ，それにトルコに行ったときの日記があるくらいである。主として彼の論文にもとづいて，コルの教育論を考察してみよう。コルが相手にしたのは主として小学校から青年までの年齢層で，幼児を専門的に教育したわけではないが，基本的な考え方は幼児教育にかかわる者にも参考になると思われる。

2．物語を語る

コルの方法論でまず大事なものは「物語」を語ることである。彼が住み込

＊　フリースクールについては拙著『生のための学校』新評論，1998，永田佳之『オルタナティブ教育』新評論，2005を参照のこと。

みの家庭教師をしていたとき，暗記勉強が苦手な幼い少女マーレンが何度試みても教科書をおぼえられなかった。コルが彼女に質問しても答えることができず，その度に泣く少女の姿を見て心が痛んだ。そこで，教科書を使わず同じ内容を口頭のお話として語りかけたところ，彼女が話に興味をもって聞き，しかも内容をよくおぼえていたことがきっかけとなった。それ以来，聖書や歴史などは口頭の物語として教え，また戯曲をロールプレイングして学ぶやり方を進めた。コルは『子どもの学校論』の中では次のように述べている。

> われわれが子どもたちに話しかけさえすれば，子どもたちがいかに啓発を求めているかは，すぐにわかるだろう。そのとき返ってくる答えは『お話しをして！』である。自分の子ども時代を振り返っても私たちは次のことを知っている。子どもたちの面倒を見るのが好きな人たちが，ボランティアの教師として，あるときは物語やサーガ，あるときは宗教的な内容，またあるときは巨人やドワーフの話というように，物語を通して教えてきたこと，そういう人たちがたくさんいたことを知っている。穏やかに作用してきた物語がもつこうした有益で喜ばしい影響は，かけがえのないものだと私は考える。しかし現在は，語りに対する冷笑やあざけりが目立つようになり，こうした試みを終わらせてしまった[47]。

コルが物語を重視した背景には，彼自身が母親，地域の老人たちから昔話や聖書の物語を幼児のうちから聞いて育ったという経験がある。母はお伽話をし，古老は幽霊話や地域の伝承を語った。それらに一喜一憂したり，怪談話には怖がったりした記憶が，子どもに対してもつ物語の力を確信させた。

物語がもつ文脈の力は，子どもに生きた有機的な知識や視野を与えるものである。既成の学校のように知識を断片的に暗記させても，物事を理解したことにはならない。歴史などはとくにそうであるが，事件を年表として覚えたり，人名地名の暗記をしたところで，肝心の歴史の流れはさっぱりつかめない。だから試験が終わるとすぐに忘れてしまい，歴史の事件の重要性もわ

からないままである。

　しかし，同じ内容を物語で理解すると，その文脈，事件の流れがヴィヴィッドに把握でき，血の通った人間のドラマとして自分のものにすることができる。今でいえば，漫画や映像にして，筋のあるドラマとして理解するようなものであるが，口頭での物語は生きた言葉による語り手と聞き手の直接のコミュニケーションであるだけに，聞き手の想像力を刺激し，心理的な一体感の中で，子どもたちの情操をより育むことができる。物語のもつ文脈の力こそが，死せる知識に生命を与え，その生命感が各人の心の奥深くに内容を生きたものとして残し，血肉化する。

　　　子どもにとって謎である生を解き明かしてほしいといって子どもたちが私たちのところに来ているというのに，私たちが知っている生の部分をひとかけらずつ分析することから始めれば，子どもはわれわれに背を向けるか，あるいは謎を解くことをまったく放棄するかになるのは，当然だろう。子どもはより大きくて深い生の謎を聞くのを期待しており，子どもが自分の生の謎の解決をそこで探そうとしているからである[48]。

　物語はその文脈の力，生きた力が子どもの好奇心を喚起し，事柄そのものの中へと探求する心を育む。コルの挙げている事例では，聖書の創世記アブラハムの物語を，彼がわかりやすい物語にして子どもたちに語ると，その中の小さな子が別の機会に外で会ったときに，まだ話していない続きをコルに語り，「僕は知っているよ。だって自分で先まで読んだからね」[49]という場面がある。その子は話を聞いて家に帰った後，自分でむずかしい聖書を読んで（あるいは親に読んでもらったかして），アブラハムが救われたことをコルに教えたのである。年齢は記されていないが，その子が物語を語ったコルをアブラハムと同一視して，「聞いて。アブラハム。あなたは息子を犠牲にすることに不安はもたなくていいよ」[50]と語るところからも，まだ幼い子どもであることがわかる。

　コルの創始したフリースクールでは，その後「物語の時間」は必須の授業

となり，聖書や北欧神話，伝説，小説などが朗読されたり，わかりやすい物語にして口頭で語られた。今でもほとんどのフリースクールにはこの時間があり，公立学校では「宗教」という科目名で聖書などの物語が朗読される。幼稚園ではもちろん物語の時間があって，童話などが読まれるし，昼食時や午後のおやつの時間にも物語を語ることが多い。デンマークでは学童保育の場は「自由時間の家」といった名称で，各学校に専任教員つきで併設されているが，ここでも朗読や物語は盛んである。また独立劇団などがアンデルセンの童話やデンマークの伝承を，かんたんな演技や器楽演奏をつけて子どもの前で語ることも多い。あくまでも口頭での物語ということで，演技で説明しすぎることは避け，ちょうど落語のように身ぶりや表情程度にとどめ，器楽演奏は効果音的な使い方に徹している。

　コルの師匠にもあたるグルントヴィの基本的な考えに「生きた言葉」というものがある。書物の言葉よりも口頭で語られる言葉こそが本物で，各自の心からの誠実な思いを込めて，言葉を大事にして語ることを意味する。コルはこの「生きた言葉」を語ることができる教師として，当時のデンマークでは有名だった。心を動かす言葉を語ることのできる人だと評判が立ち，彼が学校で講演するときは学校の生徒だけではなく，地域の住民まで聴きに来るようになったほどである。コペンハーゲン大学からも社会改革に燃える学生

図表1-3-2
朝の会でのお話
（リュスリンゲ・フリースクール）

たちが押しかけ，コルの話を聞いてフリースクール運動に参加していったといわれている。

「生きた言葉」で語り，魂に何かを残すというこの伝統は現代デンマークの学校では，とくに朝礼に顕著にあらわれている。デンマークの学校の朝礼は，一般にはグルントヴィのつくった歌をみなで何曲か歌うので「朝の歌の会」という名称になるが，歌の合間に教師や児童が独自にみなに語りかける。教師は自分の子どものころの経験，悩んだこと，それをどうやって乗りこえたか，楽しかった思い出，最近旅して経験したことなどをありのまま語る。日本によくある校長訓話みたいな形式的なものではなく，実体験なので，子どもたちは真剣に耳を傾ける。

子どもが話すときは，自分で興味をもって調べたことやその子が最近得た貴重な経験などを語る。スライドや音楽を使うことも多い。たとえば2006年の10月に，私たちはデンマークのホルセンスにあるカトリック系のフリースクールのジャズビッグバンドを九州に迎え演奏ツアーを行ったが，戻ってから，2週間の日本体験をメンバーの子どもたちがスライドをもとにみなに語るのである。

日本でも絵本の朗読は盛んであり，物語の重要性は認知されている。だが物語を惰性でしては，そのよさが子どもたちに伝わらない。「生きた言葉」をもって語りかけることが重要である。

3．想像力の重視

コルの論文『子どもの学校論』の冒頭は印象的な言葉で始まる。

> 初等学校の教育が，もっぱら理性に向かって語りかけ，感情にはただ部分的にしか語りかけず，一方でファンタジーつまり想像力をほとんど無視してきたのは犯罪的な過ちである[51]。

彼は既成の学校が知育中心であることに憤り，子どもにはまず感情，そし

て想像力に訴える教育をすべきだと説くのである。想像力重視の教育は，現在でこそその価値が認められているが，この言葉は1850年の言葉であり，今から160年前の言葉であることを考えてみれば，その先駆性に驚くことだろう。当時の義務教育の主たる目的は，民衆に読み書きと計算を教えることであった。そして小学校は，国家の兵士・労働者として必要な規律・集団行動を鞭で身体にたたき込む場でもあった。これらはデンマークも日本もあまり変わりはなかった。そのような時代にコルは，まず想像力を涵養せよというのである。

　子どもに知識や計算を教えることは，子どもが本来もっている想像力の能力を無視して，彼らに一番不似合いなことを教え込むことになる。子どもがもっている能力を生かすことなく，ただ大人の側から見て聞き分けのよい従順な子どもにすることを学校で求める。それは，本質的に子どものことを理解していない教育になる。

　　　かくして人は，授業の方法について，すでにあるファンタジーを通して子どもを成長させる代わりに，何よりもまず，まだ成熟に至っていない知性の発達ばかりを意図して，子どもの［ファンタジーの］能力をまったくといっていいほど顧慮しなかったのである。この無理解な方法の理由は，子どもは動物であり，しつけや指導で人間になるべきであるという考えを，意識的であれ，無意識的であれ人が信じ込まされざるをえなかったという点にある。そしてその際，すでにある子どもの能力を伸ばして発展させるということはしないのである[52]。

　これは上で述べた物語の方法論とも深く関係している。物語を聞いてそれが自分の身になるためには何よりも想像力が必要になるからである。詩や物語を理解するためには想像力が必要である。逆にいえば，物語を語ることは想像力の涵養になる。その相互作用によって，子どもは生における「真実で本物」であるものを学ぶことができる。強制されたもの，うわべだけのもの，大人の要求に合わせただけのものを子どもが得ても，それは形式的で子

どもが自分の生を生きる力にはならない。読み書きや算数は、子どもが自分の生を自分のものとして生きるには直接には役立たないのである。しかし、子どもが物語を通して、想像力の力によって五感を通じ自分で取捨選択をして主体的に獲得したものは、子どもにとっては有機的な生きた経験となる。

「子どもたちは、年齢がそれぞれ異なるにもかかわらず、各自それぞれ物語のなかに精神的な滋養を見いだすことができる。なぜなら、より広く物事にかかわればかかわるほど、それだけ深く子どもは物事を見るからである」[53]。そして想像力は現実の経験を補完する役割をもつことができる。だから「個々の子どもたちはかぎられた領域で非常にわずかしか経験できないので、学校は想像力の助けを借りて、子どもたちを生の出来事の起こる場所へと連れていかなければならない」[54]のである。

学校で学ぶ知識、観念は情動的なものあるいは五感が伴っていない。算数の数字にしてもただの記号であり、操作の対象でしかない。このような抽象的なものは、子どもに率先して教えられるべきものではない。抽象的なものは論理的な結論しか生まないが、感性の伴った総合的な能力である想像力は、時に独自の働きをする。それは論理的な必然性のないものを、想像力の類推によって結びつけるというものである。

赤い色はそれ自体価値判断を与えるものではないが、それが暖炉の色や夕日の色と結びつけられるとき、暖かくてよいものという印象をもつようになる。子どもはこのようにして想像力の創造的な作用を体験し、自己の世界を拡張していく。そのあらわれが子どもの絵になったり、子どもの自分で語る小さなお話になる。それゆえ学校では五感を伴った創造的な活動を主として行う必要がある。

コルの伝統を意識的に継承するデンマークのフリースクールでは、どこも強調しているのがこのファンタジーの重視だ。そしてその方法として、政府のガイドラインが要求する基準以上に芸術的ワークショップを多く取り入れている。午前はデンマーク語や算数などの教科をしたら、午後はすべて創造的なワークショップをするという学校が多い。絵画、彫塑、バンド演奏、ダ

図表1-3-3
子どもたちの装飾
(テニング・トレーデン・フリースクール)

ンス，料理，陶芸，刺繍，木工，演劇，農業など多種多様である。日本のような詳細な指導計画書にもとづいて指導することはないので，基本的には児童のペースで行う。時間内に完成するような安易なものではなく，数か月を要してつくりあげる本格的な作品をめざすこともある。すでに述べたセーディンエ・フリースクールのように，学校の建物をみんなでつくっていくというワークショップもあるのだ。

　フリースクールと公立学校両方を訪ねてみると，大きな違いが学校の雰囲気である。公立学校は日本と同様に，やはりいかにも学校という雰囲気であり，設備も大きくて立派である。フリースクールは学校の建物も小さくて古いが，しかし公立学校にはない家族的で温かい雰囲気にあふれている。

　フリースクールの建物自体が既存の農家や昔の大きな家を利用することが多いということもあるが，子どもたちの作品で学校がまるで美術館のように装飾され，自由で闊達な雰囲気をかもしだしていることが大きい。この傾向は，とくに公立学校が合併で閉鎖されて，新たにフリースクールになったときに顕著にわかる。

　デンマークも行政の合理化により，公立学校は統合化されて規模が大きくなりがちである。ただデンマークにはフリースクールの伝統があり，私立学校がつくりやすいので，統合に反対する親と教員が独自に理事会をつくっ

て，フリースクールとして再出発することが多い。その場合は既存の公立学校だった建物と土地を有利な条件で借りたり購入することができ，その建物をそのまま引き継ぐが，このときに学校の雰囲気が一新するのである。それまでは行政の財産であったので勝手な改修はできないが，自分たちの管理できるものになれば，大きな壁画を描いたり，デコレーションをあちこちに取りつけたり，独自の建物を自分たちでつくる試みがなされる。そうなると学校は「子どもミュージアム」「子どもの家」「子どもの城」といった趣になる。この変化が子どもたちの心に大きな影響を与えることは当然だろう。

4．子どもたちが「自由で幸福な場」としての学校

160年前にコルは以下のように語っている。

　学校での生活は，刑務所あるいは矯正施設の生活と何ら変わらない。もし，ある人が，小さな子どもたちがいっしょに学校の席に詰め込まれ，彼らの年齢のわりには不自然なまでにきまじめにおとなしく座っており，それが［そうしないと］嫌なことが起きるという恐れのためであるのを見れば，奴隷根性が子どもたちを支配しているという不快な感情が生じるだろう。しかし本来は，若い子どもたちが教師の周りに集まっているときというのはもっとも喜ばしい光景でなければならない。つまり，子どもたちがほかのどの場所にいるよりも一番幸福で自由でなければならないのである[55]。

フランスのミシェル・フーコーが『監獄の誕生』で，学校は軍隊や刑務所と同様の管理・規律の組織だと喝破して評判を呼んだのは1975年のことであった。コルはそれよりも125年前に同じことを見抜いていた。すでに述べたように，この時代のデンマークは近代国民国家として国民教育を始め，農民を主とする国民の身体に規律を教え込む努力をしていた。当時にあっては，今よりもはるかにこうした規律・集団行動の訓練・体罰などは肯定され，積極的に奨励されていたのである。その時代にあって，コルは「子ども

たちに刑務所や矯正施設のような生活をさせるな」と述べている。これは相当に画期的なことであったといわねばならない。

　そして，学校は「子どもたちがほかのどの場所にいるよりも一番幸福で自由でなければならない」場所であるとも語る。これは今の日本においてさえ，まだまだ理解を得られない考えではないだろうか。学校は楽しい場所の一面もあってよいが，やはり基本は勉強や規律を学ぶところだから我慢も必要だし，嫌でも耐えてがんばらなければならない要素も必要だ，でないと好き勝手にしていたら，大人になったときに本人が困るというのが一般的な理解ではないだろうか。しかし，コルはそれに反対しているのだ。しかも160年も前から。

　だからといってコルは子どもたちを好き勝手にさせて，わがままに振る舞うようにさせよなどとは述べてはいない。学校には子どものほかには教師がおり，昼間は子どもと教師がともに暮らす場所でもある。そうすると子どもたちが勝手に遊ぶのではなく，教師と子どもたちが相互に作用し合って，互いに心が変化し，育っていく場所でもあるのだ。とりわけ教師は大人であるから，子どもと違って彼らをケアする側として，それなりの配慮と行動をしなければならない。だからコルは教師にいくつかのことを求める。

　「このために要求されるのはポエジーをもった教員である」[56]。教師が子どもに対して自らもポエジー・詩心をもった人間として，子どもの想像力豊かな発想・発言・表現に応えていかなければならない。大人の発想であるべき形式や基準・常識などを当てはめて割り切ったり，子どものポエジーを刺激できず，逆に否定してしまうようなことがあってはならない。

　　人がかかわる相手が子どもであるならば，子どもたちの状況に可能なかぎり近づかなければならない。その結果，子どもたちは意義のある生を生きようとする気持ちが出てくるだろうし，彼らに教えられる啓発の必要性を理解することを学ぶことができるだろう。というのも，子どもたちはそれが役立つとか，あるいは楽しいとかをすぐに見つけるからである。も

し，人がこうしたことを無視して将来大人になるときあるいは老年に入るときに大事になるようなことばかりを強調し，子どもたちの現在の生の表現に光を与えることを拒否するならば，彼は子どもの理解をえられないだろう[57]。

　大人が子どもの将来を配慮して，その子が大人になったときに役立ち，有利になるようなことを教え込めとコルはいわない。彼はそれに反対しているのだ。あくまでも今を生きる子どもの状況に即して，子ども自身が自ら何かをする気が出てくるように，教師は配慮せよという。

　だからコルは，子ども自身が自分でやる気を出して学ぶようにみえるが，実は教師が長年の経験から子どもの心理をうまく操作して，教師の望むようにさせている教育法を厳しく批判する。たとえそれが子どものことを思い，愛をもって子どものためにしているという場合であっても，コルはそれを子どもと自分への欺瞞であるという。

　　一口にいえば，教師がより高度な教育のプロセスを意のままにできればできるほど，かえってその分だけこの岩礁［危険性］を避けるのが困難になる。なぜなら，子どもが自分でそれをしたという思いこみをそれだけたやすく受け入れるようになるからである。教師が望む生を子どもたちにもたらそうと教師が熱心になればなるほど，教師が彼の要求を子どもたちに押し込めば押し込むほど，教師が彼を理解してくれる者への愛情を多く示せば示すほど，そしてその者の反応に喜ぶほど，彼は自分もその相手もその分だけだましていることになる[58]。

　ここには徹底した子ども中心主義の見方がある。子どもの内発的な自覚，目覚めを待ち，それがなければ何を教えても表面的な知識にしかならず，子ども自身の生を向上させることにならないという考えである。

　　子どもたちに知識を強要するだけではなく，そのうえ，子どもたちの成長がまだそれほど高い段階に達していないために，知識も感覚もまだ自分

自身のなかにあるものに対応していないにすぎないのに，自分でものにしていないような知識や感情をむりやり表明させようとするならば，それはただの口まねとなってしまう。このように，まだ存在もしていない将来の人生とその表現を子どもたちにむりやりいわせているかぎり，教育はウソをついていることとなり，真理と本質を欠いた生の促進に奉仕しているだけになるだろう[59]。

　現在の教育の場ではしかし，子どもたちは大人の望む態度や知識を演技としてこなし，自分の内面を発展させることなく，小狡い優等生になってしまう者が多いのではないだろうか。だから子どもの内面と外見，行動が分離してしまい，児童の傷害事件が起こるたびに「あのまじめな子がこんなことをするなんて」と周りの大人がつぶやくことが多くなる。子どもに知識や態度を教え込んでも，子ども自身がそれを自分で消化して身につけることなく，ただこうすれば大人が喜ぶ，こうすれば自分に有利といった功利的な目的だけで大人に従うのであれば，子どもの心の闇はますます深くなるだけだろう。

　自我の分裂は近代社会の宿命的な病理ではあるが，その原因の一端が現状の教育にあるのではないかと思われる。「真理と本質を欠いた生」は今では若者，大人にまで当然のものとなり，十代の少年の安易な親殺し，若い親の子殺しといった悲惨な事件が後を絶たないのも教育に何らかの誘因があるのではないだろうかと思わざるをえない。

5．試験も宿題もない

　学校が「子どもたちがほかのどの場所にいるよりも一番幸福で自由でなければならない」場所というコルは，それゆえ子どもたちの幸福と自由を奪う試験や宿題，暗記勉強を禁じる。

　　子どもたちが何を学んだかを，授業のあとすぐに，あるいは少し経ってか

ら試験をして調べようとすることはよくないやり方である。賢者は語っている。それは、『母親が、何をどのくらい食べたかをたしかめるために今食べたものを子どもにはき出せと要求するようなものだ』と。こういうやり方では、子どもは身体を育てる養分を奪われるようなものだろう。本来なら、身体が必要な栄養を食べ物から吸収してしまうまでは、子どもの身体のなかに食べた物を残しておくのが一番よいと考えられるはずだ。しかし、この間違ったやり方の理由は、おそらく子どもを［一定の］鋳型に流し込もうとするところにあり、いうなれば混合物を鋳造可能にするために、それぞれの金属がどの程度あるかを知りたがるようなものである[60]。

このコルの言葉はデンマークのフリースクールの教員たちにはよく知られているもので、見学をして試験について質問をする度に、教員たちは異口同音にこのコルの言い回しで答えたものだ。子どもが学んだことは自分で選んで消化するまで時間がかかる。それを待たずに教師が自分のフレームに合わせて試験をすれば、それはしょせん子どもを鋳型にはめることにすぎない。

　　子どもたちは学校にいる間は、心にやましさを感じながら過ごしている。学校には宿題があり、子どもたちはその評価を恐れている。いうなれば、宿題は子どもたちの心に重くのしかかるくびきだ。私の見聞や経験からしても、この宿題というくびきは子どもたちの成長を阻害していると思う。それがなければ、子どもたちはもっと自由にのびのびと成長できるというのに……。さらに、宿題と学校の厳しさは子どもたちの心からポエジーをあまりにも早くから奪っている[61]。

それゆえ今日に至るまでフリースクールには試験がない。宿題は自発的な学習を促す意味で課されることもあるが、しないからといって罰を科したりはしない。このフリースクールの教育法は現在では公立学校にも採用されて、小学課程にあたる7年生までは試験も成績評価もない。さらに中学部をもつフリースクールでは中学3年にあたる第9学年まで試験がない。この事

実は試験好きな日本人が一番驚き，理解に苦しむものである。しかし，グルントヴィとコルの伝統を守り，学校は「生のための学校」であるべきで，試験をするのは「死の学校」だという認識は，義務教育段階の学校では広く浸透し，デンマークの国民的伝統になっているのである。

たとえば，永田佳之さん（聖心女子大学准教授，前国立教育政策研究所研究員）がデンマークに行って実際に関係者にインタビューしたとき，全国私学（プライベート・スクール）協会事務局長エッベ・フォルスベア氏が「デンマーク人は……人間同士を差異化するような競争的なテストに興味をもつ者は少ないですし，テスト自体が軽蔑されます。……デンマーク人はランキングなんか信じません」と語ったことが彼の著書にも記されている[62]。実はこの「プライベート・スクール」はデンマークの私立学校の中では最も教科学習に力を入れて詰め込み勉強を特色とする学校なのだが，その学校関係者にしてこの言葉があるのである。

学校が「子どもたちがほかのどの場所にいるよりも一番幸福で自由でなければならない」場所であるためには，環境も大事である。子どもの心を抑圧するような教室や学校の雰囲気になってはならない。学校自体が美術館的な趣をもつことはすでに説明したが，ほかにもいろいろな工夫がある。教室にはソファやベッドがあることも多く，疲れた子どもがそこに座ったり，時にはそこに座って個別指導をすることもある。

さらに，広い土地をもつ学校は敷地内に森や畑があり，自分たちで畑の管理をして野菜や花を育てることも教育の一環になっている。そして森の中には子どもたちが自分たちでつくった隠れ家・秘密基地があり，休み時間などにはそこに行って遊ぶ。

子どもに秘密基地が必要であることはすでに口酸っぱく説かれていることだが，日本では都市化によりそれらが消失してしまっている。隠れ家をなくした子どもたちは，大型ショッピングセンターの駐車場の影などに代替物を探しだし，悪い意味での子どものたまり場となり，犯罪行為が誘発されている。

第3章　デンマークの教育思想とその実践に学ぶ　　*81*

図表1-3-4
子どもたちの秘密基地
（リュスリンゲ・フリースクール）

　しかし，デンマークには学校の中に子どもたちの自治区があって，それが保障されているのだ。学校によっては，地下室などに子どもだけのたまり場をつくり，そこにはビリヤードや各種ボードゲームがあり，子どもたちが自分で運営するカフェもついている。これらもまた子どもたちが学校にいるとき可能なかぎり幸福感を感じられるようにという配慮である。

6. 自然の中で学ぶ

　コルは家庭教師時代，子どもたちを野外につれていって遊んだり，あるいはそこでお話をしたりした。彼は子どもたちのファンタジーにとって自然のもつ力が大きいことをよく知っていた。

　自然は人工的な世界と違って，たえず可変的で流動的である。小川の流れを見ていると，水流や渦巻きなど同じように見えて実は変化がある。時にはトンボやアメンボなどの虫が来たり，木の葉が流れて来たり，鳥が降りたり，大きなものによる小さな生物の捕食があったりと小さな事件もある。これらの変化は子どもの想像力をたいへんに刺激する。いわばそこで色や形の変化やハプニングがあり，一種のドラマが繰り広げられているのであるから。また自然の中の素材は，どんなものでも子どもの遊び道具になる。木の葉，枝切れ，虫，キノコ，花など，子どもの好奇心はとどまるところがない。

フリースクール運動は農民解放運動とともに進展したので，基本的に都市ブルジョア層には歓迎されなかった。だから今でもコペンハーゲン地区には少なく，フュンやユラン半島の農村地帯に数多くある。コペンハーゲンなどの都市部にある学校は，サマーヒルやアメリカのフリースクールに影響を受けた「リレ・スクール（lilleskole）」という名の学校とシュタイナー学校が多い。この辺は日本と同じ傾向である。

　フリースクールは農村地帯の学校であるので，自然には恵まれている。上でふれたように，学校の中にも森や畑があり，外に出ると田園風景が広がる。だから自然との交流はとくに力説しなくてもこれまでにもあったが，環境の重要性が意識された1970年代以後は，とくに自然を生かした教育がなされるようになってきている。

　コルは，中学段階の子どもが行く全寮制の自由な学校「エフタースクール（efterskole）」[63]の共同創設者としても名を知られる。これは現代のデンマークでは最も成功した学校で，入学希望者がいつも定員を上回り，生まれたときに予約しないと入れないという学校もあるほどだ。試験を拒否して入試をしないために，先着順だからである。このエフタースクールで多いのは「自然エフタースクール」と銘打たれた学校である。学校によって違いはあれど，ある学校は自然に親しむスポーツ（スキー，自転車，カヌー，カヤック，キャンプ，クロスカントリーなど）をしたり，別の学校は自然環境の調査などをして環境保護を自然の中で学び，また有機農業をして自給自足する学校もある。そのような過程で自然を学び，自然と交流し，自己の成長に欠かせないものとして自然に親しんでいくのである。

　日本では語学的な問題からドイツやオランダの「森の幼稚園」が多く紹介されているが，もともとはデンマークがオリジナルの幼稚園である。1950年代に母親が森の中に子どもを連れていって始めたのが最初とされるが，北欧の文化には森を散歩したり，キノコを採るなどの生活慣習があったので，ごく自然な成り行きだった。それ以後各地で「森の幼稚園（skovbørnehave）」「自然幼稚園（naturbørnehave）」と名づけられたものができるようになった。

第3章　デンマークの教育思想とその実践に学ぶ　83

　私が訪ねたことのあるリュの「森の幼稚園」は，四番目の公立幼稚園としてつくられたそうだ。設立当時，行政改革で予算が削減され十分な費用がなかった。しかし田舎なので公有地だけはたくさんある。そこで建物は木造平屋建て一戸をつくり，教員は町民で技能や資格をもった者をパートタイムとして雇用した。そして雨風が吹かないかぎり，戸外で一日中遊ぶということで「森の幼稚園」と名づけ，オープンしたそうだ。最初は設備の粗末な幼稚園としてそれほど評価は高くなかったが，数年経つとここを出た子どもたちが一番のびのび育っているということが地域にも知られ，今では一番人気の幼稚園で希望者が殺到して，抽選扱いだそうである。もともと自然に恵まれていたという利点はあるが，ハードの不足をソフトでカバーした一例である。

　日本にも似た話はあり，大阪市の「ジャングルようちえん」[64]がそれである。20年前に母親たちの共同自主保育として始まったものだ。専用の建物や教員を置かず，母親たちが自主的に交替しながら，町の公園や自然公園，郊外の森などで子どもたちを保育していく。大都会大阪なのでデンマークほど自然には恵まれていないが，その精神は高く評価したい。

　リュの森の幼稚園は一つの特殊な例であるが，他の森の幼稚園は公立あるいは私立の幼稚園として専任スタッフで運営され，多くの成果を挙げてい

図表1-3-5
バイキング時代のパンを焼く
（リュ森の幼稚園）

る。どこにも共通する基本は、可能なかぎり戸外で遊び、自然に親しむということである。それゆえ室内でのお絵かきや歌唱などは、晴れていればあまり多くはないが、天候が悪いときにそれらを行う。デンマークは一日に雨、強風、曇り、晴れがめまぐるしく交替することが多いので、少々の雨風では中には入らない。日本人の感覚からすれば、よくこんな天気で外で遊ぶなとあきれるほどである。

コル自身が「森の幼稚園」を提唱したわけではないが、学校が「生のための場」であるべきだという彼の教育思想からすれば、自然の中で生を学ぶということも一つの帰結だろう。

§3 コルから学んだことを生かす――一つの実践例

以上、コルの教育思想やその後継者たちの実践を述べてきたが、幼児教育においても参考になることは多いはずだ。これまでに述べてきたコルの考えを生かして、幼児教育の場でどのようなことが具体的に可能であるのか、それは読者のみなさんで考えていただきたい。

とはいえ、ただ言いっぱなしでは不親切であろうから、手がかりとして私が行ったり関与した事例を挙げて、一つの参考例としよう。もちろん幼児教育の場に関係した身分ではないから、対象が幼児に限られているものではないことを断っておかねばならないが、デンマークのいろいろな事例や現場を見てそれらをヒントに私なりに構想した企画であり、これまで述べてきたことを応用する際に何らかの示唆を与えるものにはなるのではないかと思う。

「物語」を語るということでいえば、大阪市在住のコンテンポラリー・ダンサーである阿部未奈子さんと「みなみのうお座」という素人ユニットを組んで、物語の朗読パフォーマンスをやっている。現在、主にやっているのは宮沢賢治の「十力の金剛石」や折口信夫の「死者の書」の朗読パフォーマンスであるが、オリジナルの物語も予定している。

図表1-3-6
朗読パフォーマンス

形式としては，未奈子さんが朗読とパフォーマンスを主に披露し，私が隣で音楽，効果音，脇役のセリフなどを担当する。振付・演出は二人で話し合いながらあらかじめ大まかに決めておくが，子どもたち・観客の反応を見ながら，そのつど変えたり，会場の雰囲気で瞬間的なノリにまかせて即興を交えることもある。音楽は基本的にオリジナルで，物語中に出てくる歌も主に私が作曲して歌い，未奈子さんがそれにハーモニーをつける。楽器は私が弾けるものということで，リコーダー（ソプラノ，アルト），ギター，フラウト・トラヴェルソ（バロック・フルート），ハーモニカ等を使い，メロディーを奏で，シンバル，タンバリン，トライアングル，太鼓類等でリズム・効果音を出し，また不思議な音色の民族楽器（カリンバ，レインスティックなど）も適宜用いている。

「十力の金剛石」は美しい宝石の森に迷い込んだ王子と大臣の子が，色彩豊かな宝石の草花に感動しながらも，草花があまりうれしそうではないことに気づき，彼らが待ち望んでいるのは「十力の金剛石」であることを知って，それは何かと尋ねる物語だ。最終的にはこれは「水」であり，草の葉に光る透明な水滴，子どもの頬を輝かせ，ときには涙にもなり，草木の身体の中を通り，また空の雲，風にもなって，この地球のあらゆる生命を支えている水循環のことであることが示される。

未奈子さんは朗読をしながら，小さなパフォーマンスをするが，話の重要なポイントとなる印象的な場面，たとえば宝石の花がほんものの柔らかな茎と葉をもった花になるところでは，話を止めて全身でその様子を表現する。硬く動きのないポーズが，ガラスが粉々になるように崩れ落ち，床に伏して，そしてゆっくりと柔らかに起きあがり，手足を伸びやかに拡げるというわけである。また，二人でかけ合いをし，声や動作を交わす場面もある。基本的に大臣の子のセリフは私が語る。

　語りを主にしているので，演劇的な動作は少ない。朗読をしているときは手足で軽く表現する程度である。しかし歌や音楽の入る場面，山場では踊りや演劇的パフォーマンスを入れる。それも説明的なものではなく，抽象性をもった芸術的な質をもつもの，ある種のコンテンポラリー・アートにしている。その方が想像力をより自由にするからであり，この語りパフォーマンス自体がコンテンポラリー・アートになるようにしているといってもよい。

　当然ながら，幼児だけを相手にしているものではない。「十力の金剛石」自体，小学校高学年くらいにならないと耳で聴いて理解できない内容をもつし，私たちのスタンスとしては，子どもから大人まで誰が見てもそれなりに何かを感じることを目的としている。

　幼児とその親たちを相手にしたときは，幼児は話の展開はわからなくてもパフォーマンス・歌・踊りが適宜飽きはじめたころに出てくるため，それで興味をつないだようだ。またこの話に出てくる宝石の種類を説明する段では，天然の様々な鉱物（アメジストなど）を実際に用意するので，それらを見せたり，色つきの天然の小石を子どもにあげたりすると，話とは別に喜んでくれるようである。見たこともないきれいな石を見たり，音楽つきのゆるやかな動きはきっとなにがしかの印象を子どもたちの心に残すのではないかと思っている。また宮沢賢治作の「星めぐりの歌」に未奈子さんが振りをつけた体操兼踊りも子どもたち向けには好評で，これを親子でやるときは大いに盛り上がる。

　もう一つの試みは，詩の朗読コンサートである。詩自体がもともと西欧か

らの借り物ということもあり，詩を朗読するという習慣は日本にはあまりない。日本の伝統ということでは歌会，句会になるだろう。とはいえ詩が普及してすでに百数十年経ち，詩もそれなりに国民の共有するものになっていることも事実だ。ヨーロッパではさすがに本場だけあって，詩の朗読ということが一つの意味ある行事になっている。私もいくつかそういう場に出会わし，そのよさを実感したので，それ以来詩の朗読コンサートを何度か行ってきた。日本でも，専門の詩人では谷川俊太郎さん，歌人では福島泰樹さんの実践がよく知られている例と思うが，それらを見聞する以前から自己流に試みてきたのである。

　ふつうは大人向けに，私の選んだ詩を朗読し（永瀬清子が多い），朗読の合間あるいは朗読中にギターやリコーダー，ピアノなどの器楽演奏をする。クラシックの名曲や人口に膾炙した日本の曲などである。しかし子ども向けにも，今では川崎洋さん，神沢利子さん，小野寺悦子さん，藤井かなめさんなど多くの詩の蓄積があると思うので，それらを適宜選んで朗読コンサートをしたことがある。

　そのとき演奏してくれた方が安宅留美子さんというプロの古楽の奏者であり，声楽家だったので，音楽は格調高くリコーダー，リュート演奏そしてルネサンス歌曲になったが，ちゃんと幼児相手を意識して，鳥の鳴き声が入る

図表１-３-７
詩の朗読コンサート
（大阪「おとぎのこばこ」）

曲や楽しく盛り上がることのできる曲にして下さった。詩の朗読もただ読むだけではなく，動作もつけ，声色も変化させてやや演劇的にした。幼児相手だとそうした方がいいだろうと思ったからである。保護者もいっしょに聴き，読まれた詩から，親子ともども言葉の面白さ，日常忘れていた事象の発見を気づかされたのではないかと思う。

　幼児相手だと，当然ながら静寂の朗読コンサートにはならない。しかしある詩句に反応し，子どもがそれを口で繰り返したり，笑いだしたり，音楽で身体が動きだしたりすれば，それが彼らの心で受け止めた証拠と考え，やった意義があったとみなしている。

　ほかにもすでに第2章で述べたように，トロプスやイドラット・フォルスクを野外の芝生の上でやることも多い。音楽に合わせてダンスを踊ることが必ずついたゲームを主にすれば，音楽的な楽しみも増す。幼児はとくにこのダンス系の遊びが好きである。

　これらは私がコルやデンマークでの実践から学び，ヒントを得て，自分なりの応用例としてやっていることだ。「生きた言葉」を語り，想像力を刺激し，身体表現や音楽なども用いて，コミュニケーションを活性化することを意図している。

　私の場合，幼児教育の現場にはいないため，自分の見たコンテンポラリーな身体表現，演劇，美術などがこうした自分流のアートにヒントを与えることが多い。幼児教育にかかわるみなさんも，子ども向けといった日頃の制約から自由になって，自分の想像力と意欲を刺激するためにも，気分転換を兼ねて，そうしたアートの場に足を運ぶなどするといいことがあるのではないだろうか。そうすると意外な出会いやヒントがあるかもしれない。

　私がデンマークで出会った芸術家たちの中に香港のグループがあった。「進念―二十面体」[65]という前衛的な舞台芸術集団で，マルチメディアをフルに使った舞台芸術などを行っているが，この集団が子ども向けにやっている教育的な芸術ワークショップが「ブラック・ボックス」とよばれるものである。

これは真っ黒な50センチメートル程度の立方体の箱を使って、その中に子どもたちが自分の好きな人形を入れたり、絵を描いたり、オモチャや切り紙を入れたり並べるというものだ。黒い箱を使ったままごとごっこをイメージすれば近いかもしれないが、それ以上の可能性をもったものである。それを一人一個でやったり、各人がつくったものを配置してみたり、あるいはテーマを決めて、中味を統一したりといろいろなバリエーションをもって行える。想像力次第で、何でも入れられ、何にでもなる文字通りの「ブラック・ボックス」なのだ。

　そしてできたそれぞれの箱を広場や壁に配置して、インスタレーション（空間の中にオブジェを配置した空間芸術）とする。たくさん集まると大きなモニュメントにもなるし、照明やほかのオブジェと組み合わせて前衛的なインスタレーションにすることもできる。とにかく、多様な展開が可能で、子ども（あるいは大人の）想像力に応じて、無限の展開が可能だ。

　しかも、子どもにとっては、このような箱に好きなものを並べるとか自分だけの秘密を箱に入れるというのは、想像力を刺激する大好きな遊びでもあり、それが同時に芸術的な感性の萌芽にもなっている。この遊びをした子どもたちは前衛的なインスタレーションを見ても「さっぱりわけがわからない」と思わずに、自然に自分たちの感性に近いものとして理解し、鑑賞でき

図表1-3-8
ブラック・ボックス
（杷木国際フェスティヴァル）

るようになるはずだ。

　誰にでもできるインスタレーションを構想していた私にとって，「ブラック・ボックス」はいわばそれを実現していたわけで，たいへん興味深いものだった。彼らを知ったのは，2003年9月のデンマークで，どちらも「Image of Asia」という大きなアジア交流の企画（講演，演劇，美術，音楽，文化行事など）に招待されて講演やワークショップをしたことからだが，デンマークにはオーフスにブラック・ボックスの促進団体がすでにできていた。子どものファンタジー育成に定評のあるデンマーク，さすがに目の付けどころがいいと感心したものだ。

　日本では横浜の芸術家と交流があるそうだが，もっとみんなに知ってもらいたいと思って，九州・沖縄子ども芸術文化協会にお願いし2004年の「杷木国際フェスティヴァル」に招いてもらったことがある。

　当日は，デンマークで出会ったメンバーの一員ユエワイが来てくれて，子どもたちといっしょにワークショップを楽しんだ。最初は一個のブラック・ボックスをみんなでつくり，その後は各人がそれぞれのブラック・ボックスを制作した。

　基本的にはままごと，積み木づくり，自分の宝箱制作みたいなものであるから，子どもたちは夢中になり，放っておくといつまでもつくりつづける。さすがに時間の制約があるので，ある程度完成するとそれをいろいろと並べたり，また配置を換えたりして，できたものから意味をみなで語り合ったり，どういうふうに見えるかを話し合ったりと，現代美術のエッセンスを自然な遊びの形で体験したのである。表現がコミュニケーションを活性化するよい事例にもなっている。

　以上が私の行ってきた子ども相手の企画の事例であるが，おそらく現場にいる教師のみなさん，保育者のみなさんであれば，より適切に子どもたちのニーズにあったものを構想できるはずである。これまで述べてきたこと，そして次で述べるデンマークの幼稚園の実践例を参考にして，大いに独自のアイディアを加えていただければと思う。

§4 デンマークの幼稚園を訪ねて

グルントヴィとコルに由来する「生のための学校（Skolen for livet）」という基本的な考え方は，当然ながらデンマークの幼児教育においても生きつづけており，個々の幼稚園がそれぞれ多様な取り組みを見せている。ここではその中でとくにユニークと思われる2つの公立幼稚園の事例を紹介してみたい。

1. 生のための場―レグスゴー幼稚園

デンマークのユラン半島のほぼ中央部に位置するイカスト市に公立幼稚園「レグスゴー（Daginstitutionen Lægdsgård）」[66]がある。ここに2007年3月訪れてみた。

ここはもともとは由緒ある農園で，所有者がなくなった後，市と隣人に1999年に売却された。2000年8月21日に子ども42人をもって市立幼稚園としてオープンし，2007年では，3歳から6歳までの子ども68人が集い，4

図表1-3-9
生のための場「レグスゴー」幼稚園入口

クラスでそれぞれ教員2名，計8名が担当する。ほかに園長と事務員，用務員がいる。

　この幼稚園の基本方針は2つあって，「1．個々の人間の能力と社会的関係を最適に発展させることができるような発育フレームの形成。2．たしかな子どもの世界が最善の条件」というものである。この方針を実行するために個々の教育内容は以下のようになっている。

　幼稚園は朝8時半から始まるが，みなで歌を歌って天気や服装の諸注意をしたあと，9時―15時までは基本的に外で遊ぶ。何をするかは指示しない。子どもたち自身が自分で決めるようになっている。デンマークでは一日に天候が頻繁に変わり，また晴天時と曇天あるいは雨のときの寒暖差が激しいので，服装の諸注意は大事である。子どもは夢中になって遊ぶと寒さも忘れて薄着で過ごしてしまうが，自分で天候に応じて判断できるようにしていく。雨が降ろうが風が吹こうが原則は外で遊ぶとされており，雨風をしのぐ一時的な避難小屋も用意されている。

　外で自分たちで遊ぶ中で，自然に男女に分かれたり，グループができる。教師があらかじめクラスごとに分けて指示をしたりはしない。できる子ができない子を助けたりする相互扶助関係が自然発生的に生じるという。ときには教師が子どもたちと話し合って，流れの中で，いろいろなワークショップを提案する。訪問したときはパンづくりを外でやっていた。農園もあるので，農作業もするし，家畜の世話もする。農園の一部は隣人が提供している。

　園は池，家畜のいる場所，林，緑地などあり，2万平方メートル以上ある。子どもが自由に自分たちだけで行ける場所と，大人に許可を求めて行く場所（多くは大人もついていく）の2種類の場所に分かれている。家畜は山羊やロバ，ウサギなどがいて，子どもたちが自由に近づいてよい家畜とそうでない家畜に分かれる。ロバのところに行くときは教師もいっしょに行くが，ウサギなどと遊んだり世話したりするときは全くの自由である。教師が家畜の世話をするときに子どもたちが手伝うなど，ごく自然な形で動物とかかわ

図表1-3-10
「レグスゴー」の園児たち

っている。

　この幼稚園は「生のための場（Plads til liv）」という別名をもっており，子どもたちが生きる場所として構想されている。この考えはすでに述べてきたグルントヴィ，コルの伝統を引き継いでいる。子どもたちが何かを受動的に指示されて学ぶのではなく，子どもたち自身が主体的に生きて，いろいろなことを有機的に経験し，自己の生を形成する場所なのである。

図表1-3-11
家畜と遊ぶ

主に野外で遊ぶという姿勢は「森の幼稚園」「自然幼稚園」と称される既存の幼稚園と共通しており，デンマークではとくに目新しいというわけではない。この幼稚園がそれらと違うところは，単なる野外活動ではなく，家畜とのかかわり，農作業，建物の修理やいろいろな道具の製作，料理など，自然とかかわりふつうに暮らす活動そのものの中で，子どもたち自身が生きるようにされている点である。

　メインの建物は基本的にどこも出入り自由で，絵を描いたり，工作をする場所，絵本を読む場所，ゲームをする部屋，集会所などいろいろな部屋がある。子どもたちは自分の判断でここへ来て，好きなことをする。誕生日やクリスマス会のときには，この建物に集まってお話や歌唱をしたりパーティーがある。

　近所の住民で退職者が木工所に毎日来て作業するという。幼稚園の職員ではないが，彼に木工所を無償で開放している。子どももそこには出入り自由で，自然な形で彼とともに木工作業をするという関係ができている。いわばおじいちゃんが作業するところに子どもが来て，おじいちゃんがいろいろ教えてくれたり，子どもが手伝ったり，あるいはいっしょに何かつくるというかつて世間でよくあった人間関係が再現されているのである。双方にとっても大きな意味がある。ほかにも2人中年男性がボランティアで来て，いろいろな作業をするが，子どもたちもそれに混じり，手伝ったり，遊んだりする。この幼稚園は地域の大人たちにも開かれていて，いろいろな人間がやってきて子どもたちと自然な関係をもつのである。大学生ボランティアもよく来るそうだ。

　建物はもともと農家であったので，住居部をメインの建物として改装したほかは，農家のまま残されている。家畜の建物はそのまま家畜が入っているし，機材置き場も前のまま残っている。そこには廃車のトラクターなどがあるが，それ以外にも多数の廃物，ガラクタ，機械部品などが山積みされていた。これを集めるのは園長の仕事だ。いろいろな粗大ゴミ，廃車，廃棄された道具，木材，家屋の廃材などが出るとそれをもらって集め，機材置き場に

置く。ここも子どもの出入り自由の場所と，大人がいっしょにいないといけない場所の2つに分かれているが，出入り自由の場所では，子どもはそこにあるもの，ガラクタを使って，何をしてもよい。木材などで遊んだり，何かをつくったり，機械の上に登ったり，様々なことをする。こうしたガラクタは子どもの創造性を刺激するすばらしい宝であると園長のロベルトは力説していた。

　こういうスタイルをとると，日本なら，子どものケガや事故などをどうするという心配が先に立つが，この3年間でケガは1件だけで，それも深刻なものではなく，現実にはうまく機能しているそうだ。ここで暮らす中で，子どもたちは自分でどこまでが危険でそうでないかを判断できるようになっていると語っていた。

　両親にはここの方針をあらかじめきちんと説明する。多くは評判を聞いて入園させる人が多いので，最初から理解をもっている。彼らはまず，子どもを迎えに来たときなどに，教師に「うちの子どもはどこにいるか」と訊いても，「さぁ園内のどこかにはいると思いますが」という答えが返ってくることから慣れなければならない。親たちもいつでも参加できるようになっており，子どもといっしょに土遊び，家畜の世話，畑での仕事，大工仕事など好きなようにできる。その際この園の方針，つまり子どもにあれこれ指示しない，親の決めたやり方を押しつけない，ということさえ守ればよい。子どもといっしょに何かをすることで親たちも楽しむことができるし，自己の変化もある。理事会は親たちが多数を占めて，理事会，父母会などでいろいろ議論もする。

　障害者の受け入れも当然行っているが，現実にいろいろな作業があるので，身体障害者の入園はあまりないということだ。精神障害児は身体を動かすには支障がないので，よく来るという。また学校のクラブ活動で，クラブの児童たちが来ていっしょに遊んだり，卒園生が来ることも多いそうだ。異年齢集団での遊びの機会には事欠かない。またいわゆる「引きこもり」といわれる大人たちも積極的に受け入れている。ここで農作業や家畜の世話，小

屋づくり，畑での作業，あるいは子どもたちと遊んだり，子どもの世話をすることで，モチベーションを取り戻し，社会に復帰していく者も多いそうだ。基本的に親，地域の人々，訪問者など誰にでも開かれた「生きるための場」である。そういう場であるからこそ，子どもたちもいろいろな刺激を受け，生を自分で学び，成長していくのであろう。

　基本原則は，決まりをできるだけ減らす，問題があればそのつど議論して解決し，規則で判断することはなるべく避ける，子どもたちの自由を最大限に尊重するということである。これはもちろんコルにその伝統をもつ。子どもたちの自由を尊重して，彼らが自然，動物，大人たちといっしょにこの場で暮らし，生を学ぶ場として位置づけられる。昔の農村の子どもたちと同じ環境といえるが，当時は親の命令で子どもでも大人並みに働かされたり，創造力を発揮する自由があまりなかった。児童労働や劣悪な環境，親の虐待などといった負の側面を除いて，昔の農村の子どもたちの生活を今に伝えるものということはできるだろう。

　リーダーのロベルトは，赤十字社で難民支援担当で働いた後，難民減少に伴う職場縮小のためにいったん退職し，オーフス大学で教育学を学び直して，その後イカスト市の幼稚園教員となった。最初は自然幼稚園，次は町中の幼稚園をへて，ここの設立の際の責任者となって，ほかの創設スタッフ2人といろいろな議論や検討を行った後にこの幼稚園をスタートさせたという。スタッフは人間性第一で選び，キャリアは二の次である。子どもたちの反応も大事だという。難民支援の後，幼稚園教員になったロベルトは，基本的に他者をケアすることに関心の高い人なのだろうかと思われた。

2．美的表現の場としての 「パレット幼稚園（børneinstitione Palleten）」

　ここはヘアニング市立の幼稚園で，幼稚園と小学校のゼロ学年（幼稚園の年長組にあたる），そして放課後の「自由時間の家」がいっしょになって構成

図表1-3-12
絵を羽根で描く子どもたち（パレット）

されている。目の前はフォルケスコーレ（公立の小中学校）で，運動場は共有になっているので，異年齢集団の子どもたちが同じ場所で時を過ごすように工夫されている。

　幼稚園の名前は「パレット（Palleten）」といい，名前からして美術教育をすることを示している。基本的にはふつうの公立幼稚園なのだが，活動の中に美術のワークショップを多く取り入れている。教師の中に，もともと幼稚園教員をしていたが，子どもの表現活動のあり方に関心をもち，また自分ももっと勉強したいという理由で，美術大学に入り直し，専門的な技能と教える技術を学んで，再び戻ってきた人がいて，その人を中心に教育のあり方がみなで議論され，今の形式となった。一週間ごとに4～5人のグループが交替で美術ワークを行っている。それ以外の子どもたちはふつうに遊ぶ。

　基本的な姿勢として，技術の向上や幼児期からの英才教育という視点は全くなく，子どもの世界認識，他者認識，そして世界や他者との交流の一手段として，美術・創造活動を位置づけている。あくまでも楽しさ，幸福感が第一であり，子どもが楽しくなければどんなにいい美術教育をしても，意味がないと考える。

　たとえば今回は，「鳥」をテーマにしたプロジェクトとして，表現教育を

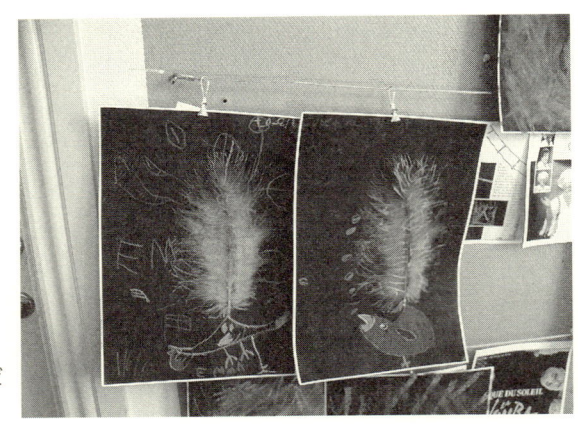

98　第1部　表現的生としての人間

図表1-3-13
鳥の羽を素材にした子どもたちの作品

　行っていた。まず鳥の写真や実物（園庭にときどき来る）をじっくり観察する。そして絵を描くのだが，その際自由に描かせるのではなく，いろいろな表現方法の工夫をあらかじめしておく。私が見た子どもたちのワークでは，教師が前もって鳥の羽根を1本，拡大して画用紙いっぱいにコピー（ただし白黒を反転させ，背景は黒にしている）し，その形を使って色を塗ったり，自分なりに描き足していく。ただテーマは鳥でなくてはならず，子どもたちはその羽根をしっぽに見立てたり，身体の一部の羽根として描く。また色を塗ったり描いたりする筆は，鳥の羽根を使った羽根ペンで，羽根先でペンのように描いたり，羽毛を使って筆のように色を塗っていく。この過程で鳥の羽根の形を子細に観察して，どういうものか自分で納得したり，自然の羽根のもつ形の美しさ，興味深さ，質感などを味わう。また自ら道具として用いることで，かつて人々がペンとして用いた経験，あるいは道具としての有用性，そして表現・創造はあらゆるものが創造のヒントや素材となり道具となりうることを子どもたちは自然に学ぶのである。
　しかし，それは達成されるべき教育目的としてあるのではなく，子どもたちがそういうことをわからなくても別に気にしない。もう少し成長して鳥や羽根にまた接したときに，幼児期の体験や記憶が何らかの形でそのときの経

験に作用したり，あるいは大人になって鳥に関係した機会に，ふとこのことを思いだし，単なる経験がそのときに豊かさを増して，自分の人生に彩りを与えることになればそれで十分，と指導教員は語っていた。つまり，世界経験の豊かさ，子どもが世界の事物がどういう面をもっているのかを感じ取ること，日常親と暮らして自然と身につく世界の固定的な事物の見方以外に，世界の事物はまた違った形でも見えるし，その視点ごとに奥行きが異なり，世界の豊かさは際限がないこと，それらのことを子どもがこのプロセスで無意識に身につけたり，大人になって思い起こすことが意図されているのだが，しかし，それはあえていえばそういえるというほどのものである。

「鳥」にまつわる基本テーマは絵を描くだけにとどまらず，幼稚園の他の活動にもかかわっている。巣箱を作成し，園庭に設置して，季節の鳥が来るかどうかを観察することもその一環である。また他のプロジェクトでは，幼稚園の建物の壁にデコレーションとして自分たちでつくったオブジェを取りつけていた。

これらの手法は美術大学などで教師が身につけたことを基本に，自分なりに応用したものだが，しかし，子どもに技術の優劣を問うたり，もっと技術を上げることを意図することは全くないと断言していた。また，作品の出来

図表1-3-14
自分たちのシルエットを展示

の優劣や評価をして,競争をあおることもしない。基本的に,子どもが描きたいように,したいようにさせる。様々な工夫は子どものもつ内発的な動機を刺激するためのものである。ただ絵を描けというだけでは気乗りのしない子どももいるだろうが,その子が経験したことのない手法や見方の一部を呈示すると,俄然興味がわくことも多いのである。担当教師の話では,嫌がって描かない子どもは今まで一人もいないといっていた。

園内を歩くと,マスクが展示してあったり,自分たちの横顔のシルエットを作品化して展示するなど,幼稚園自体が一種の美術館的な趣がある。またいろいろな行事もあって,中世の格好をしてパレードをしている写真も見せてくれた。中世の衣装,武具などをつけてパレードするというのは,こちらではけっこう盛んなお祭りの一種である。父母もいっしょになってこういう表現ワークをするときもあるそうだ。

それらの活動を報告する記録集は一般には印刷物に頼るが,ここではこの報告集も手づくりで一部しかない。写真を台紙に貼りつけ,子どもたちがそこにいろいろな絵や模様を描き込む。教員が少し内容報告を1,2行書く。今どきはコンピュータで編集して,PDF文書にし,メールで配布するところも多いといっていたが,ここではそういう電子文書に対抗して,わずか一

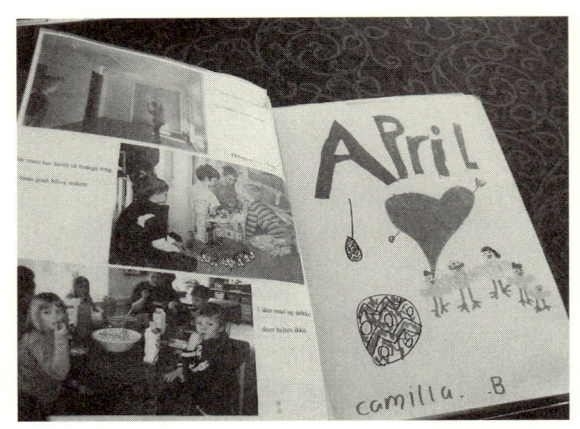

図表1-3-15
一つしかない手づくりの報告書

部しかないアナログの報告でやるのが自慢だそうだ。もちろんかんたんな文書は父母には配布するが，子どもたちの作品としての報告集は園に来たらいつでも見ることができますよとテーブルに置いてある。

　この幼稚園の基本原則は以下の3つである。

① 生きる喜び
② 社会的な成長
③ 美的な成長

　①は，子どもがいろいろなことをしながら，楽しいと思える場にすることが目的であり，幼稚園が子どもの幸福感を味わえる場になることをめざしている。②は，自己や他者の生を尊重し，みなで何かをしたり，自分自身の価値を知ることを意図している。③はそれによって世界を知り，自己の限界を知ったり，あるいはそれを拡張したり，創造する喜びを知ることを学ぶのである。一口に言えば，子ども自身が幸福と感じることを最大の価値観として運営されている。それゆえ才能を伸ばすための早期教育，技能を身につけるための厳しい訓練といった要素は排除される。

　とはいえ，作品を見て多くの日本人（あるいはデンマーク人でさえ）は，年齢に相応しないと思えるほどの出来上がりのすばらしさに驚きを禁じえないのは確かだ。これは早期教育の一種ではないかと勘違いするかもしれない。しかし，子どもが小学校に上がり，その後すっかりこの作品の完成度を忘れても，それはそれでかまわないのである。その子に何らかの情操の成長があり，創造の喜びが心の奥深くに残って，その子の人生に彩りを与えて何らかの作用をすれば，目的は果たされたことになる。もちろん優秀な表現者になる子どもも出てくるかもしれないが，それはこの幼稚園の意図するところではない。

　デンマークの教育における表現教育の奥深さの一端をこの幼稚園は示している。

結語

 以上述べてきたことはすべて,「人は表現的な生を営むものだ」という人間観によって貫かれているということができる。生まれたばかりの赤ちゃんから, 子ども, 若者, 大人, そして老人, 障害者も, 自分を表現するために生きているのだ。人間だけでなく, 自然も私たちに, 崇高さや荒々しさ, 優しさなど何かを訴えかけている。私たちは力の限り, それを聞き, 見, 感じて, 受け止めなくてはならない。その意味では, 私たちの審美眼が問われている。表現はその人の個性の表出であり, 客観的な基準に照らすわけにもいかないのだから。
 しかし現代社会では, その表現の意味を私たちは日常の利害関係から捉えてしまうために, 役に立つ, 功利的である, 社会に出たときに有利である, 人間社会の優劣の中で上位であるといったことばかり重視して, それ以外の表現を無視してしまう。子どもの表現すらも, 知能的に優秀, 大人の表現に近い, 社会で評価される技能レベルであるといった功利的な点ばかりで見られがちである。
 そうした見方を相対化するために, 美的な判断からの表現の受容が求められている。人間の表現を美的なものとして見れば, 既成の社会の秩序とは異なった世界が見えてくるはずだ。とくに子どもの表現的世界は, 豊かな意味の宝庫であり, 人間存在の深さ・多義性を示してくれる。そしてそこで一番重要なものは想像力であり, ファンタジーなのである。
 そうしてみると, 子どもの表現的世界は, ともすれば合理性と経済的効率性に傾斜しがちな大人社会に, 人間として大事なものを忘れているよと警鐘を鳴らしてくれるオルタナティヴな力であり, 生き方である[67]*ということができる。
 合理性と経済的効率性の原理に貫徹されてますます生きにくくなっている現代社会のあり方にいかに対抗できるか, そしてもう一つの人間のあり方,

生き方を呈示できるか，幼児教育の場はそのような人間性を守るための拠り所，最後の砦になりうるものである。そのような使命感をもって幼児教育の現場で働くことは大きな意義があると私は確信している。

＊　そこに至るまでの過程は違うが結果として，私は幼児期を「対抗文化」として位置づけ，大人社会を批判的に捉える視点にしようとする岡本夏木氏と近い立場に立っている。同氏の『幼児期』岩波書店，2005を参照のこと。

第2部

民俗学からみた表現活動

　人は誰でも表現者である。誰もが語り，歌い，描き，演じる。そうすることが，生きているという証であり，快楽であるからである。しかし，それらの「表現物」がすべて「芸術」とみなされるわけではない。いや，そもそも「芸術」などという評価基準などとは無縁のところで表現されてきたのであった。そこに，西洋で生まれた「芸術」という評価基準，表現物の選別基準が持ち込まれたことによって，「芸術作品」が生まれることになった。そして，現在ではこの「芸術概念」は，「純粋芸術」から「大衆芸術」さらには「生活芸術」へと拡張されつつある。
　第2部では，こうした芸術概念を念頭に置きつつも，人間にとっての表現活動とはどのようなものであるのか，民俗学の成果によりながら，普通の生活者の「表現活動」を考察する。

第1章

生活と表現

　人は誰でも表現者である。自分たちの喜怒哀楽を，唄や絵画に思い切り表現することもあれば，自分たちの生活の中で語られる言葉の端々にさりげなく忍び込ませて表現することもある。

　そうした表現者たちの「表現物」（作品）を論じるにあたって，そのすべてに「芸術」といった評価の物差しを持ち込むことは馴染まない。もちろん，その「表現物」にも上手下手があり，部外者が，上手だ，芸術的だ，と思うものもあるだろう。また，当事者たちのあいだでも，上手下手，美醜の判断は下されている。

　しかしながら，表現者のすべてが芸術的であることを意識して，自分の「作品」を作っているわけではない。上手なのは好ましいことだと思われてはいても，下手だからといって排除されるとは限らないのである。というのも，彼らのあいだでは，上手であるもの，美しいと評価されたものが最優先の評価基準とはなっていないからである。いや，そもそも審美などとは別の基準で作られるものがほとんどなのである。要するに，人びとにとって，その「表現物」は生活の中に埋め込まれた生活の一部なのである。

　この章では，民俗学の立場から，民俗社会（農民社会，村落共同体）の中で伝えられてきた「表現物」を紹介しながら，彼らが表現したいことをどのようなかたちで表現してきたかを考えてみたい。

§1　生活の中に埋め込まれた「表現活動」

1．表現者としての「常民」

　まず最初に，「民俗学」という学問について簡単に説明しておこう。民俗学は「民俗」を研究する学問で，日本では柳田國男によって「学」として確立された。柳田國男は，日本文化を考える場合，人口比率的にいえば，といっても，民俗学を構想した当時（20世紀初頭）においてのことであったが，国民の多数を占めていた農民の生活文化の研究が不可欠である，ということに気づき，従来の学問が対象としなかった農村の研究に着手した。この研究は，当初は「郷土研究」などと称していた。だが，やがてそうした学問を「民俗学」と称するようになった。

　したがって，「民俗」とは，主として農民が伝承してきた文化を意味する。また，民俗学では，そうした民俗の担い手を「常民」という特別な言葉で表現してきた。

　「常民」には2つの意味が託されている。1つは実態としての人びとで，これは農民を想起すれば誤りはない。これに対して，もう1つは理念型としての常民である。たとえば，私たちも常民的性格をもっているが，相対的には農民のほうが遙かに理念型に近い「常民的性格」をもっている，というふうにいうことができる。

　それでは，「民俗」とは具体的にはどのようなものなのだろうか。

　柳田國男は，『郷土生活の研究法』や『民間伝承論』などの著書において，民俗＝農村文化を調査・研究するための手がかりとして，まず，「民俗」を「有形文化」「言語形象」「心意表現」に大きく分けた[1]。関敬吾との共著である『日本民俗学入門』によれば，それらは次のように細分化される[2]。

　「有形文化」に属する民俗項目は，住居，衣服，食制，林業・狩，農業，

交通・交易，贈与・社交，村構成，家族，婚姻，誕生，葬制，年中行事，神祭，舞・踊，競技，童戯，童詞などであり，「言語形象」に属するものとして，命名，言葉，諺・謎，民謡，語り物・昔話，伝説など，「心意表現」に属するものとして，妖怪・幽霊，兆・占・禁・呪，医療などを挙げている。

　この分類は，外部の調査者が未知の調査地に入り，そこで調査を進めていく過程での調査項目に対応した分類のようである。すなわち，有形文化は，調査者が調査地の人びとと，まったく会話を交わさずとも目で観察できる民俗事象である。これに対して，言語形象は，調査地の人びとと言葉を交わすことで現れてくる民俗事象であり，最後の心意表現は，有形文化と言語形象の双方を調査することによってその中から立ち現れてくる調査地の人びとの精神世界である。

　これに対して，和歌森太郎を中心にして組織された大塚民俗学会によって編纂された『日本民俗事典』[3]では，集積された民俗資料全体を俯瞰したうえで，「社会伝承」「経済伝承」「儀礼伝承」「信仰伝承」「芸能伝承」「言語伝承」の6つの大きな分類の中に諸事象を配置する，という方法がとられている。

　ここでいう「社会伝承」とは，村落，都市，年齢組織，家族，交際，といった項目からなり，「経済伝承」には，土地，農業，漁業，狩猟，林業，諸職，労働，交通，交易，服飾，食習，住居，災害，「儀礼伝承」には，産育，婚姻，葬送，年中行事，農耕儀礼，「信仰伝承」は，神祇，仏事，祭礼，民間信仰，俗信，民間医療，「芸能伝承」は，芸能，競技，遊技，娯楽，民謡，「言語伝承」には，言葉遣い，昔話，伝説，語り物などが配当されている。

　こうした民俗の諸項目を眺め渡してわかるように，民俗学では，民俗を「表現活動」あるいは「芸術活動」という側面から括りだすことをしていない。

　いや，じつは「民俗芸術」という呼称を用いて切りだそうと試みた時期もあった。1927年に，柳田國男などの呼びかけで「民俗芸術の会」が組織され，その機関紙『民俗芸術』も刊行されたのである。だが，5年ほどで消滅

した[4]。要するに，きちんと「民俗芸術」を括りだすことができなかったのである。

上述のような試みがなされたことによってもわかるように，柳田國男は，常民の中に芸術を発見しようと試みつづけた。実際，『民間伝承論』では，「言語芸術」と題した章を設けて，昔話や謎々，民謡などを取りあげていたが，そこでの議論をみると，彼の関心は芸術それ自体ではなく，常民の民間信仰の中に芸術の起源・根源を探ることに向けられていたようである[5]。

2．表現活動を取りだすための観点

それでは，常民の「表現活動」とは何なのだろうか。どこにあるのだろうか。

重要なことは，常民の表現活動は，生活の中に埋め込まれているということである。たとえば，労働の作業中に歌われる歌として具現化されていたり，あるいは祭りのときに奉納する芸能の中に示されていたり，婚礼の飾りや囲炉裏端や野外での遊びの中に組み込まれていたりしているのである。したがって，「表現活動」の具体的な姿を知るためには，生活の中に埋め込まれている「表現活動」を，私たちなりの視点から取りださなければならないわけである。

そこで，いくつかの視点を提出してみたい。まず，「表現活動」を，次のように分類しておこう。

1つは「言葉」を通じての「表現」である。常民の日常生活における日々の会話の中には，様々なことが表現されている。そうした会話の多くは，日々の生活を円滑に進めるための事柄で占められている。しかしながら，そのような会話の中に，時折，彼らの「人生哲学」やその生活を根底で支えている「世界観」のようなものにふれる会話も織り込まれている。そして，その中には，私たちが注目したくなるような「表現活動」も紛れ込んでいるのである。

しかし，私たちはそれを丸ごと取りだすことはできない。もっとも，最近では録音・録画のレコーダーがあるので，煩を厭わなければ，それを丸ごと記録できないわけではない。しかし，そこから重要な情報を取捨選択するためには，膨大な時間と労力を費やさなければならない。そのような作業に従事するよりも，むしろそうした「人生哲学」や「世界観」が凝縮したかたちで表現されているものを考察するほうが，手っ取り早いといえるはずである。それが一定のかたちをもった「語り」であって，具体的にいえば「伝説」とか「昔話」とか「民謡」などがこれにあたる。

　もう1つは「造形表象」を通じての「表現」である。これもまた日々の生活の中で様々なかたちで埋め込まれているわけだが，その凝集したものが，特別な時や場所において造形される「絵画」や「彫刻」などである。これらの造形表現を文字に移し換えて表現することは難しいが，写真などを用いてある程度まで捕捉することができる。

　もう1つは「身体」を通じての「表現」である。日常生活は様々な身体操作から構成されているが，その凝集したものが，演劇や舞踊などの「芸能」というかたちをとったものである。身体による表現も，文字に移し換えて表現することは難しい。スケッチや写真，動画などを駆使しなければ，身体表現を云々することは容易ではない。しかし，常民社会の情操・審美の育成のための主たる場は芸能が担っていたのである。

3. 常民の快楽とは

　別の視点からも「表現物」に接近することができる。人びとの「快楽」という視点からの把握である。快楽は様々な行為をすることによって得られる喜びや快感である。快楽は，その行為を通じて何か別のものを得るということに重きを置いていない。行為することそれ自体が「幸せ」なのである。

　個人のレベルでの「快楽」を挙げてみよう。まず第一の「快楽」は，「食事」である。生きるためには食べなければならない。しかし，人は生きるた

めに苦痛を忍んで食料を食べているわけではない。むしろ「食べる」ということそれ自体が快楽なのである。人びとは，もうこれ以上食べることができないほど食べることに，快楽を見いだしている。そのために，辛い仕事にも耐えるといっていいのではなかろうか。

もう1つの「快楽」は，「性欲」を満たすことである。性欲の満たし方には個人的にはいろいろあるが，社会的には「結婚」であった。したがって，結婚して夫婦仲良く暮らすという表現によって「幸せ」を表現してきた。そして，この延長上に，「子ども」（子孫）の獲得がある。

しかし，そうしたことは性欲を満たした結果であって，その根底にあるのは，性的行為それ自体がもたらす快楽である。

私たちの社会のみならず，常民社会や「未開」社会でも，性器を象った絵画・彫刻にしばしば出会う。研究者は，そうした絵画を多産・豊穣に結びつけて解釈する傾向が強いが，率直に，性の快楽を表現していると理解することもできるのである[6]。

これらに次いで挙げられるのは，「祭礼」であろう。祭礼の中心は神事にある。神事は神とのコミュニケーションのための言葉と行為からなっており，それ自体は快楽とはいえない。しかし，この神事に付随して発達した歌舞や神輿や山車の巡行，歌舞団の行列などには，様々な遊びの要素，快楽追求の要素が埋め込まれている。「祭礼」とは「遊び」の特殊な形態なのである。そこでは，様々な快楽が一度に爆発する。その快楽の爆発という行為を，常民の「表現活動」という別の観点から捉えることもできるわけである。いいかえれば，祭礼は常民の表現活動が総動員される場ともいえるだろう。

快楽のもう1つの現場は，「遊び」である。人間は遊ぶ動物である。もちろん，常民社会は貧しかったので，遊ぶ機会は少なかった。しかし，大人も子どもも，暇を見つけては遊ぶことを考えた。美味しいものを食べることも，性欲を満たすことも，祭礼での芸能や飲酒も，遊びという側面からも把握できることであるが，それ以外にも多くの遊びがあった。遊びとは快楽と

同義語といっていいほどで，遊ぶために，人は辛い労働にも耐えることができるのである。

とりわけ子どもたちにとって，遊びは一番の関心事であった。もちろん，常民社会は貧しかったので，子どもも親の仕事の手伝いをしなければならない状況は多かった。近代以降は学校にも通わなければならなかった。しかし，暇を見つければ，一人であるいはグループとなって遊びに熱中した。その場にも表現活動を見いだすことができるだろう。

しかしながら，こうした快楽としての表現活動は，一回的なものであり，たとえ審美のまなざしをもった者が，そこに「芸術的なるもの」を見いだしたとしても，瞬く間に消え去っていくものが多い。要するに，常民社会の表現活動は，生活の中に埋め込まれているとともに，恒久的なものとして残るものがきわめて少なかったのである。それは花火のように，常民が快楽に身をゆだねたときに，一瞬輝きを見せるものなのである。

4. 共同化するための「再・表現」としての表現活動

「表現活動」は，快楽と深く結びついている。したがって，快楽をもたらすものを探っていけば，何らかの「表現活動」を見いだすことができるはずである。しかし，そうした快楽のほとんどは，当事者のみの快楽として終始し，その快楽を持続させたり，再現することで他人と共有させたりするような展開にまでいたることは少ない。

日常生活の基本は，いちいち記憶するまでもない反復的な会話や行為，ささやかな出来事の連続である。それでも時々，その連続の中に，人びとを混乱・困惑させる出来事が生じる。こうした大小様々な出来事には，人びとの喜怒哀楽を示す会話や行為が含まれているわけであるが，そのほとんどは記憶されることなく，日常生活の一こまとして忘れ去られていく。それが日常生活なのである。

たとえば，そうした一こまとしての，恋人たちが互いに愛をささやき合う

会話。それは，たしかに愛の「表現」である。あるいは家人のあいだで交わされるその日の労働の厳しさについての会話。これも労働の辛さの「表現」である。しかし，こうした「表現活動」は，個人的なレベルに留まっており，一回的なものであり，共同化・恒久化した表現活動ではない。

　私たちが関心を抱いている「表現活動」は，愛する人へのそうした「思い」や仕事の「辛さ」を，多くの人びとと共有できるようにするための「表現活動」，つまり「言葉」や「身体」や「絵画」などを使って再現された表現活動である。

　もう少し具体的な例を挙げよう。

　ある日，私が車で帰宅途中で，私が素晴らしいと思った日没の光景を見た。私はその日没に心を奪われ，ただそのひとときの光景を，我を忘れてひたすら楽しんだとしよう。これだけでは，たしかに私の美意識を刺激した光景ではあっても，私の日々の生活の中のささやかな出来事にすぎない。それは私個人の体験にすぎないのである。この光景に感動した私が，とっさに車の中にあったカメラでその光景を撮ったり，あるいは帰宅してイメージが鮮烈なうちに，絵に描いたり，詩に歌ったりしたとき，はじめて再・表現化されることになる。

　もっとも，夕日に感動した私の再・表現活動の結果としての「作品」が優れているかどうかは別問題である。優れた作品ならば，写真や絵を見たり，詩を読んだ人の中にも，感動を引き起こすであろう。人びとにも私が感じた感動を再体験させることができる。人はそれを「芸術的作品」として評価してくれるかもしれない。

　しかしながら，その種の才能がない私には，感動を伝えたいという思いをある程度は伝えることはできたとしても，人に私の感動を伝えるほどの作品を作ることはできない。要するに，作ったとしても取るに足らない「作品」として処理されるわけである。

5. 常民の「作品」の特徴

　以下では、常民の「表現活動」から生みだされた、何らかのかたちで共同化され固定化された「作品」に絞って議論を進めていくことにしよう。

　常民の「作品」の多くは、近代的な意味での「芸術」という物差しを持ち込んだときには評価されないものばかりである。おそらく「稚拙」というラベルを貼られて捨てられるだろう。

　しかし、たとえ芸術という物差しで評価すれば稚拙なものであっても、常民の心を揺さぶるもの、常民の願いを表現したものなのである。そこには、常民の生活が映しだされているのである。

　したがって、常民の「表現物」（作品）を通じて、私たちは彼らの生活を、彼らの祈りや願いを知ることができる。さらには、時には、そこに彼らの「美意識」を垣間見ることさえできるはずである。

　常民が生みだした「作品」（民間伝承）には「特定の作者」がいない、知られていない。「作品」は集合的な社会的な場から作りだされたものであって、共有され、伝承されていく過程で、多くの修整や変容を遂げており、またこれからも変貌する可能性を秘めているものである。

　しかしながら、「作品」（民間伝承）が、すべてその地域で創出されたものであるというふうに理解してはならないだろう。それは、外部から移入されもし、あるいは外部に移出することもある。都市で流行っているものが農村などに入り込み、そこに土着することはしばしば見られることであった。いってみれば、「民間伝承」とは、外部との交流によって生じた新旧文化の緩やかな複合体なのである。

　しかし、その一方では、常民の「作品」には独創的で大胆な変容を許さない社会的な規制が働いていることも見逃せない点である。たえず共同体の検閲を受けているのである。そのために、その多様性は、所与の社会が許す範囲内の多様性であって、私たちから見れば画一的・類型的な内容になっている。つまり、反復を旨としながらも、社会の変化に反応することで、その内

容もゆっくりと変化してきたというわけである。

　常民の「作品」（民間伝承）は社会的なものであるが，個人の，個人による，個人のための「作品」がないということではない。個人的な心情が託された「作品」はたくさんある。旋律・節回しをそのままにして歌詞を自分たちの場にふさわしいように変えたり，話形・粗筋をそのままにして，地名や登場人物の名前・職業を自分たちの地域に応じたものに変えることは，よくあることであった。

　もっとも重要な特徴は，常民の作品の多くの内容は，究極的には五穀豊穣，無病息災，子孫繁栄，家内安全等々に集約される，常民の存続の願い・思いを表現している，ということである。要するに，人びとは「幸せ」になりたいがために表現し，そしてそれゆえにその表現活動もまた快楽と結びついていたわけである。

　すでに述べたように，常民社会の「表現活動」を括りだすことは難しい。そうした観点からの先行研究も皆無に近い。そのような研究状況であることを認めたうえで，以下では，「表現活動」を，「物語ること」「歌うこと」「造形すること」「演じること」の4つに分けて紹介することにしよう。

§2　物語る：伝説・昔話・世間話

1．知識の収蔵庫としての「口承文芸」

　多くの人びと（常民）がまだ文字を利用できなかった時代では，知識の伝達は口承のかたちで行われていた。もちろん，生活に必要な知識は日々の会話の中でも伝達されるわけであるが，とりわけ重要な知識は「言い伝え」とか「むかし」といったよび方をされて一定の形式を整えた語り方によって，世代を超えて，地域を越えて伝達された。それらは図書館やコンピュータなどがない時代・地域での知識の収蔵庫の役割を果たしてきたのである。

こうした知識伝達のための「語り・話」（言葉）による表現活動を，民俗学では「伝説」とか「昔話」あるいは「世間話」といった分類をすることで，その特徴を理解しようとしてきた。

これらをまとめて「口承文芸」と総称することがある。しかし，芸術性・文学性という点では創造性がきわめて乏しく，適当な言葉がないために便宜的に「文芸」の語を用いてはいるが，厳密には「文芸」という用語がふさわしいとは思われない。

「伝説」と「昔話」と「世間話」の違いは，いくつかの観点から考察がなされている。もっとも，伝説として分類できる話が，昔話としても語られることがあるように，相互に交流・変換可能な関係にあり，上述の分類も便宜的なものである。

2. "過去"の記憶装置としての「伝説」

「語り」の3つの分類のうち，「伝説」の特徴をみてみよう。

「伝説」とは，人びとによって語られた出来事＝事件の，口頭による世代を越えての叙述・伝承であり，一種の"歴史叙述"といえるものである。しかし，こうした口から口へと引き継がれた"歴史叙述"は，実際に起こったこととその年代を確定していくことによって構築される近代歴史学のいう「歴史」からすれば，誤りに満ちた内容が多く，事実とはいえないとされるものがほとんどである。

しかし，たとえそうだったとしても，その叙述の中に，特定の地域の常民にとって語るに値するもの，いいかえれば，何がしかの真実が含まれていたことも，疑いの余地はない。というのも，伝説が伝承されてきたという事実が，それが彼らにとって大切なことであり語るに値するものであった，ということを意味しているからである。語るに値しなければ，伝承はたちどころに人びとの記憶から消え去ってしまうだろう。

伝説は，具体的な事物や現象と結びついて語られる。たとえば，ここにあ

るこの石は，領内を巡検したときに殿様が一休みするために座った石である。それで「殿様の腰掛け石」という。あるいはまた，この池は，昔，ある座頭が通りかかったときに，誤って落ちて死んだ。それで「座頭池」という，といったかたちで語られる。「殿様の腰掛け石」とか「座頭池」という具体的な呼称や事物から，伝承が呼び起こされることになるわけである。

　上述の例は地名起源伝説の類であるが，習慣の起源伝説にかかわるものとしては，たとえば，誰それの家では何々を食べない，それはかくかくの出来事があったからだとか，どこそこの山には入ってはいけない，かつてかくかくしかじかなことがあったからだ，というふうに特定の家や山が特定の習慣と結びつけられて語られる。

　このようにして，当該地域の人びとは，現在の具体的事物や現象と結びつけるかたちで"過去"を記憶するのである。したがって，伝説にとって，固有の場所，固有の事物，あるいは固有の人物は，伝承のための記憶の媒体だということができる。いいかえれば，人びとは，紙や筆を使う代わりに，場所や事物などに記憶を刻み込むことで，自分たちの"歴史"をつくりあげてきたのである。

　もちろん，そうした伝承の中の"過去"の出来事や人物が，歴史学的な意味での事実かどうかは定かでない。ときにはまったくの虚構であるかもしれない。しかし，そうだとしても，そこには，人びとにとっての何がしかの真実，語るに値する事柄が託されているのである。そのように過去を語りたかったのである。

　たとえば，私たちが調査した下北半島の旧脇野沢村では，坂上田村麻呂の奥州遠征と結びつける伝説がある[7]。しかし，史実の田村麻呂は津軽には来ていない。だからといって，田村麻呂伝説を取るに足らない話として片づけてしまうわけにはいかない。そこには，人びとにとって語るに値する事柄が託されていたからである。脇野沢の田村麻呂伝説は今では断片化しており，伝説としての機能を失いつつあるが，それでも，そこに南の方からやってくる強大な政治的・軍事的さらには新しい技術や知識の到来の記憶として語ら

れているらしいことはわかる。

　常民の世界には，こうした性格をもった伝承が，様々なところに刻み込まれている。それを掘り起こしていくことによって，彼らの必要としていた伝承が何かを明らかにすることができる。彼らにとっての"過去"が，語られた"歴史"が浮かびあがってくるのである。

　繰り返すが，伝説は，常民たちがムラとしてあるいはイエとして記憶しておくべきことを記憶しようとしたものである。そこに伝説の，伝説としての特徴がある。伝説の語り手は，その伝説を聞き手にしっかり伝えようとするために，それなりの技巧を凝らす。しかし，話者の語り方に上手下手があっても，情報がしっかり語り込まれていれば，そうしたことはそれほど問題とならない。

　もっとも，快楽・娯楽といった観点からこの伝説を捉え直すと，少し事情は異なってくるだろう。語りの技法や感情移入などが上手な語り手の伝説ならば，"過去"についての重要な話としてだけでなく，「娯楽」としても大いに楽しむことができるからである。そして，そのような語り上手によって語られた「話」が継承され洗練され，そして伝播していけば，「語り物文芸」などと称する文学性の高い作品へと昇華していくことになる可能性もある。つまり，聞き手は，その「語り」を聞くことそれ自体が快楽になるわけである。そして，そうした「快楽」を通じて"過去"を学ぶことになるのである。

3. 教育・学習装置としての「昔話」

　伝説は，自分たちの生活領域における特定の場所や特定の事物，あるいはまた特定の人物や習慣と結びついて語られる話であって，その土地の口承の"歴史"を構成している。

　これに対して，「昔話」と総称される話は，当該地域の"歴史"の話とはみなされない話である。それは特定の地域から切り離されるかたちで構成さ

れている話なのである。

　すなわち，昔むかし，あるところに，お爺さんとお婆さんが住んでいました，と語られることに示されるように，昔話は，当該地域から，別の地域に持ち運ばれても，すぐに語り聞かせることができるように作られているのである。

　通常，昔話の語り手は年寄りで，聞き手は子どもたちであった。このため，大人たちは，伝説は自分たちの生活に深くかかわる大切な話であるが，昔話は子どもだましの話として蔑む傾向がみられる。

　たしかに，昔話は当該地域の固有の"過去"にかかわる話ではない。しかしながら，逆にいえば，地域に根をもたないという点で，むしろ人間にとってより普遍的な事柄を語っている，とみることができるのである。しかも，子どもが聞き手であるということに示されるように，そこに託された事柄は，上の世代が次の世代へと受け継ぎたい，人間としてのあり方や知識・知恵であった。つまり，ある意味で，昔話は，学校のような教育制度をもたない時代における"教育装置"（子どもから見れば「学習装置」）の一端を担っていた。

　上述の脇野沢村では，「昼間にむかしこ（昔話）語ればねずみゃ笑う」という諺がある。別の地方では，「昼むかしを語ると，ねずみに小便かけられる」ともいう。昼間に昔話を語るものではない，という意味である。一般に昔話は夜の囲炉裏端で語るものとされてきた。

　しかし，昔話を伝える地域でそのわけを聞くと，生活のための労働に追われて，結果的にそうなるのであって，昼語ってはいけない特別な理由はないという[8]。つまり，結果的に，子どもたちは，夜に，囲炉裏の端で，親たちが夜なべ仕事をするのを手伝ったりする合間に昔話を語ってもらっていたのである。子どもたちには，テレビやラジオがない時代の夜の楽しみは，昔話を語ってもらうことしかなかったのである。逆にいえば，テレビやラジオなどの新しい娯楽が囲炉裏や夜の茶の間の端に登場することによって，昔話の地位が急速に低下していったということでもあった。

昔話には，教訓譚としての性格と説明譚としての性格がある。たとえば，「隣の爺」型の昔話群の中の1つとして分類される「花咲爺」の昔話は，正直な爺と欲張りな爺を登場させ，人間は「欲を張ってはいけない」ということを子どもたちに伝えるという教訓（教育）機能をもっている。

いくつか例を示そう。脇野沢村で採集した話である。

「正直なお嫁さんの話」（大歳の火）

　　昔，あるところの，ある家の嫁が，けっして絶やしてはならないとされている炉の火種を，大晦日の晩に絶やしてしまった。困った嫁は，火種を求めて寒い外に出たところ，運良く通りがかった見知らぬ老人から，火種を分けてもらうことができた。しかし，その代わりに，大晦日で葬式を出せずにいるので，その棺桶を預かって欲しい，と頼まれ，納屋に隠しておいた。しかし年が明けても引き取りにこない。嫁は棺桶が気になって仕方がない。正直者の嫁は，大晦日の晩のことを隠すことができず，家の者に話し，棺桶を開けてみたら，中に死体ではなく小判が入っていた[9]。

この昔話には，火種を絶やしてはいけない，火種を守るのは嫁の勤めである，嫁は家族に隠し事をしてはいけない，大晦日に来訪する神秘的存在は神であるらしい，正直であれば福が来る，といった様々な知識が刻み込まれている。

こうしたことを，子どもたちはこの話を楽しみながら，それと意識しないままに学習していくのである。

もう1例示そう。こんな話もある。

「カレイとクラゲのいわれ」

　　竜宮の神様の娘が病気になった。猿の生肝が効くというので，猿をだまして竜宮に連れてくるが，カレイが猿にそのことを教えてしまったので，猿は竜宮から逃げだしてしまう。怒った神様はカレイを平たくした

うえに口を曲げてしまった。それでカレイの格好は今のような姿になったのである[10]。

　この話は魚のカレイの姿かたちが他の魚と違い,「異形」であることを昔話の形式を借りて説明している話である。

　しかしながら,それに留まらず,語り手が話の最後に「親のいうことに口ごたえするものではない。カレイのように口が曲がってしまう」と付け加えることが多い。これによって「嘘をついたり口ごたえすると,口が曲がる」という言い伝えのわけを伝える教訓譚ともなっているわけである。

　さらにいうと,あまりにも当然なので改まって指摘されることが少ないのだが,こうした昔話を通じて,直接間接的に,「異界」とそこに住む「神」や「妖怪」あるいは「動物」たちとの交流が教え込まれる。常民の世界観＝コスモロジーである。人間の生活領域の向こう側には異界があり,人びとはその影響を受けながら生活をしていることを,昔話や伝説を通じて学び取ったのである。

4. 日常生活の中の出来事を語る「世間話」

　「世間話」は,身近に起こったこと,たとえば自分たちの異常な出来事や神秘的な体験・見聞を,聞き手の関心を引きつけるように自由・気軽に語ったものである。噂話といいかえることができるような話である。

　その多くは,語り口の巧さや題材の面白さで話を楽しんだあと,新しい話に関心が移ることで次第に忘れられてしまう。世間話とはそのようなものである。しかし,なかには多くの語り手に引き継がれるものもある。

　伝説と世間話を比べたとき,世間話は語り捨てられる話であり,伝説は語り伝えられる話であるということになる。

　しかしながら,見方を変えれば,伝説の多くは,世間話として語り始められたものが,語り捨てられることなく,世代を超えて語り伝えられたもので

ある，とも考えることができる。また，昔話の形式にのっとって改変されて語り継がれることもしばしばである。

したがって，「世間話」は「伝説の種子」，「昔話の種」ということも可能であろう。つまり，今日では地名伝説として分類されるような世代を超えて伝えられてきた話も，かつては世間話として語りだされたものと考えられ，ある土地で起こった事件をめぐる世間話と見なせるような現在の話が，百年後にもなお語られていれば，それも伝説となるわけである。

たとえば，あるムラの某地で，通学バスが事故を起こし，たくさんの小学生が亡くなった。事故で亡くなった小学生の霊を鎮めるために，その場所の脇に小さな地蔵を建立したとしよう。このバス事故や地蔵建立をめぐる話はまさに現在の話であり，世間話である。しかし，百年もたてば，その地蔵をめぐる伝説となっているであろう。いや，時にはなぜここに地蔵が建っているのかを人びとが忘れてしまっているかもしれない，ということも考えられるのである。

多くの世間話は，私があるいは誰それが，かくかくしかじかの体験をした，と語られる。もちろんそのように語られたとしても，まったくの作り話であることもあるだろう。しかし，聞き手はまずは実際のこととして耳をそばだたせるのである。

たとえば，脇野沢の世間話は，次のように語られる。よくある狐にばかされた話である。

　　　このあいだのことである。某家の嫁が，たばこ畑で土寄せをしていた。この仕事はたいへん手間がかかる。「誰か手伝ってくれたらいいのになあ」と思っていたところ，他家に嫁いだ姉の娘が通りかかり，「これは助かった」と，呼び止め，手伝ってもらった。夕方になったので，娘を帰したあと，その娘が手伝ってくれたところは，めちゃくちゃであった。「こんな仕事しかできないのなら，手伝ってもらうのではなかった」と怒りながら，姉の家に行って，娘に文句を言おうとしたところ，

その娘は，家にずっといて，たばこ畑の仕事を手伝った覚えはないという。某家の嫁はキツネにばかされたのであった[11]。

四国では，ヒダルという神（妖怪）がいると信じられている。ヒダル神に憑かれると激しい空腹感に襲われ，動けなくなる。そのために弁当を残さず食べてしまわないで，一箸とって置く。これはヒダル神に憑かれないようにするためである。また，もし憑かれたら身に付けた物を後ろ向きに投げるといいという[12]。

私も高知県旧物部村で，次のような話を聞いたことがある。

　　先日，マチまで買い物に出かけたときの帰り，峠で急にひどい空腹感に襲われ動けなくなった。そのあたりはヒダルとよばれる魔物が出るというところであったので，ひょっとしてヒダルに取り憑かれたのかもしれない，と思い，ヒダルに行き会ったら弁当に残っている飯粒を一つでいいから口に含めば治るという古老の話を思いだし，昼の残り飯を口に入れ残りを捨てたところ，嘘のように元気になった。どうやらヒダルに取り憑かれたようである。

一見したところ，どこにでもあるような話であるが，世間話はそこに生きている人びとにとってはきわめて重要な話である。というのも，「いま，どこそこで起きた」ということでリアリティに富んでおり，またその地で生きていくための「知識・知恵」が隠されていることが多いからである。

日本民俗学の出発点となった柳田國男の『遠野物語』[13]に収められている話のほとんどが，当時の遠野の「世間話」である。世間話を中心に編みあげたことによって，当時の遠野の世界が，時代を超えて今でも浮かびあがってくるのである。

世間話を語ることは，表面的には仕事と仕事の合間で交わされる，とりとめもない時間つぶしのように思われるかもしれない。だが，じつは社会に関する情報交換の意味をもっていた。つまり，世間話はまさしく娯楽性とニュ

ース性の両面をもっていた話なのである。

§3 歌う：儀礼歌・労働歌・遊び歌

1. 生活の中の歌

　常民社会におけるもう1つの重要な表現活動は，「歌うこと」である。民俗学では，こうした常民の歌を「民謡」として把握してきた。しかし，誰もが納得するような明確な定義があるわけではなく，生活の場面場面で歌われる多様な伝承歌を，とりあえず「民謡」とよぶことにしたにすぎない。
　たとえば，柳田國男は，「平民の自ら作り，自ら歌っている歌」と規定している[14]。しかし，都会や他の地方から伝播してきた歌を歌っていることも多いので，この定義では民謡はきわめて狭い範囲の民衆の歌謡しか括りだすことはできない。かといって，それではラジオやレコードなどを通じて入り込んできた都会で流行っている歌をなんでもかんでも民謡に含めれば，常民の文化としての歌謡の特性をあぶりだすことがしにくくなる。
　そこで，ここでは，小川学夫にしたがって，「民謡」を何らかの役割を担っている伝承的歌謡と定義し，これを大きく「儀礼に伴った歌」（儀礼歌），「労働に伴った歌」（労働歌），「遊びに伴った歌」（遊び歌），「わらべ歌」の，4つに分類しておく[15]。
　人類がなぜ「歌」を歌いだしたか，それがいつ頃で，そのような場がどのような場であったのか，といったことに関して確かなことはわかっていない。しかし，多くの研究者は，歌は儀礼・信仰行事の一側面として発生したのではないか，と想像している。いいかえれば，神事の歌が労働の場での歌へと転化したり，遊びの場での歌へと分化していった，とみるわけである。その前提には，神事の歌のみならず，神事の一部としての芸能（奉納芸）から参拝者が楽しむ娯楽芸能が生まれたとする芸能一般の発展の図式がある。

後述するように，今日では，この図式には異論も出されているが，古くから芸能の一部として歌が含まれていたのである。

　歌は，基本的には，2人以上の複数の人びとによって唱和あるいは交互に歌い合うものであった。唱和することで一体感を作りだし，時間の経過を忘れさせ，さらには精神を高揚した状態に高めていく。つまり歌はコミュニケーションの方法の1つであったといえるだろう。以下では，上述の分類にしたがって，その内容をみてみよう。

2．儀礼・信仰の場での歌

　日本各地で行われている神事・祭礼の一場面として，儀礼執行者たちによる拍子・旋律に合わせた動きや歌が組み込まれていることが多い。

　そのような場面での歌の歌詞は，信仰と何らかのかたちで結びついたものであり，したがって，その歌詞から信仰の内容やさらには起源さえもうかがうことができる。

　たとえば，よく知られている三河地方の「花祭」でも，神事の一部として歌が歌われる。儀礼執行者である舞太夫たちが神事動作をしたり舞ったりしながら歌うもので，これを「歌ぐら」という。

　次に掲げるのは，湯立てする場に神を招き寄せる「神寄せ」の歌である[16]。

　　諏訪の池みなそこ照らすこだま石　　　　袖もぬらさでこぐちゑをかく
　　山の神育ちは何処深山(いづくみやま)なる　　　　遠山(とやま)の奥のさわら木のもと
　　尾も白し頭も白し尾長鳥　　　　　　　　清めて立つは鴨やおしどり
　　冬来れば渡る瀬ごてに氷橋　　　　　　　かけや渡した金(かね)のくれはし
　　伊勢の国高天が原が此処なれば　　　　　集り給え四方の神々
　　神道はちみち百綱道七ツ　　　　　　　　中なる道が神のかよみち
　　氏神の北や東が浜なれば　　　　　　　　ざいしょへおりて遊べはまぐり
　　庭中に七ツ竈立てわかす湯は　　　　　　こぜさに召せば氷ひやみづ

秋すぎて冬のしきとは今日かよと　　風ものろかでやよに咲く花
峰は雪ふもとはあられ里は雨　　　　雨にまいての時雨なるらん
しらかねの八ツ目の鈴をふりならし　ごぜのためとて舞いやあそぶら
氏神のおみとは幾つひだり八ツ　　　みぎがここのつ中が十六
あったには女(をな)は無いかよ男みこ　　あれども舞うよ神のちかいで
神々は今ぞみわたる長浜へ　　　　　葦毛の駒にたづなよりかけ
湯ばやしの湯もとへ上がる湯ごろもは　たけ六尺で袖が七尺

　この歌の基本的な機能はこの歌を唱和することで，湯立ての場，神事の場に神が舞い降りてくるということである。これを歌わなければ，神は来臨せず，祭は成り立たない。意味不明の箇所も多いが，ここに表現されているのは，神が来臨してくる様子であり，来臨する所の四季の様子，さらには神事の様子である。

　花祭の研究者たちは，この歌詞に，「伊勢の国高天が原」とか「しらかねの八つ目の鈴」とか「あった（熱田）の女は無いか男みこ」といった文言があることから，この神事が，遊行する伊勢や熱田の代々神楽の太夫たちによって，この地にもたらされたものであって，神事も神楽歌もそうした人びとの手によって作られたのだろう，と推測している。たとえそうだとしても，この「歌ぐら」には，これを伝承するこの地の人びとにとって，ムラの安泰，ムラびとの無病息災と「ごぜ」(後世)での極楽往生を願う切実な思いが託されているのである。

　もちろん，歌い手たる太夫には，声が美しく見事な旋律で歌う者もいれば，舞も声も旋律も見苦しい聞き苦しい者もいるだろう。観客のあいだでもそうした評価が下される。しかし，そうした評価があるにしても，それを脇に置いて，まずはこの場に神々を下ろすためには，歌が歌われなければならない。優劣の評価は二の次，三の次なのである。ここでの歌は，祈りであり，呪術的なものなのであり，なによりもまず自分たちのため，神とのコミュニケーションのためにあったのである。

もう一例示そう。高知県の北東山間部に，やはり湯立て神楽系の「いざなぎ流祈祷神楽」が伝えられている。この神事の最後に「荒神鎮め」とよばれる儀礼が行われる。これは，東西南北の四方および中方の5つの方角から，神を呼び招いて荒神鎮めしてもらう儀礼で，五方の神を象徴する5人（現在は3人）の儀礼執行者（太夫）が大地や床を踏み鎮める所作をする。この時，リズムをもった唱え言と旋律をもった唱え言（歌節）が交互に繰り返される。その一部を紹介する[17]。

　東々方ひびらせんが山から，いざなぎの命が，荒神鎮めに，寄りて集え
　や寄りござれ（歌節，五方同じ）
　法合わせ法合わせ法合わせ，剣合わせ剣合わせ，法合わせや法合わせ，
　剣合わせや剣合わせ（歌節）

「五方同じ」とあるのは，「南々方」が「いざなみの命」，「西々方」が「釈迦の命」，「北々方」が「鉦の命」，「空中々方」が「星の命」と入れ替えて歌うという意味である。集まった5人の命は合力して，法力（呪法）と剣でもって鎮めをするわけである。

　　これ東々方甲乙の方へ向わいて，さざんが山とて山そうらう，この山
　の腰元を行なう命とて巫一人法者あり，何の巫とも仰せられず，かみけ
　いぎゃくじょう，幣の父，幣の母，幣渡しをする，やれ聞けへんぺい，
　やれ聞けまんとう，万人衆生，利益堅土固めとて，十二の駒の鈴を，こ
　れざんざんと振り鳴らし，天の街道を治め奉る，おんけいよくじょう，
　じゅうじむっぽう，本地仏がさわらけのひようの印と，苔が苔にむすま
　で，智恵に知恵がつくまで，徳を渡す（唱え，五方返し）
　　ところえにや，なぜに入りきた法の巫，法やわんぜい，剣のわんぜ
　い，剣の刃が早ければ，黄金の山の削れるぞ，御幣召そかや，剣を召そ
　か，剣がいやなら，剣の先で，米打ち召し，黄金の大地と堅もれや，堅
　もれや，堅もり給えや大菩薩，鎮まり給えや小菩薩，堅もり給えや大荒

神，鎮まり給えや小荒神……（歌節）
　　いっしょう仏，にしょう阿弥陀，さんじょうささら聖，外道があれば，地切る，天切る，四方へ切って，黄金のいしゃどへ切り詰める（唱え）

　このあと，多種多様な荒神に呼びかけ，その一つひとつを鎮めていったあと，四季の様子を歌いながら荒神を「四節鎮め」で歌い鎮める。

春花咲いて通れば夏になる，夏花咲いて通れば秋になる，秋花咲いて通れば冬になる，冬花咲いて通れば春になる，
春や三月九十二日は，芽立つがお山のしづきがもとへ，四節鎮めに，鎮めて通ろう，夏が三月九十二日は，青葉のお山の繁きがもとへ，四節鎮めに，鎮めて通ろう，
秋や三月九十二日は，葉照りがお山の枯れ木がもとへ，四節鎮めに，鎮めて通ろう，冬は三月九十二日は，枯れ木がお山の古木がもとへ，四節鎮めに，鎮めて通ろう，
今日今宵は，春や三月九十二日は，芽立ちがお山のしづきがもとへ，四節鎮めに，鎮めて通るよ，一里が内を，歩ませ給えや法の巫，歩ませ給えや法の巫……（歌節）

　このように，「四節鎮め」を終わると，「歩ませ給えや法の巫」と歌いながら，舞台から大黒柱のもとへと移動して座る。そして，そこに供えられていた供物（法の枕）の上に扇を置き，その上に荒神幣，古木幣，新木幣を置き，その上に数珠および手にしていた小刀を重ねて置く。そして5人ならば拳を片手ずつ，3人ならば2人は両手で1人は片手，合計5つ重ね，鎮目の呪文を呟くように唱えて儀礼は終わる。
　ここでも，歌は儀礼の一部である。そこには，神の来臨を願う祈りや，来臨した神たちが誰であり，その神々がどのようにして鎮めをするかが表現されている。

このように，儀礼に組み込まれた歌は，聖なる歌であり，祈り・呪文に相当し，その歌詞もまた神事にかかわる内容になっているため，儀礼以外の場で歌うことが禁じられていることも多く，歌詞の内容も原則として変更を加えることができない。先祖代々忠実に伝承してきたことに意義があるわけである。

しかし，そうした歌の歌詞にも，季節の変化を歌い込んでおり，私たちは詩情や芸術的萌芽を感じ取ることはできるのではなかろうか。

3．労働に伴う歌

世俗の時間の大半を占める労働の場で歌われる歌は，仕事を円滑にし，仕事の辛さを忘れさせる機能をもっている。労働に伴う歌だからといって，そこで行っている労働それ自体のことを必ず歌う必要はない。その旋律に合わせて仕事の苦痛が軽減されていればいいわけで，たとえば伝統的な旋律に乗せて今の自分の気持ちを歌うこともできるのである。

したがって，労働の歌は，労働にかかわる内容の歌詞もあれば，恋愛にかかわる歌詞の場合もあれば，まだ見ぬ遠い憧れの地にかかわる歌詞であることもある。その点で，労働歌は，儀礼歌に比べて自由度が高く，歌い手の心情を託すにふさわしい装置である。作者こそ明らかではないが，常民の個人的な気持ちが表現された貴重な資料である[18]。

いくつか具体例を紹介しておこう。

　　〇腰の痛さよ　せまちの長さ　四月五月の日の長さ

これは田植えのときに歌われたもので，「せまち」とは畝町，つまり水田の区切りのことである。「腰が痛いなあ，せまちが長く感じるなあ，四月，五月のお日様は日没までが長いな」と歌うことで，労働の辛さを表現している。

こうした労働の辛さを歌う一方では，同じ田植えでも，次の歌は，田植え

に慣れない新参者が，田植えの列の遅れで，どきまぎしている様子を，どじょう取りとか鳥追い（案山子）などにたとえて，冷やかしている内容の歌である。

　　○植田の中を　どんぎりまんぎりするは　浮苗さしか　どじょう取りか
　　○植田の中に立てるは　田の草取りか　鳥追いか

次の臼挽き歌には，臼を回す女と臼の穴に米や稗を落とし入れる男との対の関係にある者同士の，微妙な恋心が歌われている。

　　○臼の軽さを　相手の良さよ　相手かわるな　いつまでも
　　○臼は回さで　しなばかつくる　しなで回ろか　この臼が

山奥で働く木挽きが自分たちの生活を自嘲的に歌ったのが，木挽き歌である。

　　○木挽きの女房　誰がなるものか　花の盛りを山の中
　　○木挽き辛い奴　トンボか虻か　千里奥山の木にとまる
　　○木挽きするより　遍路がましじゃ　麦の粉食うて　お茶を飲む

　口承文芸や儀礼歌が集団のための記憶に深く関係した伝承であるのに対して，労働に伴って歌われる歌は，個人的な感情の表出が強く出ている。常民個々人の内面を知る手がかりともなりうるのが，労働歌なのである。
　柳田國男は，民謡の中に民衆の芸術的センスを見いだそうした。つまり民謡に見られる表現活動から派生したものとして，和歌や俳諧が生まれたのである，と。たしかに，ここにも「芸術」の萌芽を認めることができるだろう。

4．遊びの場で歌われる歌

　遊びには，大人の遊びもあれば，子どもの遊びもある。大人の遊び（快

楽）は，しばしば「飲む，打つ，買う」といわれるように，「飲酒・博打・性（あるいは売春）」が代表であった。しかしながら，民俗学では，飲酒については多少の関心を払ったものの，博打と性に関してはほとんど無視してきた。それを社会悪とみなし，それゆえに研究対象からはずしてしまったのである。その結果，飲酒の場や博打の場あるいは性の遊びの場でどのような歌が歌われたのかは，残念ながら，調査記録がほとんどないのでわからない。だが，こうした欠逸を補う意味でなされた赤松啓介などの調査によれば，飲酒の場では，流行り歌が歌われるとともに，時には春歌・猥歌も歌われたようである[19]。

　民俗学が扱った飲酒の場は，日常的な飲酒の場というよりも婚礼や祭礼後の直会であった。このため，採集された遊びの歌も形式張った酒宴の場の歌や盆踊り歌などがほとんどである。

　そのような歌のいくつかを紹介しておこう。

　　○うれし目出たの　若松様は　枝も栄えりゃ　葉も茂る
　　○ゆるゆると　受けておあがれ　この酒を　中にや　弁財の福がまします
　　○さしたる盃　中みてあがれ　中は鶴亀　五葉の松

これらの歌は，祝いの場にふさわしい歌詞となっている。今でも婚礼の場で歌われることがある。酒宴もくだけてくると，次のような歌も歌われる。「さけ」には「酒」と「咲け」が掛けられている。

　　○お酒飲む人　花ならつぼみ　今朝もさけさけ　明日もさけ

盆踊り歌も紹介しよう。

　　○盆の十六日　踊らぬやつは　猫か杓子か花嫁か
　　○盆の十六日　樫の葉も踊る　子持ち女も出て踊れ
　　○盆よ盆よと　待つのが盆よ　盆が過ぎれば夢のようだ

○盆じゃ盆じゃも　今日明日ばかり　明けりゃ野山で草刈りじゃ

　盆踊りの楽しさを仕事の辛さと対比することで表現されている。このように、盆にかかわる内容の歌詞もあるが、そればかりではなく、遊びの歌も、労働の歌と同様、恋愛の歌や冷やかしの歌に転化することもできる自由と自在さ、即興性を備えている。つまり、歌を歌う行為には、その場がたとえ苦しい労働の場であっても、快楽と結びついていたのである。

5．子どもたちの唄

　子どもたちが歌う唄＝「わらべ唄」にも様々な種類がある[20]。たとえば、手元にある町田嘉章・浅野健二『わらべうた』[21]の目次を開いてみると、多くは手まり唄、お手玉唄などの子どもの遊び唄である。昔の子どもの遊びの多くには、唄が伴っていた。子どもの遊びは唄遊びだった、といっても過言ではないほどである。

　しかし、なかには、労働の唄ともいえる子守唄もある。というのは、子守をするのは嫁入り前や奉公に出る前の娘たちが多かったからである。

　私は東京生まれの東京育ちであるが、幼いころ、近所の子どもたちとまりをついて遊んだ経験がある。そのとき、手まり唄をいろいろ歌ったようであるが、鮮明に記憶しているのは「あんた方何処さ」である。

　　あんた方何処さ　肥後さ　肥後何処さ　熊本さ　熊本何処さ　せんばさ
　　せんば山には　狸がおってさ　それを猟師が　鉄砲で打ってさ
　　煮てさ　焼いてさ　食べてさ　それを木の葉で　チョッとかぶせ

　当時の私には、歌詞の意味を十分に納得できなかったという記憶が、その時のまりつきの光景とともに思いだす。

　改めてこの唄を分析的に眺めてみると、尻取りとリズムの反復の歌になっていることに気づく。いいかえれば、この尻取りとリズムの反復が優先して

いるために，意味の曖昧さがでてきて，不思議な印象を与えるのではなかろうか。

遊び唄の歌詞は，子どもにはよくわからないものばかりである。ほとんどが謎めいた言葉であって，大人になって断片的には理解できるようになったが，それでも，なお歌詞の意味が不明なものが多い。しかし，子どもにはそれでもいっこうに構わなかったのである。子どもにとっては，言葉遊びの面白さやリズムに乗って，まりをついて遊ぶことが楽しかったのである。

意味不明の歌詞は，子どもに説明ができない恐怖心を引き起こさせるという面ももっていたようである。私は，子取り遊びの変形である「通りゃんせ」や，鬼選びの方法である「ずいずいずっころばし」にもそうした恐怖を感じた。子どもたちは，わらべ唄を通じて，自分たちにはまだ理解できない世界があるのだということを学び，「異界」への漠然とした不安を抱かされたのである。

たとえば，次の「蛍狩りの唄」も，不思議な思いを抱かせる唄ではなかろうか。

　　ホー　ホー　蛍こい
　　あっちの水は苦いぞ　こっちの水は甘いぞ
　　ホー　ホー　蛍こい
　　山路　こい　行燈の光で　又こいこい

これは誰もが知っている唄であるが，蛍を招き寄せる呪文のような響き，あるいはまた恋人を招き寄せるささやきのような響きがあり，多義的で呪的なわらべ唄である。

子どもにとって，遊びの唄は，遊びを円滑にするためのものであり，遊びに区切りをつけるためのものであって，歌詞の意味などは二の次，三の次であったが，しかし意味がわからない歌詞は，彼らにそれとなく課せられた謎であったのではなかろうか。

私自身についていえば，それほどたくさんのわらべ唄を歌って育ったわけ

ではなかったが，幼いなりに，その歌詞を，異界もしくは性とむすびつけて理解しようとしていたようである。

常民世界における子どもについては，第2章§2においても，年中行事・歳時記という観点からアプローチし，そこでまた表現の問題を考えることになっているので，ここではこれ以上踏み込まないでおこう。

§4 造形する：祈りの造形

1. 神事と造形

常民の日常生活の中に，その土地の人びとが描いたり刻んだりした絵画や彫刻などを探すことは難しい。たとえあったとしても，その多くは村外から購入してきたものであって，自分たちの手で作ったものはほとんどない。食器も，農具も，木地師や鍛冶屋などのそれを生業とする職人たちが作ったものである。

しかしながら，そうした常民の生活の中に，特定の時になると姿を見せる造形物がある。祭礼の道具や飾りである。もちろん，祭具・飾りの中には，屋台や神輿のように，専門の職人たちが作ったものもある。しかし，そうした恒久の祭具は高価であったために，それを手に入れることができない人びとは，自らの手で作った祭具を編みだして伝承してきた。

その1つが，正月飾りや祭礼の飾りとして製作される「切紙」や，神々を象った紙製の御幣（神像）あるいはまた仮面である。

2. 紙で造形した祭具・飾り

新年を迎えたことを視覚的に表すもっとも典型的な装飾品は，「正月飾り」である。たしかに，今ではそれは正月という時空を演出する装置である。し

かし，元来は「お正月様」とか「徳年神」とかを呼ぶ，神のための「依り代」（乗り物）であり，供え物であり，祈願のしるしであった。

　正月飾りといえば，今日一般には鏡餅（丸餅）を重ねた上にミカンなどを添えたものをイメージするが，これは近代になって広く普及したもので，それ以前には地方ごとに違いがあった。

　たとえば，宮城県下で広く見いだされる正月飾りは，その華麗さでしばしば注目されてきた[22]。なかでも大判の大方紙にいろいろな縁起物・模様・風物を切りだしたものや半紙を重ねて注連状に切ったものは，「きりこ」（伝承切紙）とよばれ，常民が伝承してきた紙の芸術というにふさわしい美しさをもっている。

　きりこの製作技術は旧修験系の「法印さん」とよばれる神主によって伝承されてきたもので，その始まりは定かでないが，江戸時代にまで遡る伝承がある。

　きりこは氏子に配布されるもので，氏子の地区に応じて種類の違いはあっても，伝承者の創意・工夫が新たに加えられることはないが，信仰・氏子への頒布物という拘束を離れて，その切絵の技法を応用した「創作切絵」を生みだしつつある。

　きりこには，大別して，① 切り透かし形式（切り透かし形式は紙を切り抜くことで表現される切紙），② 紙注連形式（紙を折って複雑な切り込みを入れ広げると立体的な形になるもの），③ 幣束形式（神々を象徴するいわゆる御幣式の切紙とその変異形），④ 人形形式（目鼻がついた人形の形をした幣束・注連），⑤ しで形式（注連縄に挟み込む紙垂），の5種類のタイプがある。

　紙に切り込みを入れ，時には切り落とし，切り抜き，さらには折り返したりする複雑な工程を経ることによって形作られる造形は，正月の縁起物にふさわしく，福の神や米俵，鯛，鳥居などである。それらの形象には，常民の「幸せ」への期待が託されているのである。

　こうした伝承切紙は，宮城県下のものほど華麗ではないにせよ，あちらこちらの祭礼に見いだされる。たとえば，三河の花祭りにも見られるし，高知

県のいざなぎ流祭儀にも登場する。

　いざなぎ流祭儀の切紙は，きりこでいえば，紙注連形式と幣束形式に連なるもので，「御幣」の一種とみなされ，その多くは多数の神々を象ったものである[23]。製作技術の伝承者は日頃は農林業に従事する「いざなぎ流太夫」で，一人前の太夫ならば，百種類に及ばんとする各種の御幣を切り分けることができる。それができなければ，祭壇や舞台（儀礼を行う場）を作りだすことができないからである。

　紙で象られた神々のかたちは，貧しい常民が考えだした，金属製や木製の恒久の神像の代用品といえる。紙であるがために，そのまま飾っておけば，くたびれて紙の腰が折れ，変色し，みすぼらしいものになる。それがために，それは神棚に飾られるものなどを除いて祭の期間が過ぎれば廃棄される。しかし，別の見方をすれば，祭儀の時にしか登場しない聖なる造形物として，むしろ印象深いものとなっているのである。

3．仮面

　常民の祭礼などの姿を見せる造形物として見逃せないものに，「仮面」がある。「仮面」は，常民社会では「めん」とか「おもて」とよばれることが多いので，ここでは「面(めん)」とよぶことにする。

　面は変身の道具である。面をつけることによって，その人は面に刻まれた神や人物になる。面を媒介してその魂が乗り移るのだと考えてもよいだろう。たとえ面をかぶっている者が誰であるかを知っていても，面に表現されている者とみなされるわけである。

　日本の面は信仰・芸能から派生したもので，能面のような洗練された芸術的な面がある一方では，常民たちが祭礼のためや家の守護のために作った素朴な面もある。もっとも，そうした民俗行事の面も，京都の面打ち師に依頼して制作したというものが多く，地元の人が彫ったという面はなかなか見いだせない。

民俗面のほとんどは，正月行事の一環として行われる「神秘的な来訪者」に用いられるものとか，鬼追い行事に用いられるものとか，祭儀に伴う神事芸能に用いられる。一般には面は文字通り顔を隠すように被るものであるが，なかには縫いぐるみのように身体全体をすっぽり隠してしまうようなものもある。

　高知県下，とくにいざなぎ流を伝える物部村とその周辺地域には，在地の者が彫ったと伝える素朴な面が多数伝承されている[24]。この地方の面は種類が多く，はっきりと何を表現したものかはわからないが，「荒神面」とか「炭焼き面」とか「式喰い面」といった名が付されているものもある。それらの仮面はいざなぎ流の祭儀でも用いられることがある。

　九州から沖縄にかけての地域でも仮面が作られるが，この地域の面は身体の全体を覆う形式の仮面仮装が多く，そうした地域の仮面は，祭礼のときに作られ，祭礼が終わると廃棄される[25]。

　木で作られた面は恒久的なもので，通常は厳重に箱に入れて保管され，祭儀に用いたり，祭儀の日に披露するときには，太夫を招いて面起こしの儀礼をして箱から出し，面鎮めの儀礼をして箱に収める。

　面には神秘的な伝承が多い。物部村では，面を作るには，家の者にもその目的を告げずに山に籠もって彫り，完成した時には太夫を招いて魂を込めるという。また，必要がなくなれば，魂を抜いて川に流したが，その面を拾った者には祟りを及ぼすということで，拾いあげた者は神社などに納めた。

　私たちは，こうした素朴な面にも常民の表現活動の一端を垣間見，さらには「芸術」の萌芽をみるのだが，これまでも繰り返し述べてきたように，それの使用は信仰のためなので，やはり面の出来不出来は二の次であった。それは生活の中に埋め込まれたものであり，審美の対象ではなかったのである。

4. 絵馬

「絵馬」とは，絵が描かれた神社に奉納する，多くは板製の額のことで，馬を奉納する代わりに馬の絵を奉納したことに由来するものである。今日でも，それなりの規模の社寺には，お札やお神籤とともに頒布されている。額の裏などに，奉納者の祈願すべきことや感謝の言葉が書かれることが多い。

現在ではほとんどの絵馬は，同じ絵柄のもので，明らかに業者によって大量生産されていることがわかる。しかし，かつては「絵馬師」とよばれる職人絵師が一枚一枚描いていた[26]。

描かれる絵は多様である。これは祈願者自身が描くという絵馬の本来の意味を忘れて，社寺の側が祀っている神仏や霊験，奉納者の祈願の内容を描くものへ変貌した結果である。

ほとんどの社寺では，絵馬製作業者が作った絵馬や絵馬師が描いたものを頒布している。しかし，絵馬を頒布しないような小さな社寺には，奉納者自ら描いたものが納められた。

若いころ，秋田県で調査したことがある。その氏神社に，明らかに氏子の誰かが自分自身で描いたと思われる，半紙に描かれた蛇の絵が貼られていたのを見たことがある。民宿をしていた家の人に，「あの絵は何か」と尋ねたところ，蛇の絵馬は雨乞い祈願が多いが，蛇の祟りの解除や安産祈願もあるとのことであった。絵馬奉納の意味は，奉納した人に直接聞かなければ，推測はできても本当のところはわからないのである。

佐藤健一郎・田村善治郎の『小絵馬』の中で，蛸の絵を描いた絵馬のことが，エピソード風に描かれている。蛸は墨を出して逃げる。これで敵は蛸が見えなくなるが，蛸は墨が充満した海水でも周囲がよく見えるのだと考えられている。それで目がよく見えるように，眼病が治るようにとの祈願を込めて，蛸の絵を描いた絵馬を奉納するというのだ[27]。

このように，絵馬の絵解きはとても難しい。しかし，絵馬が常民の祈りの形象であることは間違いない。なかでも，奉納者自ら描いたまことに素朴な

絵は，どんなに稚拙あろうと，常民自身が描いた絵画として，注目すべきものである。

第2章

ハレとケあるいは常民の世界観

§1 演じる：神事と芸能のあいだ

1. 常民の芸能

　常民が演じる，つまり身体の全体を使って何かを演じる行為，通常「民俗芸能」とよばれているものを，文字で記述することは難しい。しかし，その身体技法ではなく，そのような行為が行われる場や演じられる内容については何がしかの記述をすることができる。

　「民俗芸能」は，三隅治雄によれば，3つのカテゴリーに分類される[28]。1つは，神楽や田楽に代表される民間伝承として，つまり常民の生活に密着するかたちで保持されてきた芸能，もう1つは，黒川能や各地の田舎歌舞伎などのように，都市で発達した舞台芸能の様式や技法を学び，それを常民世界に持ち込んで特殊に発達させた芸能，そしてもう1つは，人形地芝居などのような，常民世界で伝承されているが，民俗的要素が希薄なもの。

　これら3つのカテゴリーのうちで，常民の側から湧いている表現欲がもっとも発揮されているのは，第1のカテゴリーである。

これまで言及してきた事例でいえば，三河の「花祭」や土佐の「いざなぎ流祈祷神楽」などが挙げられるだろう。こうした芸能は，外部から入り込んできた様々な信仰や芸能を，その土地に伝わってきた信仰や伝承と混交させることで，その土地にふさわしい芸能へと作り直されているところに特徴がある。その作り直しという活動において，その土地の人びとの創意・工夫が現れている。

2. 神事と娯楽の二面性

民俗芸能は，祭礼・信仰と深く結びついて発達してきた。これまで，民俗芸能は神事と娯楽の二面性をもち，神事としての芸能から娯楽としての芸能が生まれたのではないか，との仮説がおおかたの研究者に支持されてきた。

たしかに，神事と芸能が未分化な状態の祭儀もある。「いざなぎ流祈祷神楽」などはその最たる事例であろう。しかしながら，そのような事例があるからといって，いやそのような事例でさえも，神事から芸能へと発展するプロセスの一段階を示すものというふうに単純に理解することはできない。というのは，神事の中に外部の信仰や芸能の要素を取り込んで現在のような祭儀が出来上がった，と考えることもできるからである。

したがって，神事から芸能へといった発展プロセスだけで民俗芸能をみるのではなく，むしろ，祭礼の場に芸能が引き寄せられ，その場を借りて演じられる，という視点をもつことも大切であろう[29]。

祭礼は，常民にとってはハレの場，特別の日であって，この日に常民のエネルギーや蓄積された富が消費される。その日は様々な意味での快楽が追求される日なのである。芸能も快楽のための装置なのであった。

祭礼をつぶさに観察すると，最初は各種のタブーに包まれた厳粛な神事儀礼から始まり，その後に続いて様式化された芸能の奉納などがあり，最後には酒宴や乱痴気騒ぎとなることが多い。欲望・快楽の抑制と解放が巧みに組織されているのである。そしてその中に，集団としての，あるいは個人とし

ての表現活動も組み込まれているのである。

3. 教育装置としての芸能

　祭礼の日に，その一部として演じられる芸能を見るだけではわからないが，民俗芸能には，一人前の常民を育成するための「教育装置」としての役割も課せられていた。山路興造が，この側面に関する興味深い報告を行っている[30]。

　山路は，兵庫県加東市上鴨川の住吉神社の神事芸能を調査する中で，その神事芸能を伝承する「若い衆組」（若者組）が，共同体における芸能の教育装置としての機能をもっていることに気づいた。もちろん，ここでいう教育とは，生活の直接必要な実務的な事柄の教育ではなく，芸能という情操に重きを置いた全人間的教育という意味である。

　この集落では，一家の長男は7, 8歳になると，祭礼を維持する集団に初めて参加することになり，年齢を重ねるに従って勤めるべき役が変わっていく。5年ほどすると芸能の演じ手になるが，この演じる役も，田楽踊りのチョボ（銅拍子）役から鼓役へ，さらにビンザサラ役，締太鼓役，舞役へと順次より重い役目へと昇格していく。そして若い衆組の最上位・組の統括者が「若い衆の横座」であるが，この役に着く者は，前年の祭礼芸能のうちでももっとも重要な演目であるリョンサン役を勤めることになっていた。

　これらの芸能の習得にあたっては，先輩たちより祭礼の数か月前から厳しい指導がなされ，祭礼はその成果を村人に披露する時ということになる。つまり，祭礼の場は，村人を試験官とした修得芸能の試験の場という性格ももっているわけである。若者たちは年齢に応じてすべての演目を演じ，またすべての楽器を演奏することができるようにならなければならないので，そうした若い衆組を経て大人になった村人たちの評価は，いい加減なものではない。

　もちろん，その評価は突出した才能の演じ手を選びだすためのものではな

いし，またそのような芸能や役目を見事に演じたりこなしたからといって，それが日常の生活に直接役立つわけではない。だが，その経験は様々な日常生活の機会に生かされることになる。

4. 演じ手と観客

　民俗芸能には，神事性と娯楽性の二面がある，と述べた。この二面の違いは観客の有無ということによって特徴づけられる。神事の対象は自分たちが祀っている神に向けられている。たとえ観客がいても，演じる芸能が神に奉納するための芸能であることが強く意識されていれば，観客の存在は無視される。神事の邪魔になるものとしてその場から排除されたりもする。

　これに対して，娯楽性を意識した芸能は観客を想定して演じられる。神事から芸能への中間的領域があることを認めたうえでの言い方になるが，娯楽としての芸能の対象は，観客に向けられ，神は演じ手の背後へと後退するのである。

　観客の存在は，演じ手に緊張を与える。しかも，上鴨川・住吉神社の神事芸能がそうだったように，観客の中心がかつての演じ手であった者たちである場合，観客の評価のまなざしを強く意識せざるをえない。評価の基準は多角的である。きちんと音が出ているのか，調子がはずれていないか，身のこなしをしっかり習得しているか，集団で行う芸の場合は揃っているか，等々。上手にできれば観客は喝采を送り，出来が悪ければ不平の言葉も投げつけられる。演じ手は他の演じ手のまなざしや気配を感じ取りながらも，その一方では観客のまなざしにもさらされているのである。

　さらに，都市の劇場型の芸能と違い，民俗芸能の場合には，舞台の上と下といった区別がなく，演じ手は観客に取り囲まれながら演技をすることが多い。このため，演技の合間合間には観客を巻き込んで「舞」が舞われたり，押し合いのような単純な娯楽的な「踊り」をすることもある。それによって，演じ手と観客がともに興奮・昂揚した状況を作りだし，両者の一体感へ

と導いていく。民俗芸能は，観客とともに作りあげていく芸能でもあるのである。

§2　子どもの年中行事：常民社会の子どもたち

1. 子どもの年中行事

　常民世界には，子どもたちを中心にした行事があり，また祭りの中でも子どもが重要な役割を占めることも少なくなかった。四季折々の自然の変化の中で，子どもたちは自分たちで行事を運営したり一定の役割を果たすことで，知らず知らずのうちに，常民として生きることも学び取って成長したのであった。
　高度成長期以降，常民社会にも都市化の波が押し寄せ，その結果，日本の社会全体から伝統的な常民的文化が消失していく中で，学校での教育・学習と常民社会の側の教育・学習とのバランスが大きく崩れていった。
　高度成長期以前の子どもたちは，朝早く起きると学校へ向かい，授業が終わると，学校に残って遊ぶか，近所の子どもたちと遊ぶのが日課であった。もちろん，家が忙しいときには，遊びたくても家の手伝いをすることもあったし，学校を休んだりもした。けれども，それでもまだ子どもたちの関心の中心は遊びにあった。しかも，その遊びは戸外で友だちを誘っての集団の遊びが多かったのである。
　そうした子どもたちが，特別な日として楽しみにしていたのが，季節の折々に設けられていた年中行事であった。たとえば，正月，節分，雛祭り，春祭り，虫送り，七夕，盆，秋祭り等々は，子どもたちにとっても特別な日，ハレの日であった。
　留意したいのは，たとえその行事が大人たちだけで行ったにしても，子どもたちは大人の周辺でその行事を準備から後片づけまで毎回目撃していたと

いうことである。このため，成人した暁には，その経験を生かして新たな担い手に容易になれたのであった。子どもは大人の世界から隔絶したような生活をしていたのではなく，ある意味では，常民世界の中にしっかり組み込まれていたのである。

年中行事の中には，成長の節々に行う人生儀礼（通過儀礼）も組み込まれていた。今では十一月十五日に行われるようになった七五三のような行事である。

以下では，常民社会の年中行事を，子どもに即して見てみよう[31]。

2. 冬から春へ

常民世界の一年の始まりは正月である。このため，十二月から正月にかけての時期は，子どもたちも大人に混じって年越しの準備と正月行事に追われて過ごす。正月飾りの準備を手伝ったり，餅つき・餅切りやおせち料理を重箱に詰めるのを手伝ったりする。

そんな折りに，次のような唄を歌ったりした。

　　お正月がごーざった　　何処までござった
　　神田までごーざった　　何に乗ってごーざった
　　ユズリハに乗って　　ゆずりゆずり　　ござった

正月には子どもたちも，大人と同様に晴れ着や新調された衣服を着て，新年の挨拶を家族で交わし，氏神に初詣に出かけたり，墓参りに行ったりした。親や親戚から「お年玉」を貰えるのも楽しみであり，誰にも気兼ねすることなく遊べる時であった。

地方によっては，大晦日の晩あるいは小正月の晩（十五日）に，「年神」や「鬼」あるいは「福の神」などに扮した仮面仮装行事を行うところがある。秋田県男鹿半島のナマハゲや鹿児島県甑島のトシドンのように，仮装した青年たちが子どもを脅す場合もあるが，福島県白沢村のように子ども七福神や

長野県の道祖神祭の獅子舞のように，子どもたちが仮装したり，舞い手になって家々を祓って回り，餅や小銭をもらい，それを参加した子どもたちで分けるのも，大きな楽しみであった。

　もっとも広く見いだされる子ども主体の正月行事は，「どんど焼き」とか「左義長」「三九郎」などとよばれる，正月飾りを一カ所に集めて焼く行事であろう。この火に乗ってお正月様は故郷に帰っていくのだと考えられていた。正月飾りを集めて回るとき，たとえば，富山県では，「左義長，左義長，左義長の御すすめ，炭俵でもだんないや，銭なら一文くるるとせ」と歌い，訪問先で誰かが出てきて正月飾りやお菓子，銭をくれれば，「この家ァ御繁昌，ねだからねだまで御繁昌」と歌い，もしも誰も出て来なかったときには「この家ァくされ，ねだからねだまでくされ，くされ」と悪口，悪態をついた。

　節分の行事にも，子どもが参加した。社寺では集落全体の一年の安泰を祈願する節分会（修正会）が行われ，家々ではその家の息災を祈って鬼追いが行われ，子どもも「鬼は外，福は内」と豆を撒いた。

　雪深い東北地方では，雪があっての子ども文化（小正月の行事の一環であることが多い）として，「かまくら」とか「ほんやらどう」とかよばれる行事があることが知られている。これは雪で水神を祀るほこら（祠）を作り，その中で甘酒を飲んだり双六やトランプなどの遊戯をしたり歌を歌ったりして過ごす行事である。その中に，古くから歌われた「鳥追い唄」もあった。

　正月七日の七草粥を作る際の「七草なづな，とうどの鳥の日本の鳥へ，渡らぬ先に，ストトトトン，ストトトトン」も，子どもには呪文めいた唄であった。

3．春から夏へ

　暦の上では春は正月から始まるが，自然の変化の中に春の到来を感じるようになるのは，梅や桃の花が咲き始めるころである。

子どもたちにとっての春の到来を告げる行事は，三月三日（月遅れのところもある）の桃の節供・雛祭りであった。今では市販の雛人形を家に飾って甘酒を飲む程度の行事になったが，かつては地方地方でかなり異なる雛祭りが行われていた。たとえば，長野県の佐久地方では，ムラの人たちが鍋や食器をもって川原に集まり，雛人形にお汁粉を作って供え，雛人形を川に流した。これを「かなんばれ（家難祓い）」とよんでいる。雛人形に家の災厄を託して流す「祓いの行事」であったのである。

三月から四月には，山や磯に出かけて宴をすることが，各地で行われていた。「かなんばれ」もそのような性格を帯びているが，花（桜）をめでる「花見」もその伝統の上に生まれたものとみることができるだろう。これは春の到来を祝い，これから農作業や漁労で忙しい毎日を送ることになることを確認し，その前にゆっくり酒を飲み食事をして遊ぶものである。子どもにとっても山や磯での遊びは楽しいもので，野の草花を取って遊びの道具にした。

春は田植えのシーズンであるため，田植えの神事が各地で多彩に行われる。その祭りにも，子ども踊りや稚児，巫女の役で子どもが参加することがあった。

五月になると，端午の節供があり，男の子の祭りということで，武者人形を飾り鯉のぼりを立て，粽を食べ，邪気を祓うという菖蒲を湯に入れて祝うとともに，新聞紙などで作った折り紙兜を被り，菖蒲で作った刀を振り回して遊んだ。

4．夏から秋へ

田植えが終わると農作業も一段落し，田畑の草取りや害虫除けなどをしながら，豊凶を左右する天候を気にする季節となる。作物には日照りが続くのも困るが，長雨も困るからである。この季節の祭りは，虫送り，七夕，都市部を中心とした水神祭り系の夏祭り，盆が中心である。

虫送りは、作物を荒らす害虫を駆除することを目的としての呪術的な行事で、大人が主体の行事のところもあれば、子どもが主体になって行われるところもある。たとえば、埼玉県の松伏町の虫送りでは、子どもたちが松明を持ち、鉦を鳴らし、「稲の虫、ホーイホーイ」などと叫び声を繰り返しながら村境まで行って松明を燃やした。松明に寄り付いた害虫がこれによって追い払われると考えた。

　子どもが中心となる祭りとして有名なのは、七夕である。青森や函館などでは、子どもたちが笹竹の短冊を飾り付けて、提灯などの明かりを持ち、「竹に短冊、七夕祭り、ロウソク一本くださいな」と歌いながら家々を回って金銭・お菓子などを貰って歩いた。

　弘前や青森を始めとする津軽地方の「ねぶた祭り」も、七夕祭りが都市祭りとして発展したもので、巨大化した灯籠に創意をこらした絵が描かれることで注目を集めるようになった。ねぶたは1年かけて絵の構想・制作がなされるが祭りが終われば破却される。要するに、祭礼の道具が特殊なかたちで発展したもので、元来は「眠気」を祓う行事としての性格ももっていた。

　十三、十四日を中心とする盆の行事は、先祖の霊（精霊）を迎えて供物でもてなし、送り返すという行事であるが、さらにいわゆる「盆踊り」をして多くの人たちと楽しむ時でもあった。

　この大人の盆に対応する子どもの盆行事が、関西地方でいまも盛んな地蔵盆である。子どもたちは、近所の地蔵堂その他で百万遍などを唱え、供え物をたらふく食べたり、門づけして回ったりした。その際、地獄絵の絵解きなども行われたという。

5. 秋から冬へ

　秋の行事の中心は、収穫の祭りである。各地の農村では、収穫を祝う趣向をこらした祭りが催される。大人に混じって子どもたちの神輿や行列、踊りなどが組まれているところも多い。秋祭りに限らないが、子どもが稚児役と

して重要な役割を果たしているところもある。

　秋から冬にかけての行事の中で，子どもが中心となって行うものの代表は，関東地方では旧暦十月十日の「とうかんや」（十日夜）で，これは子どもたちが「藁鉄砲」というものを作って地面を叩いて回る行事で，関西地方では旧暦十月の亥の日の「亥の子」が有名で，藁棒で地面を叩きながら「亥の子餅くれんか」と家を回るもので，亥の子石という石でもって地面を叩きながら家々を回るところもある。

6. 地域社会と子ども

　さて，一年の祭事を一瞥しながら，祭事と子どもの関係を眺めてきたわけであるが，そうした祭事に大人に混じって参加したり，子どもたち中心の祭事を行うことで，子どもは何を学んだのだろうか。

　最大の効果は，それを通じて子どもたちが地域社会の中の一員としての意識をしだいにもつようになり，自分たちもやがて大人になったら，大人たちが行っていることを担うことになる，ということをしだいに自覚していった，ということである。それは地域社会の一員としてのアイデンティティの確立に多大な効果を発揮していたのである。逆にいえば，それを通じて「他者」（神や妖怪も含む）を意識し，時には排除の念をも養ったということでもあった。

　祭りへの参加は共同性を養うとともに，子どもの情操を育む機会でもあった。というのも，祭りが常民社会ではもっとも表現活動が発揮される時であったからである。

　参加する子どもたちは，踊りや鳴り物も稽古を義務づけられていた。上手に踊ること，上手に笛や太鼓を演奏することができることが求められた。もっとも，そこで求められたのは，誰が一番上手だということよりも，誰が下手かということであり，下手な者をみなと同じレベルまで引き上げることであった。踊りが揃っていること，調子はずれの者がいないことが大切だった

のである。これは共同性と深くかかわった評価であった。
　さらには、美醜の感覚もまた祭りを通じて獲得した。祭りつまりハレの日だけ着ることができる特別な服や祭りのための化粧、上手に飾りつけられた祭具などを自分のものなどと見比べることで学習していったのであった。
　ただし、美醜にも共同体的価値あるいは日常生活からくる評価への規制が働いていた。どんなに美男・美女であって、どんなに芸能や遊びが上手でも、一人前の仕事ができない者は社会的には評価されなかった。最優先されていたのは、常民としての日常をたくましく生きることであったのである。

§3　異界と妖怪

1.「異界」とは何か

　「異界」とは日常世界の向こう側にある領域・世界のことである。そこは未知の世界であり、それゆえに恐怖と結びついている領域であった[32]。
　異界は、理論的には、時間軸上に現れる異界と空間軸上に現れる異界に分けられる。
　時間的異界には、2つのタイプがある。1つは、誕生以前と死後世界としての異界であり、もう1つは、過去と未来としての異界である。
　誕生以前も死後も、過去も未来も、誰も知らない。しかし、誰もが知りたがった。それを様々な方法で知ろうとし、その努力の集積が、時間軸上の異界観念であった。たとえば、生まれ変わりの観念や死後世界としての極楽・地獄といった観念、過去や未来を知るための方法としての占いなどが生みだされたのであった。
　空間的異界も、2つのタイプに分けられる。天上世界とか地下世界という垂直軸上に現れる異界であり、もう1つは川の向こうとか山中とか西方といった水平軸上に現れる異界である。こうした異界は、同心円的な構造をもっ

ており，空間のどこを異界との境界として認識するかで変化・移動する。すなわち，家の玄関や軒，門，辻，村境，峠などたくさんの異界との境界が様々な機会を通じて認識されるのである。

さらに，こうした空間的異界の境界は，一日の時間の経過や一年の季節の変化に応じても移動する。昼間は日常的領域の一部であった家の外が夜になれば異界となり，とりわけ家の裏側（背戸）は異界に変化したわけである。

現実の世界では，こうした異界が重層的に構築され伝承されていた。そして，想像力を媒介にそこから様々な幻想的な物語が紡ぎだされてきたのであった。

2．結界：境界を作る

常民の異界観にとって，もっとも重要なことは，異界との境界を認識することである。境界が異界を作りだすからである。

常民世界には，外部の者には認識できない境界が幾重にも張りめぐらされていた。そうした境界は，当該地域の長い歴史と文化が作りあげたものである。それは，はっきりとした境界標識がない境界といっていいかもしれない。常民は，そうした境界を，生活の中で徐々に認識していくわけである。

境界にはさまざまなタブー（禁制）が課せられている。たとえば，各地に「入らずの山」などといって，村人が入ってはならない山があるところがある。入ってはならないというタブーが，その山を異界に仕立てあげる。その理由として，神や魔物が住んでいる山で，入ると祟られるといったような様々な伝承が語られており，その伝承によってさらに禁制の力が増すことになる。

禁制の設定は異界を作りだすとともに，恐怖の領域を作りだすことでもあった。禁制の違反は神秘的な制裁を受けるということとも結びついているからである。

異界という領域は，こちら側の世界とは異なることを示すために，時間や

空間の質の違いが強調された。その典型が「浦島太郎」の昔話で，太郎は竜宮にわずか3日しか滞在していなかったにもかかわらず，人間世界では300年もの歳月が流れていた。あるいはまた異界での1年が人間世界での1日でしかないといった，逆のかたちで時空の違いを語ることもあった。いずれにしても，異界は人間世界とは異なる時空なのであり，そうした違いを語ることで，禁制＝恐怖が強化されることになるのである。

　常民世界では，こうした長い歴史と文化が築きあげた異界とともに，臨時の異界創出装置ももっていた。その典型が「注連縄」による「結界」の設定である。ほとんどの祭りでは，祭礼の場や祭具を異界化＝聖化するために注連縄を張る。そうすることによって，注連縄をめぐらされた空間やその中の事物には，日常世界とは異なる性格が付与されることになる。それはまた，様々な禁制が課せられるということでもあった。穢れた身の者は入ってはならない，入るためにはかくかくの作法をしなければならない，等々。しかし，そうした祭礼の際に作りだされた異界つまり「結界」は，祭礼が終了すれば撤去され，元の日常的時空に戻ることになる。

　わらべ唄の「通りゃんせ」にも，こうした結界・異界のことがさりげなく語り込まれていたわけで，そのために子どもの恐怖心や不安をかき立てたのである。

3. 異界の表象としての妖怪

　日常世界の向こう側としての異界は，恐怖と結びついた領域・時空である。不思議と危険に満ちた領域といってもいいだろう。したがって，そこに住むという存在は神秘的な存在であり，恐怖と結びついている。そうした存在を，私たちは「妖怪」ととりあえずよんできた。

　「妖怪」は，厳密にいえば，存在に限らない。それは五感で感じ取れる怪異現象のすべてである。すなわち，音の怪異であったり，匂いの怪異であったり，肌で感じられる怪異であったり，視覚で把握される存在だったりす

る。

　たとえば、一陣の風が吹き寄せてきた後に切り傷ができたとき、それを「鎌いたち」による傷と称するが、これは風が引き起こした神秘的現象である。また、山の中で夜中に大木を切り倒す音がしたとき、それを「天狗倒し」と称したりするが、これは音の怪異現象である。その怪異現象の背後に、「鎌いたち」という存在や「天狗倒し」という神秘的な存在を想定しているわけではないのである。

　もっとも、人間の想像力は、そうした怪異現象をたんに「名づけ」でもって片づけたわけではなく、さらにその現象がどうして生じたかを想像し、それは野山に住む神秘的な能力をもった狐狸の仕業だとか、「天狗」という存在の仕業だとか、「鎌いたち」という神秘的存在の仕業だとか考えるようになった。「なぜ？」と問いかけつづけるのが、人間だからである。

　常民世界では、こうした妖怪的存在として、鬼や天狗、山姥、河童、大蛇、大男などが広く信じられていた。こうした妖怪たちのことを、子守唄や昔話、伝説等を通じて、幼いころから教えられ、またそれらを通じて異界の存在も学び取っていったのである。

4．異界と妖怪を学ぶ

　どこが異界か、どのような妖怪たちがいるのかといったことは、幼い時から両親や祖父母、年上の兄弟姉妹などを通じて教え込まれる。

　もっとも典型的なのは、子どもが泣くと、「泣いていると、オバケが来るぞ」とか「オニが来て喰われるぞ」といった脅しの言葉を投げかけることに示されている。赤子にオバケとかオニの意味がわかるわけではない。しかし、繰り返されているうちに、オバケとかオニという言葉が、自分にとっても好ましいものではないということをしだいに感じ取っていく。そしてその言葉（というより音かもしれない）を耳にすると、泣きやむようになる。泣いていると、なにやら自分にとって好ましくない状態になるのではないか、そ

れがやってくるのではないか,と思うようになるのである。
　先述の脇野沢村では,こうしたオバケを利用した,次のような泣く子を黙らせるための子守唄があった[33]。

　　寝ろじゃヤーイ,
　　ヤーイコ,ヤーイ
　　泣かねで,寝しろ
　　泣けば,山から,
　　モコ来て,取ってく

　「モコ」とはオバケを意味するこの地方の方言で,地方によってはモッコ,ガモー,モー,モモンガーなどともいわれている。留意したいのは,このモコは山から来ると考えられていることである。したがって,この子守唄を聞いて育った子どもたちは,山を恐ろしいものが住む領域として認識するようになるのである。
　さらに成長して,昔話や伝説などを理解できるようになると,それを通じてモコの中身を詳しく知るようになっていく。
　山姥が登場する昔話を聞けば,山には恐ろしい人を食べる山姥が住んでいるということを学び,天狗の登場する話を聞けば,山に天狗という空を飛べるものがいるということを覚え,河童の話を聞けば,水中には人を水中に引き入れる河童が住んでいるということを知るわけである。
　たとえば,秋田のナマハゲのように,鬼や異形の者に扮して家々を回り,子どもを脅す行事も,異界・妖怪観念の醸成に役立った。あるいはまた,怪異・妖怪譚としての性格ももっている世間話を聞くということも,異界がどこかを知ることでもあり,そこが不思議に満ちた危険な領域であることを学習もしくは確認することであった。
　そんな具体的な事例を,私たちは『遠野物語』に見いだすことができるだろう。以下に紹介するのは,その中に収められた話の冒頭の部分である[34]。

○山々の奥に山人住めり。栃内村和田の佐々木嘉平兵衛と云ふ人は今も七十余にて生存せり。此翁若かりし頃猟をして山奥に入りしに，遙かなる岩の上に美しき女一人ありて，長き黒髪を梳りて居たり。(後略)
○白望の山に行きて泊れば，深夜にあたりの薄明るくなることあり。秋の頃茸を採りに行き山中に宿す者，よく此事に逢う。又谷のあなたにて大木を伐り倒す音，歌の声など聞ゆることあり。(後略)
○閉伊川の流には淵多く恐ろしき伝説少なからず。小国川との落合に近き所に，川井と云ふ村あり。其村の長者の奉公人，ある淵の上なる山にて樹を伐るとて，斧を水中に取落したり。主人の物なれば淵に入り之を探しに，水底に入るままに物音聞ゆ。これを求めて行くに岩陰に家あり。奥の方に美しき娘機を織りて居たり。(後略)
○川には川童多く住めり。猿ヶ石川殊に多し。松崎村の川端の家にて，二代まで続けて川童の子孕みたる者あり。生まれし子は斬り刻みて一升樽に入れ，土中に埋めたり。其形極めて醜怪なるものなりき。(後略)

これを読んだだけでも，遠野という場所が濃密な民間伝承で満たされ，それを通じて異界や妖怪が人びとの生活の中に息づいていたことがわかる。これはけっして遠野にかぎったことではなく，日本各地の常民世界では普通のことであったのである。常民世界での伝承は，多くの場合，場所や人に結びついて語られた。逆にいえば，場所や人は伝承をもっていた。そして，新たな出来事は，こうした伝承を媒介に，さらに人びとの想像力を刺激し，新たな伝承を生みだしていったのである。

しかし，念のために述べると，こうした豊かな伝承を生みだし，その「語り」の技法は開発されながらも，絵画表現されることはほとんどなかった。したがって，常民社会では，マチには絵画や彫刻，絵本のような表現形式があることを知っても，民間伝承の妖怪たちを進んで描くことはほとんどなかったのである。

第3章

表現と芸術

§1 「生活芸術」の発見

1. 鶴見俊輔の「限界芸術論」

　これまで，常民の生活とその一環として存在する「表現活動」を眺めてきた。ここでは，こうしたいわば「民俗」を，「芸術」という観点から改めて考察し直してみよう。
　「芸術」といえば，長い間，専門的芸術家が生みだす優れた作品を意味した。常民世界に，そのような意味での芸術家は存在していない。しかしながら，近年では，そうした芸術家の枠を越えて，従来では芸術家とは認められていなかったような職人・工人や非専門家の作品の中にも「芸術」を見いだすようになってきた。そこから生まれてきたのが「生活芸術」という概念である。
　繰り返し述べてきたように，常民たちつまり庶民たちの「表現活動」のすべてに芸術という物差しを持ち込むことは，生産的ではない。しかし，その一部を「生活芸術」という概念で括りだすことは可能である。

ここでいう「生活芸術」とは，一言でいえば，生活と芸術が未分化な状態にある芸術，生活の中に埋め込まれている「芸術」ということである。つまり，人びとの生活の中に，しかるべき者が「芸術」を発見したとき，その生活が「芸術」なり，その作者や担い手が「芸術家」となる，ということである。

「生活芸術」という概念を考えるときに参考になるのは，鶴見俊輔の「限界芸術論」である。鶴見が考える「限界芸術」と，ここでいう「生活芸術」とはおおむね重なる概念である。鶴見は「芸術の発展」の中で，次のように述べている。

　　今日の用語法で「芸術」とよばれている作品を，「純粋芸術」(Pure Art)とよびかえることとし，この純粋芸術にくらべると俗悪なもの，非芸術的なもの，ニセモノ芸術と考えられている作品を「大衆芸術」(Popular Art)とよぶこととし，両者よりもさらに広大な領域で芸術と生活との境界線上にあたる作品を「限界芸術」(Marginal Art)とよぶことにしてみよう。
　　純粋芸術は，専門的芸術家によってつくられ，それぞれの専門種目の作品の系列にたいして親しみをもつ専門的享受者をもつ。大衆芸術は，これもまた専門的芸術家によってつくられはするが，制作過程はむしろ企業家と専門的芸術家の合作の形をとり，その享受者として大衆をもつ。限界芸術は，非専門的芸術家によってつくられ，非専門的享受者によって享受される。
　　芸術を，純粋芸術と大衆芸術とにひきさく力は，二千年前のギリシャにおける専門的芸術家の誕生以来はたらいていたものであるが，二十世紀に入ってマス・コミュニケーションの発達，民主主義的政治・経済制度の世界的規模における成立とともに，純粋芸術と大衆芸術との分裂は決定的なものとなった。これにくらべると，限界芸術は五千年前のアルタミラの壁画以来，あまり進歩もなく今日まで続いている。これは二十

世紀の文明に残存している原始的なものと理解してよい[35]。

　この引用からも明らかなように,「生活芸術」は,「純粋芸術」や「大衆芸術」などが生まれる前から存在していた「芸術」である。ただし, そのような段階の「芸術」は「芸術」として理解されていたわけではない。それが「芸術」として理解されるようになったのは, 生活文化の一部が「純粋芸術」として把握されるようになり, さらに「純粋芸術」を除いた生活文化の中から「大衆芸術」を括りだした後に残った生活文化の中から, さらに「生活芸術」（限界芸術）として括りだすことに成功したからである。

　ここで強調したいのは,「純粋芸術」にせよ,「大衆芸術」にせよ, あるいは「生活芸術」にせよ, 生活文化の中から「芸術」というラベルを貼ることができるものを見いだす人がいる, ということであろう。それは芸術の研究者かもしれないし, 芸術批評家かもしれないし, あるいは文化研究者かもしれない。いずれにしても,「芸術」に値すると判断する基準をもち, それを様々な文化現象に持ち込んで芸術であるか否かを判定する者がいるから, 純粋芸術や大衆芸術, 生活芸術（限界芸術）が成立するのである。したがって, もし「生活芸術」というラベルを貼られた文化事象から, そのラベルを剥がせば, それは単なる生活文化の一部ということになるわけである。

　アルタミラの壁画は, 鶴見によれば,「限界芸術」のもっとも古い時代の遺物として理解されている。しかし, くれぐれも忘れてはならないのは, その壁画に「芸術」を見いだすのは, 近代以降の研究者や批評家たちなのである。さらに, こうした研究者や批評家たちが, 生活の中に「芸術」を見いだし, それらを「芸術」として括りだしたとしても, その残余はなお「非芸術」として残される, ということである。

2.「民芸」の発見

　鶴見俊輔は,「限界芸術」の発見者の一人として, 民芸運動の創始者・柳

宗悦の名を挙げる。柳は，私たちが毎日使っている身の回り品の中に「芸術」（美しいもの）を発見した。柳が発見したのは，民衆が生活の中で用いている実用品であった。

　これらは，常民自身が自分たちのために作ったものではなく，無名の専門的な職人（工人）が一般の民衆の生活道具として作ったものであった。かれらは，柳田國男がいうような常民ではない。常民社会の人びとに製品を売る職人・手工業者たちであった。柳が着目したのは，西欧から輸入された機械文明によって衰退を余儀なくされつつある手作りの実用品や建築，絵画などであったのである。

　明治になって，西洋から導入された芸術観がしだいに知識人・文化人のあいだに浸透する中で，いわゆる「純粋芸術家」が続出し，これまでの手仕事の工人たちは，「純粋芸術家」としての道を歩むか，さもなくば卑下される前近代的産業の残存的継承者としての道を歩まされつつあった。そのような時代に，民衆の一部である無名の工人が生活用具として制作した品物，たとえば，陶磁器や漆器，家具，曲物，織物，紙，民画（大津絵）などの中に，柳は「美」を見いだしたのである。

　もちろん，工人が作ったすべての製品が「民芸」に値するものではない。柳の「審美眼」に適ったものだけが「民芸」という名の「芸術」として認められた。そのための客観的な基準はなかった。柳の審美眼に適うかどうかで，あるいは柳に相当するような者の審美眼に適うかどうかで，「民芸」と「非民芸」の線引きがなされた。「芸術」というものは，そういうものなのである。

　柳は，次のようにいう。「民芸」とは，無学で貧しい陶工によって作られたものである。それは，日常の器具である，廉価である，大量に作られる，実用のものである，単純で，田舎で制作・使用される，等々といった特徴をもつものである。要するに，民衆が日常生活の中で使っている雑器類の中に，柳が「美しい」と感じるものがあり，それを「民芸」として取りだしたのである。たとえば，彼は次のように述べる。

毎日触れるものであるから，それは実際に堪えねばならない。弱きものの華やかなもの，込み入りしもの，それ等の性質はここではゆるされていない。分厚いもの，頑丈なもの，健全なもの，それが日常の生活に即する器である……それは用の世界である。実際を離れる場合はない。どこまでも人びとに奉仕しようとて作られた器である。……よき用とよき美とは，叛く世界ではない……用ひられて美しく，美しくなるが故に人は更にそれを用ひる[36]。

あるいはまた，次のようにもいう。

　　　器に見られる美は無心である。美とは何か，何が美を産むのか，どうして無学の工人たちに，かかる思索があったであろう……ただそこに堆積せられた遠い伝統と，繰り返される長い経験との，沈黙せる事実のみが残る[37]。

松井健は，柳の民芸理論を次のように評価している。

　　　……その時代の大衆，多数派の，生産にかかわる労働をおこなっていた人びとが，日常的に用いていたもの。その時代に，もっとも多数を占め，その地域を支えるような生産活動に従っていた人びとが，彼らの日常において，もっとも用いやすく，その地方の素材を用いてもっとも経済的につくられた堅固で耐久力のあるものを選んで使ったことは当然で，そうした器物のなかに，美しいものがあるという柳の考え方は，明らかに，一つの美の理論の骨子を提示するものである……はるか昔に，創造的な天才としての個人を考えるよりも，集合的な社会的な場を，美の創造された現場と考えたほうが，はるかに蓋然性が高いであろうし，かつ，近代以降における，個人による，独自性に基盤をおく美の創造は，きわめて新しいところにしか，視点をおいていない。生活の基盤をもつ美意識が，おそらく前述のようにして，社会の多数派を占める，農業や牧畜などに従事していた，いわば普通の人びとのなかから生まれて

きたものであれば，それこそが，もっとも普遍性をもつのではないか[38]。

　松井が柳の民芸論を通じて強調するのは，近代における西洋の美への反省・再考である。松井は，次のようにいう。西洋の美についての判断は，個人個人によって美しいと思うものは違っており，美しいという判断はまったく個人が自由に行う。しかし，それは本当だろうか。柳の理論にくみするならば，美しいものは，それほど多様に創作されるわけではなく，個人の趣味や嗜好でどうにでも選択決定されるものではないということになる。つまり，柳によれば，美は時代や文化を超えたところに成立している。人間は人間であるかぎり，美しいものは美しいと感じ取る能力を普遍的にもっている，というのである[39]。

　松井は，柳の美の考え方と西洋の美の考え方を極端なかたちで対比させているのであるが，もう少し砕いていうと，美の普遍主義の考えに立てば，西洋の美の基準の中にも，日本の美の基準にも，あるいは他の民族・文化の中にも同様の美の基準が共有されており，その共有する基準を内包しつつ，その時代，その文化の中から醸成された美の基準がある，ということになるわけである。柳はその共有する美の基準に照らしながら，個人個人の独自の作品の中にではなく，生活の中に，集合的な社会的な場の中に，美を探しだしたのであった。柳の場合は，その美を体現したものを，器のような工芸品に見いだしたのである。

　しかし，その普遍主義的な基準は，その範囲を超えて常民の中の絵画や彫刻，さらに音楽にまで広げて理解することができるのではなかろうか。

　もっとも，こうした「作品」が見いだされたとしても，そこでもやはり「美」という基準に照らして，美しいものと美しくないものに選別することがなされていることには変わりはない。いいかえれば，「純粋芸術」とか「大衆芸術」とか「民芸」（限界芸術）といったラベルを貼られなかった，たくさんの造形文化，表現文化はやはり残るわけである。「芸術」とか「美」とかいう物差しを持ち歩くかぎり，それは当然のことである。

そこで、問題となってくるのは、常民世界の生活には、「芸術」とか「美」といった物差しつまり研究者や批評家の審美基準に堪える、「第四の芸術」とでもよべるような芸術を括りだせるのだろうか、ということである。

　鶴見は、常民世界の「限界芸術」として、「民謡」を挙げている。もっとも、鶴見は民謡を直接扱うことで、それを「限界芸術」として評価したわけではない。彼が着目したのは、工人たちの製品の中に美を見いだした柳宗悦を評価したように、常民世界の民謡に「常民の表現活動」を見いだした柳田國男の仕事を「限界芸術」の発見者・批評家として評価したにすぎない。ちなみに、鶴見が挙げるもう一人の限界芸術の批評家・作者は、宮沢賢治であった。

　おそらく、「限界芸術」の問題点は、ここにある。鶴見は自ら庶民の中に「限界芸術」を発見したのではなく、限界芸術の発見者を評価しているにすぎないからである。いいかえれば、工人の作った陶器などの手工業品や民謡、農民作家の作品以外には、「限界芸術」はないのだろうか。

　おそらく、鶴見はあるはずだ、と答えるだろう。しかし、彼は自分自身で、柳宗悦や柳田國男、宮沢賢治が行ったような作業に従事するつもりはなく、それを新たに発見して「芸術」として論じる批評家の登場を待つという態度を取るだろう。それを「限界芸術」とよぶか、「生活芸術」とよぶか、あるいは「第四の芸術」などといった新たな呼称を与えるかどうかはさておき、残余の生活文化の中から「芸術」を発見するかどうかは、研究者・批評家の審美眼にかかっているのである。

　そして、いま一度繰り返していうと、たとえ「第四の芸術」「第五の芸術」という概念が生みだされたとしても、そのための批評家が必要であり、またその概念で括りだされた後に、芸術ではない民俗、「稚拙な表現物」が残されることになるわけである。

§2　常民世界の中の「表現活動」と「芸術」

　常民社会（農民社会）には，「純粋芸術家」は存在していない。芸術作品を作りだすことを専門とした人も，不特定多数の人びとを対象とした作品を制作する「大衆芸術家」も「生活芸術家」も存在していない。少なくともそのような自覚を常民はもっていなかった。

　しかしながら，それは，常民が芸術的なもの，美的なものに感動する能力がない，ということを意味するものではない。彼らも美しい声と旋律で歌われる歌に感動し，見事に演じられる芸能に感嘆する。話芸の巧拙を判断でき，自然が織りなす美しい光景を愛する。かれらも審美の感性を発達させてきたのである。松井健が述べているように，人類は普遍的に審美の眼や耳をもっているのである。したがって，彼らの中から，そうした能力をもった者を発見し，その能力を磨き上げれば，今日風の芸術の大衆芸術家や純粋芸術家になることができる者もいたのである。

　しかし，常民社会は，そうした者の芸術的・審美的能力を特化させるための制度を発達させることをしなかった。する必要がほとんどなかった。常民社会では，常民として一人前となることが期待され，そのための教育装置を様々なかたちで生活文化の中に埋め込ませたが，その中には個人の芸術的才能を可能なかぎり伸ばすという仕掛けを用意していなかったのである。

　それでも，私たちは祭礼や口承文芸，歌謡など，常民たちの「表現物」（作品）の中に近代的な意味で「芸術」と評価しうるような作品をしばしば見いだす。彼らの社会にも「伝承の美」とでもよびたくなるような作品が埋め込まれている。私たちは，宮城県の正月飾りや高知県のいざなぎ流御幣を美しいと思う。芸能やそのための飾りを近代的芸術概念で判断しても高い評価を与えたくなる。

　しかしながら，その「表現物」をそれが置かれている状況から切り離し

て，別のコンテキストに移してもなお輝きを保つとはかぎらない。「生活芸術だ，第四の芸術だ」と言い立て，床の間に飾ったり，劇場で上演しても，その「芸術性」を発揮できるかどうかわからない。なぜなら，それらは祭儀の飾りとして，囲炉裏の脇での語りとして生きてきたからである。

　常民社会の関心は，「一人前」の常民を育てることにあった。芸能や口承文芸も同様の目的をもって伝承されていた。そのような「作品」を評価するために，何度も繰り返すが，近代的な審美的基準を持ち込むのは馴染まないのだ。

　むしろ，「芸術」という概念を脇に置き，常民社会の人びと一人ひとりの「表現活動」を，人間に不可欠な活動の現れとして理解し，そのような活動をどのように把握・評価するか，という視点が生産的ではなかろうか。たとえば，本稿で多少吟味したように，そうした活動を把握するための一つの視点として，「快楽」を生みだす装置とか，すべての人間がもっている表現能力の解放装置とか，人として生きる生活のレベルからの「美」とかいった視点からも，アプローチする必要があるのではなかろうか。

　おそらく，そうした視点から捉えられた「美しいもの」は，恒久的なものだけではなく，一回的なものの中に，祭礼の芸能のパフォーマンスや飾りのように，花火のように瞬く間に消えてしまうような「表現活動」の中にも見いだすことができるようになるはずである。

第 3 部

子どもの遊びと生活芸術

　つくったり，語ったり，歌ったりすることは，子どもたちが遊びの世界の現れを，感じ，考え，表して，他者とともに世界を生きることを成り立たせていく現象である。その行為表現は，子どもたち自身と子どもたちの生きる固有世界とをどのようにつくり，その世界に生きることを可能にしていくのであろうか。

　第3部では，こうした子どもの行為を相互行為として位置づけ，行為のもつ文化的で社会的な意味生成のあり方を捉え，行為と表現の位相を考究する。そこで，日常の遊びや生活場面で子どもたちが行う行為表現に着目し，遊びの世界や生活の〈できごと〉が子どもと他者とのあいだに生成されていく過程を捉えていく。第1章では，子どもの行為による意味生成を中心に，第2章では，〈できごと〉の現れを生成する行為表現と学びを，第3章では遊びと生活芸術について多くの先人の知見を紹介しながら，子どもの遊びと生活芸術の根源とは何かを考える。

第1章

子どもの行為の意味生成

§1 行為の成立

1. 相互行為による意味の生成

　子どもは生後1年のあいだに，見ること，笑うこと，話すこと，食べること等の，人としての基本的な行為を形成していく[1]。描くこと，書くことも，生後約10か月でその行為を開始し[2]，人間社会の一員として歩みだしていく。
　こうした文化的で社会的な行為は，大人の側の意図や計画に基づいて体系的に教えられてはいない。日常生活の自明な営み，すなわち，子どもと大人（他者）の両者がともに参加してつくりあげる〈できごと〉において形成されている。このとき子どもは，自身が行う行為の意味や，参加する〈できごと〉の意味を事前に理解しているわけではない。また，子ども自身が内的意図や目的に従って体をコントロールしてできごとをつくりあげているわけでもない。しかし，子どもは文化的で社会的な〈できごと〉への参加を通して

確実に〈学びの行為〉を実践し，〈学び〉を実現している。子どもの〈学びの行為〉の遂行過程の特色は，意図や目的，反省という自律的で反省的な意識に依存することなく新しい行為や〈できごと〉をつくりだし，社会の一員となっていくことにある。

　本稿での相互行為とは，広い意味で人々相互の行為の実際の遂行による文化的で社会的な意味の生成過程をさしている。人々は，人と人とのあいだの"いま―ここ"で進行中の実際の行為を互いに連鎖させる過程において，身ぶりや発話，道具や場等を相互につくり使用する実践を行っている。相互行為はこうした「媒介された行為 mediated action」[3]による場面や状況の社会的な組織化により，生活，遊び，学習等の文化的で社会的な意味を，相互に有意味なできごととして刻々とつくりだして現象させている実践をさしている[4]。それは，"いま―ここ"でつくりだしている〈できごと〉の現れと，その理解や説明を互いにつくりだしていく方法である。

　たとえば子どもの遊びの〈できごと〉を成立させる〈記号／場／道具〉は，遊びの〈できごと〉の成立における「媒介手段 mediational means」として機能している。こうした「媒介手段」を用いて遊びを生成している子どもたちは，「媒介―手段を―用いて―行為する―（諸）個人（individual(s)-acting-with-mediational-means）」[5]であり，遊びの〈できごと〉と，それを形づくる記号である発話，身ぶり，遊びの道具，遊びの場等の「媒介手段」の両方の生成的実践を同時に行う人々ということができる。遊びの〈できごと〉がつくられるとき，遊びを形づくる身ぶりや発話，道具等の記号や道具もまた，その場でそれらが使用されて実際に働く（機能する）ことによって文脈をつくり，そこに位置を得て遊びをつくる「記号」や「道具」として生成されていく。記号や道具をつくり使用する相互的な実践とは，相互主観的な〈できごと〉の現れとそこに参加する行為を行う文脈（context）をつくることを意味している。

(1) できごとの相互反映性とインデックス性

　ところで，相互行為は，日常生活における相互主観的で協働的な〈できごと〉の事実をつくりだして相互に知覚することができ，行うことができ，説明することができる実践的事実を現象させる方法である。その方法もまた，〈できごと〉の現れという〈意味のまとまり〉を単位として知覚される。

　われわれは，日常生活の実践上の意味を，相互行為がつくりだす〈できごと〉の現象（局面）としてその場で知覚している。したがって，〈できごと〉がつくられた相互行為のプロセスを微細にたどるならば，相互行為の連鎖と関係によってどのようにして相互主観的な〈できごと〉が現象したのかを知ることができる[6]。しかし，「相互行為を限りなく微分化していけば私たちの経験は極小の断片へと散乱する。─中略─忘れてはならないのは，私たちの生きている相互行為の文脈とはある知覚可能なまとまりとして経験されるものなのだから，あるレベルより下へ微分化を進めていったらもうもとの『意味』は復元しえなくなるということなのだ。文脈を完全に解体させたところにどのような規則性をみいだしても，それは心臓の鼓動よりもさらに『無意識的』な過程であるから，私たちの『内的生活』とむすびあう回路を絶たれてしまっている」[7]。菅原和孝のこの指摘は，相互行為のつくる意味は，メンバーにとっては推移しつつある〈できごと〉の場面の現れとして，また，参与観察者や観察者にとっては，メンバー相互の行為がつくる意味のまとまりとして知覚されることを示している。これらはいずれも実践上の意味の現れという位相にある。

　相互行為場面では，その場でその方法を使用すること，つまり，"いま─ここ"でわたしがこの行為を遂行することに，その行為の妥当性と意味が示される。〈できごと〉を生成すること，その方法をつくり使用すること，および方法の妥当性は，相互行為において相互反映的（reflexive）であり，互いにつくり合う関係にある。reflexivity（相互反映性）とは，「社会という枠組みを記述すると同時に構成する実践のこと」である。「私たちは日常的な活動の最中に，私たちが話しながら，言葉が発話されると同時に，私たちが

していることの意味や秩序や合理性を組み立てている」[8]。そして，その方法を形づくる，身ぶり，言葉，道具等をつくり使用する記号に媒介された行為の妥当性も，協働的達成過程である相互行為文脈に埋め込まれている（indexicality）。つまり，生活者の行為や発話の意味の「文脈状況への依存性 indexicality」（インデックス性）を示している。「人々は，実践的な状況や文脈において日常言語を駆使して何かを表現する。だが表現の意味は客観的に解釈されていく。すなわち日常生活者は常に文脈に依存した曖昧な『意味』を文脈を超越した客観的で明瞭な『意味』へと『修復』する実践をしている」[9]のである。

したがって，人間相互における有意味な〈できごと〉の協働的な生成とは，"いま—ここ"で，自他間で起こり始めているある〈できごと〉をつくりつつある相互行為過程の，相互的で状況的な文脈の推移に埋め込まれている。そうした相互的で状況的な文脈の推移は，当事者たちが自明なこととして実践してつくりあげているものであるが，彼ら自身により完全に意識したりコントロールすることはできないものである。相互行為の「コンテキストやその境界は，すでにあるものとか与えられたものではなく，参加者たちによって相互行為的に，また，状況的に組織化されるもの」なのである。つまり，「コンテキストは，環境の中にあるものではなく，また『頭の中』にあるものでもなく，むしろ"doing context together"ということがふさわしい何かである」[10]ということになろう。

（2）相互行為過程の生成
①　〈共同の現在〉

人々が相互に"いま—ここ"で実際に遂行している行為に基づいて意味を生成しつつあるあり様とは，どのようなものであるのか。鷲田清一はこれを以下のような事態として記述している。

　　わたしが他者と対面する場面では，現在から過去へと流れる自己の内在

的な体験時間のうちにひきこもることが封じられ，その先が見えないまま一つの〈共同の現在〉へと自己の存在が引きずりだされ，そうしてそこに晒(さら)されつづけるということを，わたしはたえず強いられている。わたしの言葉が，そしてわたし自身のものでありながらそのわたしが十分に統制できないわたしの表情が，他者の思いがけない言葉を引き出し，さらには他者自身も気づいていない表情を誘いだす。そして，受容するのであれ反撥するのであれ，その反応の一つ一つにふたたびわたしが反応する。わたしの存在と他者の存在は，こうしていつもともに同じひとつの現在のうちに係留され，その〈共同の現在〉においてたがいに噛みあい，交差し，シンクロナイズしあっている[11]。

　鷲田の示す受容的な主体は，あくまでも主体の側から相互行為の事実について記述したものであるが，むしろ問題なのは，「〈共同の現在〉」において互いに他を引きずりだし合い，「たがいに噛みあい，交差し，シンクロナイズしあって」何らかの意味を〈できごと〉として生成してしまっていること，つまり，「いつもともに同じひとつの現在のうちに係留」されて相互に開かれていることにある。表情という「顔の規則」が実践されることにより，ある相互主観的な〈できごと〉を否応なく構成してしまうのである。そのとき「顔の規則」もまた，相互に妥当性をもつ規則（行為）として「文脈依存的」につくりだされる。また，「顔の規則」の相互に連鎖する使用は，そこで生成される〈できごと〉の意味と「相互反映的」である。

　こうしたシンクロナイズや噛み合い，交差が起こるのは，「見る主体は見られる客体でもある。しかし見るときだけが主体なのではなく，見られるときだけが客体なのではない。見ることが可能であるためには，見られる身体をもっている必要がある。見られることが可能であるためには，見ることのできる身体をもっている必要がある。主体と客体の関係は―中略―弁証法的に対立しあうのではなく。互いにその可能性の条件を提供しあう相補的で可逆的な関係を構成している」[12]ことにある。

② 身体の両義性

　こうした相補的で可逆的な関係を可能としているもの，それはわれわれが〈見る身体〉であり〈見られる身体〉でもある，身体の「両義性」を行為により生きていることにある。メルロ＝ポンティは身体の「両義性」について，「人間の身体があると言えるのは，〈見るもの〉と〈見られるもの〉・〈触わるもの〉と〈触わられるもの〉・一方の眼と他方の眼・一方の手と他方の手のあいだに或る種の交差が起こり，〈感じ―感じられる〉という火花が飛び散って，そこに火がともり，そして―中略―その火が絶え間なく燃え続けるときなのである」[13]とする。相互行為場面においては，「見る身体」も「見られる身体」も，ともに静止した実体ではない。〈見る身体〉と〈見うれる身体〉とがひとつの行為において，また自他の相互行為において〈できごと〉の文脈をつくり合っている。

　対面関係での日常会話場面では，一方が話すとき，他方は話し手に体を向けて視線を送り，うなずいたり笑ったりして「聞く」行為を遂行する。「聞く」行為が話し手に対して実践されているから「話す」という行為の実践が可能となる。このことが会話と会話の〈できごと〉をつくりあげている。

　グッディンは，対面関係にある自然な会話場面では「話し手が受け手に視線を向けたとき，視線を向けられたその受け手は話し手の方に視線を向けていなければならない」[14]という規則が働いているとする。この規則が違反されているとき，話し手は，言いよどんだり，発話の断片や全体を繰り返して，受け手が話し手に視線を向けそこなっていることを受け手に示す。話し手の言いよどみや繰り返しにより，受け手が話し手に視線を向けると話し手は話を再開することを指摘している[15]。

　対面関係において相手をモニターしながら話す話し手の発話が一つの文としてつくられるためには，この規則に従って聞いている聞き手の行為が必要であることを示している。発話の意味は，話し手の行為のみで成立するものではないし，会話の実際の場面とはアプリオリな規則（文法）により成立するものでもない。相互的で相補的な自他関係を相互のやりとり（行為）によ

り組織化することが、話し手の発話文（意味）をつくって成立させ、協働化する根拠となっている。

相互行為場面には「送り手─受け手」という一方が動的で他方が静的な関係は存在してはいない。そこでは、共鳴し合う〈できごと〉の組織化された場への共参加と「協働的」な行為の遂行が行われ、行為と場面とを相互構成して〈できごと〉の意味を生成しているのである。「協働的」という言葉は、ある〈できごと〉が実現されつつある場に複数の人々がともに参加し、相互の参加形式のやりとりと連鎖の中で、場・道具・〈できごと〉・参加形式や社会的行動様式・社会集団等を、相互関係的かつ相互依存的に生成していくあり方を示す用語として使用している。また、「協働的」とは、身体における存在論的な自己と"外部"に対する"開け"の現成を成り立たせる意味も含んでいる。同時に「協働」は、アイデンティティと「共同」体を成り立たせる根源的な行為（表現）を示す用語として使用している。このように「協働的」という言葉は、プロセスにおける関係性と達成される〈できごと〉

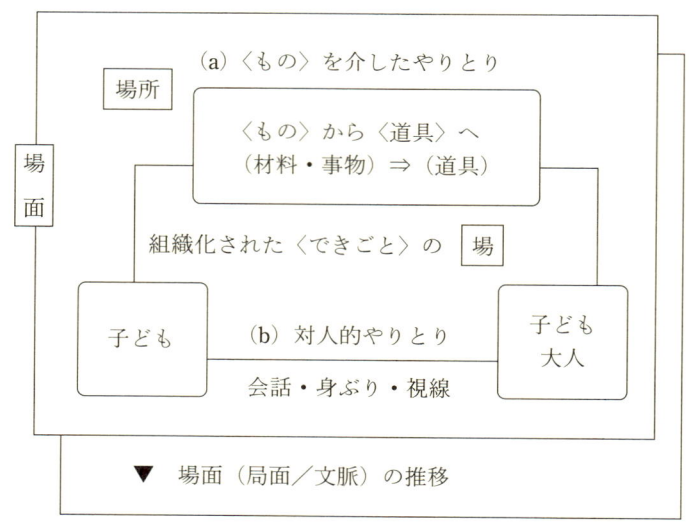

図表 3-1-1　相互行為による〈できごと〉場面の生成

が，相互に行う行為の総体とは質的に異なる事実を生みだすことを示している。相互行為のメンバーは，相互に他者の行為をモニターしながら行為を実践している。その際，人や〈もの〉に対して他者が行う具体的な一つひとつの発話や身ぶり等の行為を引用したり逸脱したりしながら，自己の行為を互いに連鎖させて，〈できごと〉の意味のまとまりと〈できごと〉をつくる行為とを，場面の推移を通して相互生成している。

③ 三項的共有関係

浜田寿美男は，こうした志向の引用や逸脱を，人間の「初期関係力動の流れを素描するための基本枠組」の一つである「人への志向性―相互志向性」として取り上げている。「赤ちゃんは一方的に人を見ることによって人に目覚めるのではなく，他方で人に見られることによって人に目覚めるのです。《見る―見られる》が同時に一体的に経験されるeye-contactこそが，人の出会いの出発点なのです」。この「相互の志向性が融合した状態から，やがて自分の志向性と相手の志向性とが分化してくる」が，その過程には以下の2つの側面があるとする。

1つは，「自分の受動のなかに相手の能動，つまり相手からの志向性を分化させていく―中略―，相手の受動のなかに，自分の能動性，つまり志向性を分化させていく」側面。もう1つは，「《見る―見られる》なかで，相手の目が別のものにそれて，別のものを志向していることに気づかされることによって，相手の志向性を分化させていく」側面である。浜田は「最初合体していた相互志向性のなかから相手の志向性が分化し」，「同時に，その相手の志向性の向かうところに気づくようになると，相手が見るもの，相手が向かっているところに目をやるという原初的な三項的共有関係が出現する」[16]と指摘している。

浜田の指摘は，意識の対象（ノエマ）と意識の作用（ノエシス）が，他者との相互志向的実践において力動的につくられていくことを示している。いわゆる「外界の事物」を子どもが「理解」することも，浜田のいう「原初的三項関係」による意味の関係的な形成である。意識の対象も意識の作用も，三

項的共有関係における人々の同型的で相互的な行為の具体的連鎖として生成される。こうしてみると子どもが〈もの〉とかかわる単独行為場面も，行為の遂行，中断，間合い，そして再びその〈もの〉へと行為する過程（連鎖）も，意識の対象と意識（行為）の作用とを成立させていく過程として捉えることができる。人間の単独行為場面を相互行為の一つのあり方として位置づけ，二人称的（対面的）相互行為を軸として，一人称的実践，三人称的実践を位置づけ直すことで，相互行為と意味生成は子どもの表現行為に新たな視線を向けることを可能にする。

（3）意味生成と自他の成立
① 視座の誤謬

これまで子どもの表現行為について，子ども自身が"いま―ここ"で行っているつくり表す行為による意味生成過程そのものに臨み，そこで子どもがどのような行為を行い，いかなることがその場の〈もの〉，人，〈できごと〉とのかかわりにおいてつくりだされているのか，また，それにより子どもはどのような意味で新しく行為する主体を成り立たせていくのかということに目を向けてはこなかった。そのため子どもが実際に行っている行為の文脈の外側のどこかに，ものや心，行為の意味が脱文脈的に既に定まってあり，それが子どもによりつくりだされ立ち現れていく文化的・社会的な〈できごと〉の原因であるかのような逆転した見方の事態をもたらしている。

しかし，「保育」や「教育」という実践は明らかに子どもと他者との協働的実践であり相互的な実践である。また，子どもたちの知覚や表現は生後間もない頃からの他者との日常的協働行為とその自明性に不可分に埋め込まれて生成されている。世界を実感をもって感じ生きること，生きていることを表現し他者と分かち合うこと，知覚や表現を新たに生成すること，これらは常に連続的で相互的である。日常的生活実践の中で相互に同時につくり合うことで刻々と成り立っている。

これまで子どもたちの知覚と世界と表現の生成過程について，子どもたち

自身が協働的に行う日常的で自明な生成のあり方やその過程に着目するのではなく，既存の「美術」や「芸術」の制度化された眼差しや文化的枠組みから捉えようとしてきた。また，子どもたちの知覚と表現の過程を他者から解読不能なブラックボックスとして個の内面やイメージに位置づけ，知覚と表現世界の生成と共同化の根拠を明らかにしようとしてきた。子どもの表現行為へのこうした視点は，子どもと文化，子どもと社会，子どもと他者とを切り離し，"いま―ここ"に他者とともに生きる行為と世界の成り立ちとを捉えにくくしてきた。意味や価値の基準や根拠を，子どもの行為や実践の実際ではない脱文脈的などこかに想定することにより，子どもが感じ，考え，表し，行う，行為と世界の生成の関係を隠蔽していたのである。

② **言語活動をもたない人間存在**

アガンベンは「言語の中で私たちが思考することができるのは，言語が私たちの声であり，かつ，私たちの声でないからにほかならない。ここにあるのは宙吊りになったものであり，言語の中では解決されない問いである」[17]とする。「人間のインファンティア〔言語活動をもたない状態〕として，経験は人間的なものと言語的なもののあいだのたんなる差異であるにすぎない。人間はつねにすでに語る存在ではないということ，人間は言語活動をもたない存在であったし，いまもなおそうであるということ，これが経験ということなのだ」[18]とする。

生後間もない乳児に言語やイメージはない。しかし，人間の新生児は大人と同じこの世界に生れ落ち，世界（〈できごと〉）や意味（言語行為や世界内の行為）へ参加していくことができる。ここに表現行為の発生と成立の文化的で社会的な基底とそのフィールドがある。

たとえば乳幼児の表現行為は，家庭や幼稚園，保育所等での日常生活場面に「埋め込まれた」[19]遊びの〈できごと〉の中で行われている。それら行為や作品は，遊びの〈できごと〉が始まり，あるピークを経て終結していく一連のプロセスの各場面（局面）が次々と織り成していく文脈の中で行われたりつくられたりして，乳幼児の遊びがいきいきと現れること（遊びのアクチ

ュアリティ）を支えている。こうした表現行為は，子どもが単独で〈もの〉とかかわって展開する遊びの場面よりも，他者との相互的な遊びと結びついて，その遊びの場や道具をつくる行為として通常は行われている[20]。

　活動主体である子どもにとって「造形」や「表現」それ自体が目的となることはない。同様に，自然や社会における美の秩序を造形的に再現して実現したり，そのための造形表現技術（法）を学ぶことも目的となることはない。子どもの場合，表現行為を行う以前にその目的と方法があらかじめ決定していたり，計画的に立案されているわけではない。子どもの表現や造形的行為[*21]は，遊びの〈できごと〉を他者と協働的に実現する一連の相互行為として遂行されている。それは，遊びの〈できごと〉の生成と相互に依存しながら同時に展開している。家庭においても幼稚園や保育所での生活においても，通常は他者と協働的に生成されているのである。

2. 日常的行為の還元的思考―事例1：離乳食の食事場面

　日常的な生活実践場面に埋め込まれている表現的な行為を伴う他者との相互的な遊びの〈できごと〉の成立場面は，観察者（養育者，保育者，研究者等のその場に居合わせている大人）にとって個々には新しい行為の表現（「図」）として認識されはするが，翌日には自明化して新しい表現行為の生成や成立を促したり支えたりする「地」へと地殻変動していく。そのプロセスがあまりにも一瞬の微細な実践の相互的関係性により生成されていくため，観察する大人にとって，その発生の兆候や，行為が社会文化的に生成し成り立っていく過程の実践上の関係性を捉えることは常識を超えた困難との直面を意味している。つまり，養育者，保育者，研究者等の役割や仕事に習熟し慣れ親しむほど行為の協働的生成過程を見失うというパラドックスを内包してい

---

*　日常の生活や遊びの場に埋め込まれ，それらの〈できごと〉の成立と不可分に行われている「造形的行為」を，松本健義「子どもの造形的表現活動における学びの活動単位」『大学美術教育学会誌』第41号，2009, pp. 317-324.では，「造形的表現活動」として論じている。

る。そのため観察者は，自らが自明とする感じ方，考え方，ふるまい方を「判断停止 Epoché」＊22) することになる。また，観察者は子どもたちの日常的生活場面に居合わせている「周辺的観察者」であったり，子どもたちが取り組んでいる活動に参与してその活動を内側から経験しながら観察する「参与観察者」であったりする。観察者は観察対象を外部から第三者的に観察するのではなく，実践や活動の一部としてそこに埋め込まれて子どもとかかわり合いながら〈できごと〉を「実践的に達成」(practical accomplishment)＊＊している。対象とする子どもの年齢が低いほど，子どもの行為の生成や成り立ちにおける観察対象者との相互性はより深くなる。

　以下では，そうした場面の事例を取り上げ，日常の自明性において第一次的に生成されている「食事をする」子どもの行為と，「養育する」父親の行為とが，活動システムのつくり変えとしてどのように生成されて両者の行為をつくり変えていくのかをみることにする。

(1) 食事をすることの変容過程

　この事例において，Tは生後0歳9か月，「私」は父親，Mは母親である。

　　Tをベビーシートに座らせシートベルトで腹部を椅子に固定する。離乳食（お粥）を冷凍庫から出して電子レンジで沸騰させ，まだ熱いお粥をスプーンにすくい，息をかけてフーフーと冷まし，自分の口に少し入れて熱

＊　「判断停止 Epoché」とは，「意識と対象との相関的結びつきを考察するために，意識が対象と素朴にかかわる『自然的態度』を『遮断』し，それを根本的に変更する方法的懐疑の操作を意味し」，「自然的態度における一般定立が排除されて括弧に入れられる」[23]。
＊＊　「実践的達成　practical accomplishment」とは，生活者の現実構成の基本特性を示したものである。「日常のさまざまな場面で，人々は，実践的な目的にかなう形で多様な『方法』を駆使しつつ，社会的リアリティを他者とともに構築する，この現実構築作業は，人々が回避しえない必然であり，『今＝ここ』の現在で彼ら自身が，発話行為や推論などを具体的にすることで達成される。こうした達成は，切れ目なく続く『現在』の時点で，つねに新しく創造される過程である」[24]。

くないか確かめ、Tの口元へスプーンをもっていく。「はい、Tくんアーン。ウンマだよ」。Tは、一口、二口ほど、その気がなさそうにお粥を食べる。「はい。アーンして」と同様にしてもう一度、Tの口元へもっていく。するとTは、お粥の入ったスプーンに手を伸ばし、右手ではじき飛ばす。お粥は床にこぼれてしまう。

　私はもう一度スプーンでお粥をすくい、Tに近づき「Tくんはい、アーン」と口元へもっていく。Tはいきなり右手をそのスプーンにのばすと、私が持っているスプーンを握り奪い取ってしまう。お粥はまた床にこぼれてしまう。私は、お粥まみれになったTの小さな手を両手でもち、固く握り締めている指を小指からゆっくりと順に開いてスプーンを取り返す。私は「おいたなしなし」と言い、再び「Tくん、はい。アーン」とお粥を食べさせようとする。Tは、口をぎゅっと強く閉じ、口元に差しだしたスプーンから顔をそむけるようにして首をふる。私は、もう一度、「アーン。Tくん、ウンマ。はい、アーンして」と食べさせようとする。するとTはまたスプーンを私の手から奪い取ると、私が左手に持っていたお粥の入ったお椀にスプーンを差し込んでグルグルとかきまぜる。お椀は私の手から落ち、お粥は全部床にこぼれてしまう。「Tくん。めっ。だめでしょ」、私はTを叱りだしてしまう。

　台所で夕食をつくっていたMがその様子を見て「自分で食べたいんじゃないの」と言う。そして、「こぼしてもいいから、新聞紙を敷いてその上に乗せて自分で食べさせてあげて」と言う。私はMが言うように新聞紙を敷き、お粥をTの前に持っていく。まずTにスプーンを持たせると、お椀をTの前に置いて両手で支え、Tが食べるのを待った。Tは、スプーンをお椀のお粥の中に入れ、前後にお椀を押すようにスプーンを動かす。そしてそのスプーンを自分の顔の方へとゆっくりと持ち上げていく。スプーンから温めたお粥が新聞紙の上へボトボトと落ちる。スプーンはTの口にたどり着くことなくTの顔の右横を通り抜け、背後の畳の上に敷いた新聞紙の上へボトボトとお粥を落としていく。私は、スプーンを固く握り締めて

いるTの右手を両手で軽く支えるようにし，お粥をすくったスプーンがTの口へたどり着くよう，手の動きやスプーンの向きを変えるようにする。お粥はようやくTの口へと運ばれるようになる。Tはこぼしながらもお椀のお粥を全て食べた。

(2) 非言語的な〈地〉の地すべり的解体

　Tは，何をしようとしているのか。Tは自分でスプーンを使って父親や母親のようにウンマ（お粥）を食べることを実際に行おう（学ぼう）としている。"食事をする"という場で自分と父親との行為の関係を新たに組み変えることで成し遂げようとしている。しかし，父親である私は彼の行為からそのことが読み取れないでいる。私は，Tの口にお粥を運ぶ習慣化した行為を何回も繰り返している。Tがそれに応えて口を開けて食事をしてくれることを当たり前のこととしている。しかし，Tはなぜ"自分でスプーンを使って食事をすること"を成り立たせることができないでいるのか。それは私が食事場面でのTの行為の微細な変化に対応してTとの関係を組み変えることができないことにある。Tが食べ散らかしながらもお粥をスプーンですくって食べることは，自分でスプーンを使って食べるという行為の新たな関係性の状況と場が，他者によって準備されて初めて成り立つものである。食事をすることの新しい実践形式の成り立ちとしてのTの意味生成は，Tのふるまいに対する私の行為の組み変えと協働により成り立つのである。

　私には，Tに食事をさせるという家庭でのこれまでの習慣化した行為（役割）と，食事に参加するTの行為とのずれが見えない。私が「Tに食事をさせる」ことを自明化しているからである。このずれの中にTの意味生成の過程があり，Tと私の協働行為が実践される可能性がある。しかしこの"ずれ"は活動中の二人にとって共同の対象や目的として存在してはいない。Tが私に対し「自分でスプーンで食事をしたい」と発話したのではない。Tがそのように考えているかどうかを確かめることもできない。そして私はこの"ずれ"の自覚に最も遅れをとっている。Tの母親が，Tと私との関係が組み

変わる可能性を,外部から私に向けて言語的に示してこの相互行為に参加している。T,母親,私の三者の相互行為により「Tが自分でスプーンを使って食事をする行為」は協働的につくりだされている。このあまりに自明な"行為の発生"は,子どもと大人の相互行為により"生成されている",または,その成り立ちが"発見されている"といえる。対象が目的意識的に志向されて実現されたのではなく,自明としていた行為の意味の〈図〉と〈地〉の関係が,非言語的な地の側から地すべり的に解体して隆起し,異なる〈地〉と〈図〉の関係性を成り立たせたといえる。互いがその場でその活動(お粥を食べること)に対して行う行為がずれをつくり,そのずれを引き受けて新しい行為を相互に行うことにより二人の行為の関係を組み変えていくこと,これにより「スプーンで食べさせてもらう食事」から「スプーンを使って自分で食べる食事」がTと私のそれぞれにおいて成り立つのである。

学びは,道具(スプーンや言葉など)に媒介された行為により対象や活動へと向かう互いの行為のつながりが新しく行われることであり,それにより対象の意味やその対象をめぐって成立している〈できごと〉の意味がつくられ成り立つことである。行為を互いに行う場(遊び／生活／学習)や道具(言葉・身ぶり・記号・図・絵・道具・料理等)を相互に協働してつくったり使ったりすること,互いに行為を行う人と人との関係を打ち立てること,行為を新たに行うことにより〈私〉が互いに変わることである。

(3)「指さし」と社会関係的な意味の成立

山田洋子・中西由里は,乳児の「指さし」行動を「主体(乳児)」「他者」「事象・要求対象」の「三項関係」において成立する「象徴機能」および「伝達機能」として規定し,0から2歳までを5段階に分け,それぞれの段階における「指さし」の形成を(A)「感嘆・共有」(B)「叙述」(C)「交流」(D)「質問」(E)「要求」の5つのカテゴリーにより詳細に記述し,「指さし」という行為の中に言語的コミュニケーションの内容が多元的に形成されたのち,言語的に置き変わっていくことを示している[25]。また,田島信元

は指差しの発生について「社会的な関係システム全体の変化の過程」であるとする。

> はじめ乳児がなにものかを摑もうとしてうまくいかないでいるとき，母親がそれを助ける。すると乳児は達成されない行為が，ものを指し示す意味をもって，母親の援助を得ることに気づき，指さし機能へと変化するのである。このように，指さし機能ははじめから子どものなかにあるのではなく，また，母親の指さしを単に模倣するわけでもなく，子どものある行為（の意味）が，母親との関係で新たな意味を獲得（変化）するのであり，同時に，母親も子どもの把握不能に対する援助行為から，指示行為に対する反応へと変化していくのである。―中略―個人への内面化の過程は，決して外にあるものを内にそのまま取り込むといった受動的内化の過程ではなく，母と子の社会的行為の関係が変化し，それが個人（母子双方）の活動の再構成を促し，新しい意味を獲得するという過程であり，それぞれの独自で積極的な過程を示すとともに，まさに社会的な関係システム全体の変化の過程なのである[26]。（省略は筆者。本稿以下同様）

こうした「社会的な関係システム全体の変化の過程」を，田島は「社会文化的アプローチ」に依拠する分析方針の確認として，以下のように述べる。

> 人間の行為の単位を主体・対象・媒体の不可分な三者関係としての状況的行為と規定するのであるが，この状況的行為とは，"状況に制約されながら，同時に，状況を作り替えながら進む，主体と他者との共同行為，すなわち，対話の過程，また，共同行為を媒介する道具の使用過程"とされる。その結果，学習・発達は社会的な関係システムの全体的変化であると考えるのである[27]。

「指さしの発生」と同様，「スプーンを使って自分で食べることの成立」においても「社会的な関係システム全体の変化の過程」が起こり，新しい実践の相互的関係性が成立している。子どもの「発達」とは単に個人の行動の変

容ではなく，周囲の大人も含めたその子どもとともに行うふるまいの全体の変容として自他間で相互的に生成される協働的事実である。その際大人は，いまだ明確な有用的な行為ではない発生しつつある子どもの行為をきっかけとして，その場面まで自明化されていた自身の日常的行為を地すべり的に解体し，子どもとともに新しい〈できごと〉を生成することを始めていく。子どもの学びや発達には，そのような大人の行為（ふるまいのあり方とその変容）が関係的に埋め込まれており，子どもの育ちの過程をともに生きることは，大人にとっては自明化した日常的実践を「判断停止」し，自らの行為の関係的なつくり変えを通して新たな協働的日常の生成へと向かうことを意味している。

§2　子どもの生きる世界

1．行為，道具，身体の互換性
　　　　　—事例2：ウルトラマンチロへの変身

　子どもの生活，遊び，学びは，〈できごと〉を単位としてつくりだされ，〈できごと〉の意味の現れとして子どもにも大人にも知覚されている。〈できごと〉は，相互行為が織り成す関係的で力動的で不可逆的な過程により状況的・相互的・協働的に生成され，人と人とのあいだで成し遂げられる文化的で社会的な意味である。〈できごと〉は，他者から閉じられ隔離された「個人」という主体の内部にではなく自他のあいだに行為を通して現われる意味の現象であり，学習や社会化の活動（事実）でもある。また，〈できごと〉は行為者である子どもの変容（学習や社会化）を媒介するものであると同時にその原動力でもある。子どもたちは〈できごと〉をつくりながら，〈できごと〉を通してもの，こと，人と働きかけ合うことにより〈できごと〉内を生きることで，自分と他者とを新たに生成している。〈できごと〉は，行為

の相互的で関係的な遂行過程を通してつくりだされるものであり，行為と〈できごと〉は「相互反映的　reflexive」な関係にある。〈できごと〉をつくる行為は，〈できごと〉をつくる過程で実践されて，ある〈できごと〉をつくる。その行為の意味をそのつどその場面で成り立たせる（文脈状況依存性 indexicality）関係にある。

　子どもたちの生活，遊び，学びが実践的につくられ現われていく世界を，事例を通してみていくことにする。子どもの行為による〈できごと〉世界の生成過程を捉えるために，行為の記述を重ねるという方法をとった。記述を重ねることで，上野直樹が「トカゲのテリトリーを観察可能にし，理解可能にした動物生態学者のように，なんらかの格子あるいはインスクリプションを用いることで，"個人" とか "個人の発達" といったものが可視的になっている」[28]とするように，〈生きることとしての学び〉を成り立たせている関係性も可視化することができる。記述を重ねることにより重層的に記述するとは，子どもが行為を通してつくりだしている関係性を捉えることである。それにより，子どもたちが行為を通してどのような関係性をつくりだし，新たな生を成り立たせているのか，関係についての関係を明らかにするのである。

（1）ウルトラマンチロのトランスクリプト

　Hはこの日3歳の誕生日を迎えた。朝食の時，座卓の傍らに座って1辺が15cmほどのピンク色の半透明の正方形のシートを対角線に折りたたみ「ほら見てー（.）さんかくできた」と私に見せた。そこで「もう一度さんかくを折ってくれ（.）Hくん」と頼み，ビデオで記録を始めた。

場面	画像	番号	行　為	発　話
(a)	〔27 H〕	26 F	F：シートを眼に当てたままなので，聞いてみる	それで見るとどんなふうに見えますか
		27 H		え::とね::⌈::(2)⌉きれい↓ 　　　　　⌊きれい↑⌋
		28 T	T：自分も見てみたくなった兄がやってきて聞く	
		29 T	T：Hに顔を近づけて覗き込む	ちょっとみせて::(.)ちょっと(.)きれいに見えるだろ
		30 F		どんな色に見えますか::＝
		31 T	T：カメラのレンズを覗き込む	＝そりゃ::(3)ピンクオレンジだよね::
		32 F		hhh−
		33 M		そんなに重なってたんじゃ見えないんじゃないの
		34 H	H：はずしてMの方を見る	
		35 F	F：左手でシートをつかみFも見ようとする	パパにも見せてくださ::い
		36 H	H：いやがって引き戻す	アッアッアッ
		37 F	F：シートを放す	ヤダ::？
		38 H	H：あわててまた眼に当てる	
(b)	〔40 H〕	39 M		見えないんじゃないかな
		40 H	H：Mに向かって顔に当てて見せる	ほら見て↑::
		41 M	M：Hに向かって言う	おっ(.)すごい(.)メガレンジャーみたい
		42 M		Hちゃんかっこいい::
		43 H	H：言いながらFの方を見る	メガレンジャー
		44 M		メガレンジャーだぞ
		45 F		メガレンジャー
			【中略】	
(c)	〔58 H〕	55 F		Hちゃん(.)それは何になったんですか
		56 H	H：いったんシートを眼からはずして見る	ウンン？
		57 T	T：横へきた兄が言う	ウルトラマ↑::ン−
		58 H	H：また眼に当てて天井の電灯の方を見て言う	ウルトラマ::ン(0.6)シェブン＝
		59 F		シェブンhhh−よかったね::

図表 3-1-2　遊びのできごとの協働的生成
　　　　　H（3歳0か月1日）T（6歳3か月9日）：兄　M：母親　F：父親

第1章　子どもの行為の意味生成　　185

(d)	[63 F]	60 H	H：Fに向かってシートを差しだす	はい(.)見てみな
		61 F	F：と言って受け取る	見てみるね(.)ありがとう=
		62 H	H：と言いながらシートを差し出して近づいてくる	<u>ウルトラマ::ンセブ↑::ン</u>
		63 F	F：どのように見えるのか記録するためレンズに当てる	ウルトラマ::ンセブ↑::ン
		64 F	F：Fの眼がねの方へもっていく	ここじゃないな(.)ここだな
		65 H	H：立ち上がって一緒にFの眼に当てる	うん
		66 M		あれ(.)ウルトラマンセブンっていうんだっけ
(e)	[70 H]	67 F	F：シートを眼に当て，Fもウルトラマンセブンに変身してみせる。(Hはシートを押さえている)	<u>ハッハッハッハッハッハッ(.)わたしのなまえはウルトラマンセブンだ</u>
		68 H	H：立ち上がってFの眼から笑ってシートを取り，シートを自分の眼に当てながら座り，Fを見て言う	グッhhh-(.)<u>ハッハッ-</u>
		69 F		ウルトラマンセブンだ
		70 H	H：シートを眼に当て，「からだは」で左手で自分の胸を指さして言う	ハッハッハッ(0.4)おれのからだは(0.6)ウルトラマンチロ::↑-
		71 F		そうだぁ::↑(2)
		72 F		う::ん(.)変身成功した？-
		73 H	H：Fをチラッと見て立ち上がり，部屋の端の方に向かって立ち，顔にシートを当て歌う	タ::タタ::↑(.)タタタタ::タ::↑(.)タ::タタ::(.)タタタタ::タ::(.)
		74 H	H：歌いながら，部屋の端で着替えている兄の方へ歩いていく	タ::タタ::↑(.)タタタタ::タ::↑(.)タッタッタッタッタ::::

[トランスクリプトの記号][29)]
1. ［　］　　：複数の参与者の発話が重なり始めている時点（［）。重なりの終わりの時点（］）
2. ＝　　　　：2つの発話または発話文が密着している
3. （　）　　：聞き取り不可能な箇所
4. (.) (0.6)　：沈黙・間合い。0.2秒単位で（　）内にその秒数を示す。0.2秒以下は(.)で示す
5. ::::　　　 ：直前の音声の引きのばし
6. －　　　　：言葉の不完全な途切れ
7. hh　　　　：呼気音・吸気音
8. ──　　　：音が大きいことを示す（アンダーライン）
9. ? ↑ ↓　　：語尾の音が上がっている（?）。音調の極端な上がり（↑）下がり（↓）
10. °　　　　：音が小さいことを示す

(2) 状況記述

〔場面 (a)〕

　　Fは，Hがシートを眼に当てたままなので，「それで見るとどんなふうに見えますか」(26F) と聞いてみる。Hは，「え::とね::::」(27H) と言いかけ，2秒ほど言いよどんでいる。そこにTがやってきて，Hに「きれい↑」(28T) と聞く。Hは，Tの「きれい↑」に応えるようにして「きれい↓」(27H) と言う。Tは「ちょっとみせて::（.）ちょっと（.）きれいに見えるだろ」(29T) とHに顔を近づけ，Hが眼に当てているピンクのビニールシートを覗き込む。FもHに「どんな色に見えますか::=」(30F) と言う。するとTが「=そりゃ::（3）ピンクオレンジだよね::」(31T) と言い，Fが手に持って撮影しているビデオカメラのレンズを覗き込む。思わずFも「hhh-」と笑う(32F)。「そんなに重なってたんじゃ見えないんじゃないの」(33M) と，赤ん坊に食事をさせていたMが座卓の反対側から言う。Hは，両目に当てていたピンクのビニールシートをはずしてMを見る(34H)。

　　シートを眼に当てようとFは，Hが眼からはずして手に持っているピンクのビニールシートに左手を伸ばしてつかみ，「パパにも見せてくださ::い」と言い，Hの持っているピンクのビニールシートを取ろうとする(35F)。Hは「アッアッアッ」(36H) と大きな声を立ててシートをFの手から引き戻す。Fは思わず手を離して「ヤダ::？」(37F) とHに聞く。Hはあわててまたビニールシートを自分の眼に当てる(38H)。

〔場面 (b)〕

　　Mは「見えないんじゃないかな」(39 M) と言う。するとHはシートを顔に当て，Mに向かって「ほら見て↑::」(40 H) と見せる。MはHを見ると「おっ（.）すごい（.）メガレンジャーみたい」(41M) とHに向かって言い，「Hちゃんかっこいい::」(42M) と言う。Hはシートを眼に当てて「メガレンジャー」(43H) と言いながらFの方を見る。Mはふり返りFに自分の姿を見せているHをみて「メガレンジャーだぞ」(44M) と言う。F

もシートを眼に当てているHを見て「メガレンジャー」（45F）と言う。

〔場面（c）〕

　　シートをいったん眼からはずして見ているHにFは「Hちゃん（.）それは何になったんですか」（55F）と聞く。Hは「ウンン？」（56H）と左手で鼻をこすりながら右手に持ったシートを見ている。横へやって来たTが「ウルトラマ↑::ン-」（57T）と言ってHの横を通り過ぎて，登校のためタンスの前へ着替えに行く。Hはシートを両手で両眼に当てると天井の電灯を見上げ「ウルトラマ::ン（0.6）シェブン＝」（58H）という。「シェブンhhh-よかったね::」（59F）とHのその姿を見てFは言う。

〔場面（d）〕

　　するとHはようやく「はい（.）見てみな」（60H）とFに向かって自分が両目に当てていたシートを差しだす。「見てみるね（.）ありがとう＝」（61F）とFはHが差しだしているピンクのビニールシートを受け取る。Hは「ウルトラマ::ンセブ↑::ン」（62H）と言いながら立ちひざでシートを差しだして近づいてくる。Fは「ウルトラマ::ンセブ↑::ン」（63F）と言いながら，Hが差しだしてきたピンクのビニールシートに左手を添えて一緒に持ち，そのビニールシートを通して見るとどのように見えるのか記録するため，撮影していたビデオカメラのレンズにいったん当てる。「ここじゃないな（.）ここだな」（64F）と言って，ビニールシートをFの眼がねのほうへ持っていく。「うん」（65H）。Hは立ち上がって一緒にビニールシートをFの眼に当てる。「あれ（.）ウルトラマンセブンっていうんだっけ」（66M）とMが言う。

〔場面（e）〕

　　「ハッハッハッハッハッハッハッ（.）わたしのなまえはウルトラマンセブンだ」（67F），Fはシートを眼に当て，ウルトラマンセブンに変身してみせる。Hはシートを押さえていたが，「グッhhh-（.）ハッハッ-」（68H）と立ち上がりFの眼から笑ってシートを取り，シートを自分の眼に当てながら座りFを見て言う。FはHを見て「ウルトラマンセブンだ」（69F）と言う。

188　第3部　子どもの遊びと生活芸術

　Hは,「ハッハッハッ (0.4) おれのからだは (0.6) ウルトラマンチロ::↑-」
(70H) と言う。シートを眼に当て,「からだは」で左手で自分の胸を指さ
して言う。Fも「そうだぁ::↑ (2)」(71F) と言う。Hは言い終えるとシー
トを持ち,まだ眠そうに手で顔をこすっている。「う::ん (.) 変身成功し
た?-」(72F) とFが聞くと,HはFをチラッと見て立ち上がり,折りたた
んだビニールシートの両端を両手で持って両眼に当て,部屋の反対端のタ
ンスの前で着替えているTの方に向って立ち,「タ::タタ::↑ (.) タタタタ::
タ::↑ (.) タ::タタ:: (.) タタタタ::タ:: (.)」(73H) と歌う。そして「タ::
タタ::↑ (.) タタタタ::タ::↑ (.) タッタッタッタッタ::::」(74H) と,両目
にシートを当てて歌いながら兄の方へ歩いていく。

　以下では,遊び世界を成立させる文化的道具について,この事例を2つの
視点から考察している。すると次のような位相が浮かび上がってくる。

(3) 〈もの〉から文化的道具への変貌

　事例2は,事例全体が3分30秒ほどの〈できごと〉である。トランスクリ
プトに記述した部分は事例後半の1分30秒である。この事例でHがウルト
ラマンセブンに変身することは,本人も含め家族の誰も予定も意図もしてい
たわけではない。シートを目に当てたHの身ぶりに対してFの問いがあり,
Hの返事に重なりながらTが発話を先取りして意味づけが行われている。H
もすぐに続けて「きれい」(27)［図版27H］と発話している。同様にFの色
に対する質問も,HではなくTが答えて先取りして意味を与えている。ここ
では先取り的意味づけの発話として,T (28, 31, 57),M (41, 44, 66) が
行われている。また同様に事後的にHと同じ発話を反復することにより意味
づけを受容し強化する発話として,F (45, 59, 63, 69, 71) が行われている。

　この事例においては,TとMが先取りして意味を与え,Hが自己の発話に
より同語発話した後,Fがさらに同語発話を繰り返して意味づけの関係的生
成を完成させていることがわかる。(41, 43, 45) ではM→H→Fへと展開

し［図版40H］，（57，58，59）では，T→H→Fへと展開して［図版58H］，このできごとの協働生成の重要な部分がつくりだされている。

　Hが目に当てたピンクのビニールシートが他者（TやF）にとっても眼に当てて見てみたい対象となることで，周囲の他者にとって意味ある行為としてつくり変えられていく。これが，Hのシートを眼に当てた自分の行為をMに見せる行為（40）をつくりだしている。また，Mは外側から見られるものとしてのHに具体的に意味を与え，Mの発話を受けたHもまた「メガレンジャー」（43）と発話し，Mはそれを受けてHの側の視点から意味づけを行い（44），Fも発話して3者が意味づけを重ね合わせている（45）。

　Fが（55）で再びHに聞くとまた，Tが先取りして発話する（57）。Hはそれに重ね合わせながら補足して「ウルトラマ::ン（0.6）シェブン」（58）［図版58H］とピンクのシートを両手で両目に当ててそのまま天井を見て言い，それはFの笑いにより受容される（59）。

　この受容の後HはFにシートをよこし，Fの眼に当てさせようとしている（60）。Fもまた同じ発話で返している。いったんカメラに当てた［図版63F］後，眼に当てたFの発話（67）と「ハッハッハッ（0.4）おれのからだは（0.6）ウルトラマンチロ::↑-」（70）と表現されることがらが重なり合いつつも差異化したHの発話を生みだしている［図版70］。（71，72）により，Hは身も心も知覚もすべてウルトラマンチロになり，ピンクのビニールシートを両手で両目に当て，歌いながら部屋の端で着替えているTの方に向かいゆっくりと歩いていく。ピンクのビニールシートは自他間の様々なやりとり（状況）により，ウルトラマンセブンの変身道具へと意味を変えた。そしてそのシートを用いて身近な他者とふるまい合うことにより，H自身もウルトラマンチロへと身体的に変容することを可能とし成り立たせたのである。

（4）道具の使用により変容する身体の互換性

　この事例において変化していったのはHの身体である。その変化をつくりだしたのはピンクのビニールシートである。ビニールシートは折りたたまれ

て眼に当てられる形態的変化しか示していないが，TとMとFによる周囲からの〈状況化（先取り的な意味づけ）〉により，ウルトラマンチロへのHの変身という〈できごと〉を生みだし成り立たせる働きをしている。

このとき，Hの身体と周りの他者たちの身体のあいだで視点の交換が行われている。その第1は，（26F，30F，55F）の問いや（44M，69F）は，発話者はHの外側にいる他者であるが，発話内容はHの側の視点に合わせられ，Hの語りを引きだそうとしている。（44M）はHに代わり直接的にHの視点からの視覚世界を語るものである。（60H）は道具を媒介にして具体的に視点を変更している。

第2は，発話のシークエンスが身体の互換性を示すものである。具体的には，①同じ発話が自他間で繰り返される場面，②Hに帰属すべき発話が周囲の他者により先取り的に語られてしまう場面，③Hの発話の後で同じ発話が繰り返されている場面である。ここでは，Hと他者が同一の対象に対して「人a―対象A」「人b―対象A」という関係で重なり合っていることがわかる。第1では他者の身体と自己の身体を入れ換えた事態であるのに対し，こちらはある対象に向かい合った複数の人たちが，自他間で同一の対象であることを互いに発話することにより，自他の身体がそれと反映的に同一であることを照らしだすものである。「メガレンジャー」の連続発話（41M，42M，43H，44M，45F）も「ウルトラマ::ン（0.6）シェブン＝」［図版58H］前後の連続発話（57T，58H，59F，62H，63F，67F，68H，69F，70H）もこうした対象上での視点の重なりがつくる身体的互換性を示している。

身体の交換性が示されている第3は，〈できごと〉の対象に憑依して演じることで互換的となる身体である。ともにウルトラマンという同一の対象に変身することにより共通で互換的な身体をつくりあげている。Fが「名前は…」（67）と言うのに対して，Hは「おれの体は…」（70）と言って指で自身の体を指している［図版70H］。

最後に，互いの身体の交換性や互換的関係，同一対象による二人の身体の憑依等では，自他間の視点が相互に欲望の対象となることを示している。H

が偶然に行ったシートを眼に当てる行為［図版27H］は，TやFの欲望の対象となったことがHに対して示されること（28T，29T，35F）で，Hにとっても自分が行った行為の意味性が付加されつくり変えられていく。ピンクのビニールシートに対するHの愛着は，他者である兄や父がそれに対して示す愛着と同一化することであり，それは対象（〈もの〉）への〈身ぶり〉を対象の上で重ね合わすことである。このようにして，HはTやFと同様に，そしてMと同様に対象に対して自分の愛着を身ぶりによって重ねていく。［図版70H］（67F，70H）の身体的憑依では，同一化の対象となっているのはFが行ってみせたウルトラマンセブンの身ぶりと発話である。Fの行った行為（身ぶり）と行為に埋め込まれた〈まなざし〉がHの欲望の対象（ウルトラマンセブン）となり，ピンクのビニールシートを媒介とした同型的なふるまいにより，Hはウルトラマンチロへと変身を遂げている。視点の交換性や身体の互換性は抽象的で無性格なものではなく，自己の身体と自己の行為を，具体的な他者の身体と，その他者が対象に対して行う行為へと同一化しようとする欲望関係にある。身体の交換性や互換性を通して協働的な〈できごと〉や対象が成立することは，認識上の〈できごと〉でなく相互行為上の，存在関係上の〈できごと〉なのである。

2．〈できごと世界〉—事例3：Kのあさがお

　もう1事例，〈できごと〉の世界をともに生きることを応答的な実践関係として捉えてみたい。ここでは，トランスクリプトや状況記述が長くなるため省略し，45分の授業の場面をいくつか選択して考察を加えている[30]。

（1）生活科の授業記録
　子どもたちは小学校に入学した日，担任からフシギノタネという種をもらった。5月16日自分の鉢にその種を蒔いた。そして登校時や休み時間に水をあげたり様子を見たりして，芽が出たフシギソウの世話をしてきた。参観した5月29日，子どもたちはフシギソウに水をあげたり，お話ししたりす

る活動をしていた。活動場面で着目したK（男児）は，クラスで2番目に遅く芽が出た児童である。またFとOは教師，E・U・Yは同学級の児童である。なお，（　）内に示す番号はトランスクリプト番号に対応している。

（2）"あまみず"をあげたこと
〔場面1〕：Fにあまみずをあげたから大きくなったことを話す

　　Kが木陰で友だちと鉢を並べて置いて，いっしょに水をあげていると，担任Fがやってきた。Kは，急いでFの横へ自分の鉢を持って行き，自分の芽を見て鉢全体を左右に指さし，「これ（.）ぜ：：ん<u>ぶ甘い水あげた</u>」（720）と言う。FはKの言葉を聴くと，鉢を見てからKを見上げ「雨水あげたの（.）」（721）と言い，「なら雨水ためてたの＝」とKのペットボトルを指さして聞く（722）。Kは「＝う（.）うん」と，Fの顔を見て一瞬口ごもり，うなずく（723）。

　　FはKを見てうなずくと「どうして雨水がいいと思ってたの」（726）とたずねる。Kは「だってお（0.2）°大きくなるから↓」（728）とペットボトルのキャップを回しながら小さな声で答える。「あっそっか：：」（729），FはKを見上げて2度うなずき，Kが手に持っているペットボトルを見る。そして，左手で雨が空から降る身ぶりをして「雨水お空から降ってくるから？」と言い，Kを見る（730）。1.5秒間の沈黙の後，Kは遠くを見ながら無言で首を右に傾け，右腕を伸ばして校舎の前の水道を指さして「°ちがう」と小声で言う（731）。そして再び水道を指さして「ちょっと（.）向こうの（0.2）あまみず-いま（0.4）Eちゃんとかが（0.6）くんでたところあすこがぁ：：あまみずっていうの」（733-737）と言う。

　　しかしFは，Kの指さす方をちょっと見て，目の前のUの鉢に手を伸ばして「ねえねえ（.）Uさんのさあ（0.6）はっぱ（0.4）なんかすごい大きいの（本葉）がでてるよねぇ」と言う（738）。Kは，立ったままUの鉢を見て頭の後ろを右手でごしごしと3回かいている（739）。

(3)〈こと（異）なり〉から〈言成り〉へ

Kが話した「甘い水」(720) は，Fに「雨水」(721-722) として受け止められる。Kの行為の文脈とFの行為の文脈のずれを背景としたやりとり (720-737) が，Kの「大きくなる水」に対する語りを「甘い水」から「あまみず」(737) という語り口へと変容させている。音声的に二人に協働化された「あまみず」という言葉が，KとFの両者の経験や活動の文脈において「雨水」≠"あまみず"と差異を胚胎しながら重なり合わずにいる。Kにとってのその〈こと（異）なり〉が，"立ったままUの鉢を見て頭の後ろを右手でごしごしと3回かく"(739) 行為に表れている。そしてここから新たな行為表現や言語行為（〈言成り〉）[31]が〈動きつつあるゲシュタルト〉[32]として開始されていく。

Kにとって，芽が出て元気に育っているフシギソウが〈いま―ここ〉にあることと，そのことを成り立たせた未だ言語化されていない自分の活動や経験の意味，その両者が相互に差異をつくるあいだの場所に，また，自分とFとのあいだの場所に，"あまみず"という言葉は所在なく漂っている。Kの身体と言葉は乖離し，経験の深層とのあいだをつなぎえない状況にある。このとき，Kには，自分の身体の中に響いている"あまみず"という言葉とフシギソウに対する経験とが，Fの身体において共鳴していないことを感じている。共通の言葉を介して会話しているにもかかわらず，他者と自己との身体的位相での響き合いの不在は，言葉の不成立として，また，自己の不在感としてK自身に感じられKは頭をかいている。身体により生きられた経験世界相互の響き合いの成り立ちとして，Kは"あまみず"をFやUとの実際のやりとりや会話（身体的行為の応答関係）において成り立たせたいと感じている。そして，この身体的行為の応答関係が"あまみず"という言葉（〈意味するもの〉）により，Kの身体的経験の中にある論理との連続性として〈意味されるもの〉を成り立たせたとき，"あまみず"という言葉は，KとUやFの身体の深みを通して分かちもたれるかのようにともに成り立つといえる。それは，これまでの自分の活動や経験の意味が成り立ち，〈いま―ここ〉に

おいて，Kが未来に向かいフシギソウとともに生きる行為の可能性が成り立つことである。

〔場面２〕：学級のみなに話す

　　　Kは「あまみず↑（2）すっごく：：あまい水」（1110）を自分が毎日あげたから芽が出て大きくなったことをみんなに話した。けれども，Fには最初「あまみずってね↑hh（0.5）甘い水っていうよりね↑hh（0.5）お空からふってくる雨の水↓（0.5）」（1114），「これが雨水なんですよ↓」（1116）と受け止められ，友だちには「甘い水かあ：：↑」（1117-1118）「そうだぁ：：甘ぁ：：い-」（1124）と，「甘い水」とて受け止められる。Fも「（ねえ（.）でもKさんはあまい水って（.）甘い水だって思ったの？」（1119）．「お砂糖の入った甘い水だって思ったの？」（1123）．「ねえ：：それをやれたから芽が出たの？」（1128）と，Kにたずねる。そして，「じゃあ（.）Kさんの"あまみず"（.）特製の甘いお水をやると（.）もしかして（.）芽がいっぱい出るかもしれません」（1130），「なので（.）もし（.）Kさんと同じ"あまみず"やろうかなと思う人は（.）つくり方聞いて（.）今度つくってみてくださいね」（1135）とみなに話す。

（4）新たな意味生成

　Kは「大きくなるから」と思い，フシギソウに"あまみず"をずっとあげてきた，自分の行為の意味を成り立たせようとしている。〔場面２〕でクラスの友だちに自分が"あまみず"をあげたから芽が大きくなったということを聞いてもらった過程で「"あまみず"は砂糖を入れた『甘い水』だからフシギソウが大きくなったのだ」というこれまでの自分の活動への意味づけに〈こと（異）なり＝言成り〉が生じ，自分の願いを込めた働きかけにより水道の水は「すっごく：：あまい水」，「すっごい味がすぎる」水となり，それをもらうフシギソウは元気になり大きくなるのだという新たな意味が生成されている。

〔場面３〕：砂糖がなくても"あまみず"ができることをＯに話す

　　自分がフシギノタネやフシギソウにあげた"あまみず"が，友だちやＦに十分に受け止めてもらうことができず，Ｋは近くにいたＯのところへ行き「砂糖がなくてもあまみずできるよ」（1201）と"あまみず"のつくり方を語り始める。Ｏが「どうやって」とたずねると，Ｋは「えっ（.）簡単」と言い，「遊び場のむこうのお水」と校舎の前の水道の方を見てから，持っていた鉢を足元に置き，水道を指さす。「そこの水をとって（.）空気を入れる」。水をあげるペットボトルのキャップを取り，ボトルの口を自分の口に当て「フー」と音を立てて長く息を吹き込む。ＯはＫを見て２回小さくうなずいている。「で（0.3）あまみずができあがり」と言いＫはボトルのキャップを閉める。Ｏは，口を小さくあけ，にこにこして，少し驚いたような顔でＫを見る。Ｋはキャップをはずして，ボトルを口に当て「ふー」と息を１回強く吹き入れる。そして，空のボトルを両手で押して鉢の芽に水をやるふりをする。「で，入れるんだ」Ｏはその様子を見てにこにこして言う。Ｋは「（あまみず）で↑ないでしょ」と言いＯを見る。Ｏは，にこにこして２度うなずく。「でも出てるんだよ」。Ｏはうなずく。「フー：：（0.5），フー：：（0.5），フー：：（0.5）」さっきよりも強く３回息を吹き込む。空のボトルを両手で押して鉢の芽に水をやるふりをする。ＫはＦのところへ行き，「あまみず（.）あそこのお水を入れて空気を入れる（1）フー」とＦに向かい息を１回ボトルに吹き入れてみせる。「じゃ：：みんなにもそのこと教えてあげて」とＦはＫを見て言う。Ｋは「はぁ：：い」と右手を上げて笑って返事をすると，振り返りＯに向かってさらに強く息をボトルに吹き込みながら歩いてくる（1202-1238）。

(5) 対話的生成過程の広がり

　Ｋは，木陰での話し合いの後，少し離れたところで参観していたＯのところへ行って，"あまみず"の「つくり方」について，新しい語りをつくり始めるのである。Ｋの言葉にならない"あまみずをあげたこと"の思いが"あ

まみずのつくり方"として，ペットボトルに汲んだ水へと働きかけるKの行為の新たな関係の成り立ちとしてOに語り始められ，"あまみず"の新たな意味が生成されている。

　意味生成の過程に生きて働いている子どもの行為に対する観察のあり方は，第三者的な観察者のかかわりとは異なるものである。むしろ，この場面のOにみるように，Kという個人の行為の意味の成り立ちやその成り立ちにくさの最初の目撃者であり，共有者であるといえる。それは，Kと一緒にKが生きている〈できごと世界〉をともに見，感じ，考え，時としてともに行う（支える）他者なのである。仮に子どもが観察者を意識しているとすれば，こうしたともに生きる他者，「他者の他者」として自分を意識しているということである。

　「甘い水」，"あまみず"は，砂糖ではなく，友だちの芽がよく出た水道の水に，大きくなって欲しいと願うKの息（生命の力）を強く3回吹き込むことで，フシギソウにKの命の力を与え，大きく育つ"あまみず（甘い水）"となるというのだ。［場面3］にみるように，「つばが入るとにがい水になるから」(1241)，「なめるとすっぱい水になる」(1246) ということ，［場面4］で砂をかぶって萎れてしまい元気をなくしたYの芽を見たときに，「ぼくのあまみず(.)すっごい味がすぎるよ↑」(1312) と話すことから，"あまみず"は砂糖を入れなくてもできる「あまみず↑ (2) すっごく：：あまい水です」(場面2：1110) であるといえる。

　"あまみず"とはフシギソウへの自分の願い（働きかけ）を込めてあげる水のことなのだという意味が，Oへの身ぶりによる語りを通して生成されている。"あまみず"には，Kの願いや働きかけが書き込まれつくり変えられている。その"あまみず"をもらい大きく育つKのフシギソウにも，Kの願いや働きかけが書き込まれている。そして，"あまみず"をもらい次第に大きく育つフシギソウの様子は，Kのフシギソウへの新たな願いや働きかけである，感じ，考え，行うことに書き込まれて，フシギソウとともに生きるKの行為を新たに立ち上げていく。Kとフシギソウとは，このようにして互いの

行為と相互作用とをつくり合いながら〈いま―ここ〉にともに育ち生きている。Kとフシギソウは，そうした生きることの対話的生成過程を，"あまみず"をあげることを媒介にして相互に行い表し合って生きているといえる。

Kにとって自分のフシギソウに対して行ってきた，自分だけのかかわりの過程の意味は，このようにして他者（O，F）と幾重にも分かちもたれる過程でつくり変えられ，Kの行為の意味として成り立っている。Kの生きている世界，"あまみず"を通してフシギソウとともに育っていく個別の世界は，このようなあり方で他者とのあいだに開かれており，他者とのあいだに〈できごと世界〉として生成されている。

〔場面4〕：Yから"あまみず"をあげて欲しいと頼まれる

そこにYが，自分の鉢を両手に持ちうなだれてやってきて，「ねえ：：ぼくにも水ちょっとあげてくれる？」（1313）とKに頼んだ。Yは友だちやこの日参観に来た大学生と一緒にジャングルジムの下でフシギソウの話をしていたとき，フシギソウに砂がかかってしまっていた。砂をかぶったYのフシギソウは萎れてしまい元気がなかった。Yはどうしていいのかわからず O（教師）のところへ相談にきた。フシギソウと同じようにYもうなだれて元気をなくしている（1313）。

YのフシギソウをみたKは，「それ（.）あまみずだ」（1309）鉢を覗き込みながら言い，「ぼくのあまみず（.）すっごい味がすぎるよ↑」（1312）とOの方へ向きを変えて近づきながら大きな声で言う。他者（Y）がフシギソウとかかわり生きる過程に，自己（K）が自分のフシギソウに対してかかわり生きた行為の過程（歴史）が重ね合わされている。Yは，「ねえ：：ぼくにも水ちょっとあげてくれる？」と，両手で自分の鉢を持ったままKに近づき，鉢の中を見ながら言う。

Kは，「わかった」（1314）と言うと，すぐに自分の鉢とボトルを持ち，校舎の方に向かって歩き始める。Yも自分の鉢を持ったまま，Kと一緒に校舎に向かって歩き始める。Kは，「ちょっと先生待ってよ：：（0.6）」

(1317)と，教室へと戻るため子どもたちが校舎の前で自分の鉢を並べている様子を見ているFに向かって大声で呼びかける。そして，「ちょっと待ってね」(1318)とYにひとこと言い，鉢を持ったままFのところへ走っていく。「<u>F先生</u>（0.4）YくんにもあまみずあげとくよL」。FにYにも自分のあまみずをあげることを話すと同時に，Kは，校舎の脇に自分の鉢を置き，ペットボトルを持って，「<u>あまみず：</u>」(1323)と大声で叫びながら校舎の前にある水道に向かいまっすぐに走っていく。

〔場面5〕："あまみず"をつくりYと一緒にあげる

　　Kは校舎の前の水道でペットボトルに水を入れ，フー，フー，フーと息を3回ボトルの口から吹き込む。「これで大丈夫（.）あまみず」(1329)と言い，カメラに気を取られていたYに「ほいあまみずだよ↑（0.6）」(1331)と渡す。Yは，「貸して↑」と言ってあまみずを受け取ると自分の鉢に向かって走りだす。Kは，走っていくYの後ろからゆっくり歩きながら「あんまり入れすぎないでね」というが，Yが自分の鉢にたどり着きそうになると自分も走りだして追いかけていく。Yは鉢の前に立ったまま身体をかがめ，ペットボトルから"あまみず"をフシギソウにあげながら，「おいしいって言ってるかな（0.4）」と独り言のように言う。

(6) 活動の次元で活動をつくり組み変える

　　Yのこの言葉は，①萎れてしまっている自分のフシギソウに対して，②それに"あまみず"をあげている自分に対して，③そして"あまみず"をつくってくれたKに対しての3つの「宛名」（実践的関係）をもつ語り（つぶやき）である。KはYの鉢の横にしゃがんで，鉢の中のフシギソウを見ながら「おいしいだってさ」(1339)と，Yのこの働きかけ（語り）に応えることで受け止める。Kのこの応答（言葉）は，Yがともに生きようとしているフシギソウがKの"あまみず"をもらった様子を，Kが感じ考え，Yのフシギソウの声として，同時にその声を媒介して語るKの声という二重の声として，Yを宛名として語られている。

このとき，Kは自分の"あまみず"を，他者のフシギソウを通して，また他者（Y）のフシギソウへのかかわりを通して新たに生きている。Yは，他者（K）のフシギソウをよりよく育てるやり方（行為の関係性，筋道，論理）を通して，自分のフシギソウがより元気に生きる未来を，生きようとしている。Kにより生きられている"あまみず"の世界は，Yの行為を通してYのフシギソウへとかかわる言葉や行為として生きられている。Yの萎れてしまったフシギソウの世界は，"あまみず"をYがあげる行為を通して，Kによっても生きられている。"あまみず"をあげてフシギソウを育てているKと，萎れてしまったフシギソウを元気にしようとしているYとは，"あまみずをあげること（行為）"を媒介にして，互いに新たな自己の活動をこの一連の行為の過程でともに成り立たせている。そのとき，"あまみず"の意味や働きもまた，二人のあいだに「共同化された対象」[33]として成り立っている。そして二人が〈いま―ここ〉に"あまみず"を媒介にしてフシギソウとともに新たに生きること（生活）が成り立っている。

　Yとのあいだに"あまみず"の関係が成り立ったとき，KはこのことをFに知らせることにより，Fとのあいだにも"あまみず"を通した新たな関係を成り立たせようとしている。〈いま―ここ〉でY（他者）とのあいだに，"フシギソウにあまみずをあげること"が〈成り立つ〉ことは，Kの〈生〉が過去と未来において〈成り立つ〉ことを意味している。

　行為は行為の次元で，〈もの，こと，人〉とのあいだにおける「関係の関係それ自身への関係」[34]の連鎖を通して，その行為の次元や位相を越境して連結することにより，新たな〈行為＝意味〉を生成していく。こうしたことが，活動の次元で活動をつくり組み変えていく，「活動を生産する活動」[35]を生成していく。

〔場面６〕："あまみず"をずっとあげると言う

　　Kが戻ってくると，Yは残った"あまみず"を側溝に撒き散らしながら歩いていた。Kは，「ちょっと（0.2）あまみず捨てないでよ：：」（1343）

と，大声でYに駆け寄ると，YはKの鉢にも残った"あまみず"をやりはじめる。Kは，「もういいの↑ (0.2) 入れすぎ」(1346)「返してよ」(1348)，「返してよ (.) ぼくのなんだからぁ」(1352) と言いペットボトルを取り戻して自分の鉢の横に置き，自分のフシギソウに向かって「じゃ (0.2) あまみず (0.2) ずっとず::っとあげるね↑」と，大きな声で語りかけた。「へへへへへへへ::っ (0.6) あまみずずっとあげよっと (2)」(1401) とつぶやき，Oの方へと歩いていく。Oは，Kが自分の所まで歩いてくるのを待ち，並んで昇降口へと歩きだす。Kは，地面を見てOと一緒に歩きながら，「あまみずずっとあげるから (0.4) °ぼく (0.2)」(1403) と小声でつぶやき，「ぼくちんね」(1404) と，もう一度地面を見ながら声を大きくして言い，顔を上げてOを見る。そして，前を向き並んで歩きながら「あまみずだぁ::い好きみたいだよ (0.4)」と言う。

(7) 媒介物と協働的世界

　自分だけでなく，Yのフシギソウも元気にすることができた"あまみず"を，ずっとあげるから大きくなってねという思いを，Kはこのとき自分の鉢のフシギソウに対して語りかけている。フシギソウが大きく育つことは，Kがフシギソウとともに育つことである。他者とともに，他者のフシギソウとともに育つことである。それを可能にしているのが，Kがつくった"あまみず"という大きく育てることを「媒介する人工物 mediating artifacts」[36] であり，その媒介物をクラスの友だちや先生等の他者や協働（共同）体において語ったり使用したりすることを意味している。
　フシギソウとともによりよくありたい，よりよく育ち（生き）たいと願うKがつくった"あまみず"は，フシギソウと自分とのかかわりのあり方の実際を，自他のあいだとフシギソウとのあいだに見えるようにし，フシギソウにかかわる行為とフシギソウへのかかわりを通して周囲の他者へと自分がかかわる行為を生起させてくれる道具（媒介物 mediation）なのである。"あまみず"は，フシギソウとともによりよく生きようとするKによりつくられ，K

第1章　子どもの行為の意味生成　201

や他者により使われる過程で，"あまみず"の意味，フシギソウの意味，育てているKやYの行為の意味，"あまみず"それ自体の意味を，それぞれの〈いま―ここ〉に生きる行為や活動の次元で相互に同時につくり表し，世界を協働性において可視化したり相互に実践することを可能なものとしているのである。

〔場面7〕："魔法の種"という名前にしたことをFに話す

　　Kの言葉にOが「甘いから？」と尋ねるのをさえぎるようにして，Kは「アサガオの（0.4）不思議（0.2）の種」と言う。また，3秒ほど黙って地面を見て歩くと顔を上げ，まっすぐ遠くを見て「ぼく"魔法の種"っていう（0.3）ことにした（0.4）」（1410，1411）と語りだすと同時に，身体ごと地面から弾むようにして跳び上がる。そのままスキップするように走りだすと（1412），「ちょっと待ってて」と，Fが歩いていった昇降口に向かって走りながらOに言う。Fに，「でもどうして"魔法の種"っていう名前にしたの」と聞かれてKは，「神社から飛んできたから」（1514），「ぼくのところに飛び込んで入った」（1518），「ぼく植えてないのにぃ：：あれができてきたから：：」（1519）と答えている。Fは「なるほどねぇ（.）まえの神様にしかわからないかもね：：」と応えている。Kは「"魔法の種"だいすき」（1523）といい，スキップして弾むようにしてFと並んで歩いている。

(8) 不思議さからの新たな語りの生成

　KがOに"魔法の種"という言葉（道具）を媒介にして，植えていないのに出てきた芽について語ったことにより，新たな応答（語り）が生まれている。神社，飛んできて飛び込んだ種，植えてないのに出てきた芽，"魔法の種"という連鎖が，Kがこの日，不思議に思う〈こと〉として成り立ったとき，そして，そのことにFが応えたとき，新たな〈関係＝意味〉を立ちあげたこと，この新たな〈関係＝意味〉をFとのあいだにおいて分かちもつこと

を成り立たせたこと（新たな関係）が生起している。

　意味の生成は，Kが自分の植木鉢と一緒に生きた活動の生成の歴史，行為の過程であり，"Kの自分"の生成の歴史である。そこにKにとって未だ言語化されていない〈こと〉，それゆえに他者を介して応答してもらうことにより，自己の言葉へと回帰させたい〈こと〉がある。〈こと〉の成り立ちがある。

　先生からもらったフシギノタネに対して，植えてもいないのに出てきた"魔法の種"という新たな語りを行うことにより，これはKの植木鉢だけの〈異なり〉となっている。そのため，Kはこの新たな語りを，Fや友だちとのあいだで協働の〈できごと世界〉として生成していこうとする。共同の〈生〉から個別の〈生〉へ，個別の〈生〉から共同の〈生〉へと〈こと（言）〉の成り立ちを媒介にして，Kが自分の個別の〈生〉を行為の過程として成り立たせていくこと，ここに終わりのない意味生成の過程がある。

　Kの不思議さや思いは，ここにおいても関係に対する関係の重層性を媒介にして，Kの身体的行為（活動）の意味を，終わりなくつくり変えながらより確かなものへと生成し続けるのである。Kのフシギソウやフシギノタネとのかかわりは，Kとのあいだの閉じられた行為的・実践的世界として成り立つのではない。Kの行為や経験が友だちや先生の行為との関係を通してどのように分かちもたれていくかにより，最終的にKにとって成り立つ活動であることがうかがえる。

　Kの生きて働いている〈私＝自己〉は，自分と〈もの，こと，人〉との実際の関係を，他者を通してつくり合い，表し合い，分かちもち合い，その実践的かかわりを味わい合う過程を通して成り立っていく。すなわち，自己が〈もの，こと，人〉に対して行う行為の関係や働きに対する他者の行為の関係や働きの連鎖がつくる自他双方にとっての共通の外部〔他者性〕を通して，Kにおいて〈成り立つ〉のである。共通の外部，他者性をもつものとは，この事例においては，フシギソウ，友だち，F，O等との働きかけ合う過程である。

(9) コンテキスト

　他者性をもつものとは，自己とは異なる他人であったり，いわゆる「もの」であるから他者性をもつのではない。K（行為者）の働きかけに応答する〈もの〉の相互作用や他者の行為が連鎖することでつくりだされていく実践的な関係状況（コンテキスト）が他者性をもつのである。実践的な関係状況（コンテキスト）は，行為者，〈もの〉，他者という3者の行為と相互作用によりつくられている。また，行為者，〈もの〉，他者における行為や相互作用を有意味なつながりにおいて実際に生起させるものでもある。

　しかしながら，コンテキストは，その3つのいずれにも完全には属さず，いずれとも同一ではない独自で一回性のあり方として存在している。コンテキストそれ自体が，行為者と〈もの〉や他者の双方に行為や作用を生起させるメタ的な場や状況として働いている。コンテキストは，行為者と〈もの〉や他者とが，応答し合い働きかけ合う相互作用・相互行為によりつくられるものであり，同時に，相互作用・相互行為の発動や現れとその意味をつくるのである。コンテキストは，行為者と〈もの，こと，人〉のそれぞれの，既存の意味や働きを超えでる作用や行為がつくりだしていく場や状況である。同時に，そうした作用や行為によりつくり変えられながら，自己と〈もの，こと，人〉のそれぞれの働きと意味をつくり成り立たせていく他者性をもつ外部である（この"外部"についての存在論的な考察は第3章を参照）。こうした実践的関係状況に相互に出で立ち，途切れることなく互いにコンテキストをつくり合うことを通して，行為者，〈もの〉，他者の行為や作用の働きとその意味がつくられ，分かちもたれていくのである。

　自己と〈もの，こと，人〉とのあいだで〈働きかける―働きかけられる〉ことにより実践的に生成されていくコンテキストは，［自己―〈もの〉］，［自己―他者］，［自己―自己の行為・活動・経験］のそれぞれにおいて，相互に未知で他者性をもつ関係，場，状況である。自己と〈もの，こと，人〉とのあいだで，相互に未知で他者性をもつ関係，場，状況での相互作用・相互行為を通して，いわゆる個人の個別の行為が，個人の境界を越境して，〈もの〉

の側や他者の側にも，ともに意味を生成し成り立たせるのである。

　行為の働きに対する働き，自己の行為が〈もの，こと，人〉に対してつくる関係に対する〈もの〉からの相互作用や他者の相互行為という応答関係が，フシギソウを大きくする"あまみず"や，植えてもいないのに出てきた芽（"魔法の種"）を，文化的で社会的な場や状況において〈対象＝意味〉として成り立たせ，その成り立ちとその過程を媒介にして自己にとっても〈対象＝意味〉が成り立つのである。

　Kの経験（行為の意味），Kの〈自己〉は，K個人とフシギノタネやフシギソウとのあいだでの〈働きかける―働きかけられる〉相互作用のみにより成り立つのではなく，自己がかかわり合うフシギソウとのあいだにつくる実践的かかわりに対する他者の実践的かかわり（行為の働きや関係それ自体についての働きや関係），他者の実践的かかわりに対する自己の実践的かかわり（行為の働きや関係それ自体についての働きや関係）を，他者とのあいだでつくり変えていく，応答的で対話的な実践関係において，"あまみず"や"魔法の種"という〈対象〉の意味と，その信憑性（確からしさ）やアクチュアリティ（手応え）をつくり合い，分かちもち合い，味わい合うことで成り立っている。

　したがって，行為の意味とは，Kの〈私＝自己〉が〈いま―ここ〉で生きることの意味，Kと他者との関係の意味，Kとフシギソウ，"あまみず"，"魔法の種"との関係における終わりのない意味生成の連鎖なのである。

第2章

〈できごと〉の現れを生成する
　　　　　　　　　　行為表現と〈学び〉

§1　行為表現と〈生きることとしての学び〉

1. 遊びと行為表現へのアプローチ

　他者との相互的（自他間での）な遊びにおける子どもの行為表現（ここでは，"行為"に着目する視点から"行為表現"と記す）は，生活に埋め込まれて実践的に遂行されており，その意味も性格も多元的である。こうした子どもの行為表現と遊びにおける〈できごと〉の生成とは，遊びの実践的遂行過程においては不可分であり，相互に依存して形成されるものである。そこで子どもの行為表現を以下のような意味をもつものとして概念規定する。

　"子どもの行為表現は日常的生活場面における遊びの〈できごと〉の実現過程に埋め込まれて遂行される。それは，遊びの〈できごと〉の実践的遂行過程において既に社会的意味をもつ事物や自然，過去の〈できごと〉を資源として利用することにより，それらがもっていた意味や機能とは異なる意味や機能へと変容させることにより，自他間で遊びの〈できごと〉を生成する

一連の相互行為である"。この規定をもとに行為表現の関係や〈できごと〉，性質を捉えていく。

(1) 遊びの協働的生成と行為表現との関係

　他者との相互的遊びにおける子どもの行為表現は，事物（素材）がそれまで社会的にもっていた意味をつくり変えて，自他の行為を媒介する新たな意味と機能をもつ道具を形成することである。こうした道具の形成には，身体外部の事物を変容させることだけでなく，身体自体を道具としての身体（音声や口笛，ボディパーカッション，道具的機能をもつ手腕や足，ポーズなど）へと変容させることも含んでいる。また相互的遊びの実践過程において遊びの道具をつくることは，「意味」と「機能」を生成することであり，文化的道具を生成することである。意味は自他のあいだで相互主観的なものであり，機能は自他のあいだにおいて相互行為的なものである。それぞれ「実体」ではなく「関係」である。自他の遊びの〈できごと〉における行為表現は，「自己」の内面的な意味の生成ではなく「遊び」という相互的な行為場面のプロセス（やりとり）がつくりだす〈できごとの意味〉である。音楽表現，身体表現，造形表現，言葉による表現，いずれの表現も個人的な意味の生成過程として達成（観察）されるのではなく，社会的で協働的な意味の生成過程として達成（観察）される。またはその挫折や禁止の過程として達成（観察）されるものである。そうした意味で子どもの行為表現は，「作品」の中のみで意味を達成しているのではなく，遊びの〈できごと〉全体の中で達成されているといえよう。〈できごと〉は，自他間の発話や身ぶり，視線のやりとり，作品・表現媒体を用いた遊び（行為），遊びへの他者の参加等が相互行為文脈をつくりだし，この文脈が作品や表現媒体の意味を明確なものとして参加者に指し示して，それを知覚可能で使用可能なものにする。

　こうした意味で，子どもの行為表現は〈できごと〉を通じて他者に対して開かれている。他者に対して"開かれている"とは，他者による観察可能性，参加可能性，説明可能性，共有可能性があることをいい，それは遊びで

使う道具や場の使用可能性，再製作・再創作・再表現可能性等をいう。

　子どもの行為表現は，表現の［意図・目的・イメージ→計画→表現行為→作品→鑑賞］という順序立ったプロセスではなく，自他相互の行為や遊びの中からイメージや意図・目的が生まれてくる「場当たり的」であり「状況依存的」「相互的」なプロセスにより遂行されている。行為表現は〈できごと〉の意味を行為のひとまとまりの単位としているため，〈できごと（遊び）〉の文脈が変化すると，同じ「道具（事物）」であってもその意味や機能が変容するためである。また，子どもと大人では表現についての既習の知識や技能が非対称的であるため，両者の相互行為場面では「大人の方法」により子どもの表現欲求が権力的に禁止されたり，挫折することもある。その理由は，子どもは身のまわりの事物の視覚的再現性や造形表現・音楽表現等の文化的細分（専門）化を重視しないし，遊びの中でつくられる遊びの道具と身体も，他者から「見られるもの」ではなく，「使用されるもの」であるためである。

　このように，遊びの中でつくられる道具は，遊びへの参加の仕方（身ぶり）を参加者に対して指し示すものとして機能する。また，遊びの道具は，参加者間の集団の証であり，その遊びに参加する集団の社会的境界と結束をつくる。しかし，遊びは〈できごと〉として他者に対して開かれているので，遊びの道具がつくられる相互行為過程に参加していなかった他者も，遊びの実践過程（使って遊ぶ）に参加することにより，道具の意味と機能を理解することができる。

　遊びが〈できごと〉として"開かれている"ということは，誰（個人）がその道具の作者であるか（著作権）は基本的に問われず，遊びの場の境界は曖昧で他者が表現の場へ出入りすることも可能としている。遊びの場の境界は道具や遊びの実践的展開とともに移動可能であり，移動した先での資源を利用して遊びの場と〈できごと〉の空間を現出し，日常的生活空間を変容させていく。遊びという相互的協働的生成過程は，〈もの〉から道具を形成し，知覚と行為と身体を変容させ，記号や道具に媒介された協働的意味生成の経

験と行為を子どもたちに成り立たせていくのである。

(2) 遊びの協働的生成と現実性（リアリティ）

　子どもの行為表現において生成される記号（言葉）や道具の表現様式は，完結せずに未完結の状態にある。未完結であるからこそ，遊びのための記号や道具は遊びの場に開かれていて誰もが製作し創造することが可能な状態にある。その意味で，著作権が問われないものである。遊びの中でつくり表されるものは，「見る」ものではなく「使用」されるものであり，日常的な場を遊びの〈できごと〉の意味空間へと変容させるものである。生成される記号や道具は，表現の視覚的再現性（representation）や図像的細分化による意味の具体化へ向かうのではなく，遊びの〈できごと〉の現実性（reality）の実現へ向けられている。また，記号や道具を使用することは文化的形成物としてその遊びを行う参与的身ぶり（遊び方）を自他にアフォードするものでもある。さらに，遊びの場は参加者の行為（身ぶり）と相関的に構成され，境界を伴いながら行為者とともに移動するものであるといった性質をもっている。

　さて，子どもが遊びの場面で生きて紡ぎだしている時間と空間，すなわち遊びの世界とは，想像的意味が充満した時空間である。それは，遊びに参加する子どもたちが互いに行為し，発話し，遊びで使うものをつくることによって，その場その場で刻々と展開し生成する〈できごと〉の空間性と時間性である。

　子どもにおけるこの文化の生成過程の特質は，遊びを遂行する子ども個人の心の中の物語として展開することに特徴があるのではない。具体的な場で遂行される遊びの実際の〈できごと〉が，他者とのあいだで開始され高まりを経て終結していくという，自他間に開かれて進行する〈できごと〉の展開過程にある。こうした文化の生成過程は，当事者としてそこに実際に参加し，自他が実現すべき遊びの〈できごと〉に向けて発話し，行為し，造形し，使用するという相互的・状況的な関与によりつくりだされるものであ

る。

　したがって，子どもたちが遊びを展開している実践の事実そのものへ立ち返り，遊びの〈できごと〉や物語が生成される場とプロセスの変容過程に着目することにより，子どもが成長発達していく実践のその質とその成り立ちを明らかにする必要がある。なぜなら，子どもによりつくりだされ実践される遊びの展開過程とは，遊びに参加する相互的な行為のやりとりにより〈できごと〉と遊びの場とが，いわゆる「現実世界」である日常的生活空間に重なり合うようにしてつくりだされるからである。そして日常的生活空間とそこに生きる子どもの行為を新たに形成していくからである。

　このような，特質をもつ子どもの遊びとそこでつくられる現象を捉えるために，大人の生活空間を形成している時間や空間の視点を無自覚的に投入することは，子どもが行う遊びや生活，表現そのものへの問いを希薄にさせることになる。なぜならば，遠近法的な空間観も直線的で単線的な時間観も，目的意識的な行為観も，あくまで個人とすでにできあがった時間や空間との関係に終始してしまうからである。

　子どもの遊びは個人と時間や空間との関係，すなわち，個人と世界との関係という文脈においては展開されてはいない。個人にかかわる諸要素，すなわち，誰がその遊びを始めたか（遊びの主導権），誰がその遊びでつくられ使用される造形物を考えつくったのか（遊びに用いる道具の著作権），その造形物は誰が使うのか（所有権）等，子どもと遊びの〈できごと〉の関係は，個人という視点において問題とされることは少ない。そして，こうしたことが子どもの遊びの特徴を形成している重要な点である。

　遊びと日常生活世界の関係性は，「多元的リアリティ multiple realities」[37]であり，どちらか一方が他の一方に根拠や正しさを与えるものではない。一人の人間においては同時成立ができない不可逆的な〈できごと〉としての現実性が多次元的に並在すること，そうした多元的現実性が切り変わりながら眼前の現実性をつくりだすことにより成立している。それらは，人がその現実に"いま―ここ"で身体的に参加するとき，実感を伴ったリアルな現実と

して現象することになる。つまり，場が選択され，参加され，そこでの現実生成にかかわりをもったときに，参加する人々とのあいだに生成される〈できごと〉の事実として，ともに知覚され，体験される現実性として現れる。遊びの〈できごと〉への参加という協働的実践の営みは，その〈できごと〉の成立を媒介として彼ら自身の知覚と行為を組み変えるものとして作用する。遊びの〈できごと〉は，一つひとつの遊びの実践に応じて，次元を変えて成立し共同化するという日常生活の微細な諸実践の過程を通して実現される。共同化するたびに多元的現実のそれぞれのリアリティを再生成し，生活そのものを変容させていくのである。そして同時に，その現実世界に所属する事物との関係や対人的関係も再編していくのである[38]。

　子どもの遊びをこうした現実性の多元的な生成過程として捉えたとき，彼らの遊びが想像的でありながら現実性を強くもっていることの意味が理解できる。遊びの〈できごと〉の変容と生活の変容は連続していて相互に関係し依存している。他方，大人の遊びは，日常的生活の現実性からの遊離が大きければ大きいほど，すなわちその遊び性が"理想の現実"に近づけば近づくほど，遊びの〈できごと〉は充実すると考えられている。大人が想定している遊びの内実と遊びの現れは，文化的視野からすればきわめて限られた特殊なものであり，それは何よりも現実世界との乖離や隔絶をその特色としている。一方，子どもの行為表現は大人とは異なり，その堅固な境界性を遊びの特徴としてはいないということが，彼らの遊びが意味的世界を自他間で共通のものとして生成するうえで寄与しているのである。

　こうした子どもの遊びの〈できごと〉の生成とは，その〈できごと〉を現実の日常生活空間にありながら際立たせて協働化し，知覚や身体を行動様式のうちに組み変えて再編していくものである。子どもの遊びは，現実の日常生活空間との連続性を保って相互に依存しながら遊びと生活の両方のリアリティを同時生成するものである。そして，遊びの中で使用される道具や記号（言葉や身ぶり）をつくることは，こうした協働的に参加できる場をつくり，ともに使用可能な道具と使用方法をつくって，共有可能で説明可能な〈でき

ごと〉の成り立ちをつくることなのである。

　子どもの遊びを特徴づけているこうしたことがらが，日常生活の事物や他者，社会との関係を再編する機能を果たす。遊びの機能とは，人間の科学や宗教，芸術等の文化が生成される原形的機能を示している。そして，こうした遊びにおける〈できごと〉やその〈できごと〉において行われるコミュニケーションがつくりだす物語は，造形的につくられた道具からだけではなく，リズムや音声，会話やこれらを使用して参加する身ぶりという相互行為により"いま―ここ"という場で繰り広げられる遊びの〈できごと〉において協働（相互作用）的に生成されているのである。

　さらに，子どもの遊びの〈できごと〉の事実とは，個人の内面と事物，個人の活動と事物との関係や，製作された作品・創造された表現から〈できごと〉の内的リアリティを推測するという方法により明らかにされるものではない。むしろ，子どもが他者とともに遂行的に生成していく遊びの〈できごと〉の現実性の現れを，それが生成される (a) プロセス，(b) 場，(c) プロセスと場との関係性，(d) プロセスと場と達成される〈できごと〉との関係性において捉えていくことが必要なのである。

2．物語と表現—事例4：まほうのほうき

　遊びの〈できごと〉の現実性の現れとは，つくられる場や〈もの〉，身ぶりや言葉を関係づけて織り成される子どもたちの物語であり，詩(うた)であり，音楽である。ここでは実際に詩や音楽が成り立つ過程を事例を通して捉えながら，行為表現の諸相を浮き彫りにしている。

　これから取り上げる事例では，MとSの二人が，オギやお互い同士や空間に身体で働きかけ働きかけられながら，〈ことば＝表現〉を協働的に成り立たせていくものである。この事例の全体記述は省略して，部分トランスクリプトのみ掲載している[39]。

（1） まほうのほうきのトランスクリプト

M: 真理子さん　S: 佐知さん（両名とも仮名）

発　話	行　為
［518］M：	オギを取り自分の束に束ねる
［519］S：	オギの穂先を取ろうとする
［520］M：♪ほ：き　(.)まほ：：のほ：き＝	
［521］S：	Mの「ほ：き」が聞こえるやいなやMの方へからだを向け振り返りMの方へ近づく
＝♪まほ：：のほ：：きはきれ：だね＝	Mの歌をすぐにつないで歌いながら自分のオギの束を見てMの方に歩く
［522］M：	オギの束にまたがり魔法のほうきのようにして走る
	＝Sの歌が終わるとほうきから降りてSの方を向く
［523］S：♪まほ：のほ：きはすごくきれえ＝	Mの後を（オギにまたがり）穂を揺らして見て歩く
［524］M：＝♪くるるんくるるん°くるるん	Sの方を向き立ち止まり穂先を前にしてまたがる
［525］S：＝ちょっとかして	先に行こうとするMを呼び止める
［526］S：かして(.)うわ：：：：すご：：い＝	Mの持つ束に自分の束を合わせる
［527］M：＝♪もっとまほ：の(1)くるるんば＝	歩きながら筆者に近づきカメラに穂を揺らして見せる
［528］S：＝♪くるるんば	Mの後を来てMと同じようにする
（1秒間）	
［529］S：すご：：い一杯集めたねMちゃん＝	Mの後ろから呼びかける
［530］M：＝♪もっと一杯集めるの	オギを抜き自分の束に合わせる
（1.5秒間）	
［531］S：2人の合わせてもうい－(1)もう幸せだね	Mに近づき一緒に歩く
［532］M：♪もっと幸せにする　のの	オギをもう一本抜く
［533］S：♪　　　　　　　　　のね↑	Mを見ながら呼応する

図表3-2-1　トランスクリプト（詩歌の部分のみ抜粋）

（2）詩（うた）の始まりと生きることとしてのリズムと〈ことば〉

　この事例は，生活科の時間の終末部分にあたる。SとMは，この時間を通

第2章 〈できごと〉の現れを生成する行為表現と〈学び〉　213

して十分にオギに親しみ，オギの穂の心地よさの感覚を実感している。それは，頭での理解ではなく身体全体で感じている感覚である。

　まず，その成り立ちの過程について，身体の応答性と促しという視点からどのようなことが起こっているかを考察していく。そのため，図表3-2-1トランスクリプトの記述を3つの部分に分けて，発話の重なりと行為の重なりを含み込んだその部分のより詳細な成り立ちを示す記述に書き換え，以下考察を進めている。

(3)〈ことば＝詩〉が紡がれ合う関係―促され応答する―

　図表3-2-1より前に，Sは〔483〕で，オギを集めながら「ほうきだ：ほうきだね (.) さっさ (1) 私ふわふわほうきつくるね」とMに向けて発話している。また，〔514〕では，「お部屋掃除も楽しくなるね」と発話している。このときMはとくにSに向けて発話していないが，〔520〕でMが「♪ほ：き (.)」と発話したことは，Sの行為や発話に促されてのこととして見ることができる。Sは，Mが〈ことば〉を発したとき，まさに自分が手に取

---

〔521〕S：♪まほ::のほ::きはきれ　┌:だね＝
　　　　　　　　　　　　〔522〕M：│オギの束にまたがり魔法のほうきのように
　　　　　　　　　　　　　　　　　└して走る
　　　　　　　　　　　　　　　　　＝Sの歌が終わるとほうきから降りてSの方を向く

　Mは，Sの「きれ:だね」の声の途中から〔522〕自分の持っていたオギの束にまたがり，魔法のほうきのようにしてその束に乗って走る。そしてSの〔521〕「まほ::のほ::きはきれ:だね」の発話が終わると同時に「ほうき」から降り，Sの方を向く。

図表3-2-2　部分トランスクリプト①

ったオギの穂を抜こうとしていた。しかし，Mの〈ことば〉が聞こえることで自分のしていた行為をやめてしまう。Mの〈ことば〉＝「♪ほ：き」に促されて身体の向きをMの方に変える。これはSがMに身体で応答している現れでもある。そして，Mの〈ことば〉＝「(.)まほ：：のほ：き＝」を引き受けるように応答して，自分の〈ことば〉＝「♪まほ：：のほ：：きはきれ：だね＝」を発し，Mの〈ことば〉につなげていく。Mに促され，SがMの〈ことば〉を引き受けるようにして応答したからこそ，これから紡ぎだされることになる二人の〈ことば＝詩(うた)〉の世界が成り立っていく。すなわち，MとSはこの場面でつくられていく世界の共通の基盤に立ったことになる。

さらに〈ことば〉の引き受け方を見ていくと，Mはまず「♪ほ：き（.）」と発話し，一呼吸置いている。そして，「まほ：：のほ：き＝」と続けている。これは，自分自身が発した「♪ほ：き（.）」から促され，そのほうきが何であるかの応答になっている。一方SのMの〈ことば〉の引き受け方は，Mが発した〔520〕「♪ほ：き（.）まほ：：のほ：き＝」に対するSの〔521〕「♪まほ：：のほ：：きはきれ：だね＝」の応答である。SはそのMの〈ことば〉に促され，Mの〈ことば〉に続く〈ことば〉を連想するかのように「すごくきれえ＝」と応答している。二人のこの発話は続き歌のようになって引き受けられている。

また，Mの歌うようなリズムに合わせるようにSの〈ことば〉も歌のようなリズムになっている。この二人がつくりだすリズムにも二人は促されてさらに続けていくことができている。今度はMが，Sの今発した〈ことば〉＝「♪まほ：：のほ：きはきれ：だね＝」に促され，応答し，オギの束にまたがり魔法のほうきのようにして走る行為としてつなげている。

Mの「まほうのほうき」は，Sに引き受けられたことで，オギの穂は「まほうのほうき」として成り立つ〔521〕。そのつながりに促されて，Mは「オギの束にまたがり魔法のほうきのようにして走る」という行為でSに応答していく。それは発話された〈ことば〉ではないが，身体が語る〈ことば〉として現れている。Sは，Mの「オギの束にまたがり魔法のほうきのよ

第2章 〈できごと〉の現れを生成する行為表現と〈学び〉　215

〔523〕S：♪まほ：のほ：きはすごくきれえ＝
　　　　　　〔524〕M：＝♪くるるんくるるん°くるるん＝
　　　　　　　　　　　〔525〕S：＝ちょっとかして
　　　　　　　　　　　〔526〕S：かして(.)うわ::::すご::い＝

　Sは続けて〔523〕「♪まほ：のほ：きはすごくきれえ＝」と歌うように発話してMの後を（オギにほうきのようにしてまたがり）穂先を揺らして見ながら行く。MはそのSと向かい合わせになるようにして立って、穂先を前にしてまたがりながらSの発話に続けて〔524〕「＝♪くるるんくるるん°くるるん＝」と歌うように発話する。Sは〔525〕「＝ちょっとかして」と、先に行こうとするMを呼び止める。さらにお互いに束を持ったままMが持つ束に自分の束を合わせ〔526〕「かして(.)うわ::::すご::い＝」と発話する。

図表3-2-3　部分トランスクリプト②

うにして走る」という行為での応答に促され、Mがオギの束にまたがって魔法のほうきにしたのと同じようにやってみながら、〔523〕「♪まほ：のほ：きはすごくきれえ＝」と歌うように応答する。

　さらにこれは、Mへの応答であると同時に、S自身がその前に発した自分の〈ことば〉から促され応答していることにもなっている。すなわち、〔521〕「♪まほ：：のほ：：きはきれ：だね＝」が〔523〕「♪まほ：のほ：きはすごくきれえ＝」というように、「きれいだね」とMや自分自身に同意を求める応答から、「すごくきれえ」という「きれい」から促されたその「きれい」をさらに広げて表す応答や、その「きれい」は同意を求めるまでもなく「きれえ＝」なのだという言い切る発話である。

　そして二人は向かい合い、Mの〔524〕「＝

216　第3部　子どもの遊びと生活芸術

〔527〕M：=♪もっとまほ：の(1)くるるんぱ=
　　　　　　　　　　　　〔528〕S：=♪くるるんぱ

　その発話にすぐ続けてMは〔527〕「=♪もっとまほ：の(1)くるるんぱ=」と歌うように発話し、歩きながら筆者に近づきカメラに穂を揺らして見せる。SもMの後を来てMと同じようにして〔528〕「=♪くるるんぱ」と発話する。

図表3-2-4　部分トランスクリプト③

♪くるるんくるるん °くるるん=」という歌うような〈ことば〉とオギの束を揺らす行為に促されて、Sは〔525〕「=ちょっとかして」と二人の束を合わせてみたくなり、その合わせられたオギの束の様子に促され〔526〕「かして(.)うわ：：：：すご：：い=」と感嘆の応答をしている。

　このとき、二人は向かい合わせに立ち、ともに笑顔である。「うわ：：：：すご：：い=」の感覚はSだけのものではなく、束ねられたオギを媒介に二人のあいだで成り立っている。その「すご：：い」に促されMは「♪もっとまほ：の」のほうきを集めようとし、オギの群生している方に歩いていく。

　途中ビデオを向ける筆者に向かってMは、Sの「すご：：い=」に促されて〔527〕「くるるんぱ=」という〈ことば〉とともにカメラの前でオギの束を揺らして見せる。このとき注目すべきは、この〔527〕「くるるんぱ=」という〈ことば〉は〈ことば〉としてだけでつくられているのではないということである。今までにSと一緒につくってきている二人の「まほうのほうき」を、筆者に向かって揺らして見せるという動きの中でつくられてきている〈ことば〉である。すなわち、振って見せるという身体全体の表現として成り立っている。

　この時間を通してMとSは、お互いやオギとの関係を楽しみ合う中で、次々にオギの意味をつくり変えてきた。ここでは、筆者にオギを振って見せ

ることによって，オギを媒介に二人のあいだでつくってきている二人の〈できごと世界〉を，外部（第三者である筆者）にまで拡張している姿として捉えることができる。自分たちが生きられた世界を，他者も同じように生きられる世界にしているということである。二人の世界は二人だけに閉じられているのではなく，外に向かって開かれ，それとともに関係の広がりと〈ことば〉がつくられるという二重の〈こと〉をMは行っているのである。

さらにこの行為の中で〈ことば〉がつくられているのと同じように，SもMと同じ行為と〈ことば〉で応答している。Mのしようとしていた関係の拡張と〈ことば〉の成り立ちが，Sにも同じようにして生きられているのである。

このように，二人のあいだで〈ことば＝詩〉が生まれてくるときに，促し促され，応答するという関係を見ることができる。この「促し」について，ヴァルデンフェルスはドアの事例を挙げながら次のように述べている。

> 行為は，事物の促しとともに始まり，自分自身の外から始まります。―中略―古典的な行為論は，目的から出発します。行為の目的は，ドアが開くことにあります。しかし，促しの性格は，未来に達成すべき状態を端的に示唆するのではなく，より大きな開放性がその特徴であり，多くの可能性が同時に提供されています。単に目的を達成することが問題なのでなく，ドアに関することをし始めることが問題なのです。―中略―促しの性格は，ある特定の行為が前もって描かれるといったことなく，行為の諸可能性を呼び起こしているのです。誰もドアを開けるように強制することなく，ドアと別のことをすることもでき，ドアによりかかったり，ボールをぶつけて遊んだりできます[40]。

MとSの二人のあいだで〈ことば＝詩〉が成り立っていくとき，相手の行為の促しとともに始まり，その連続でつくられていることがわかる。そのとき，相手と同じ〈ことば〉を繰り返してみたり，同じようなリズムを取ってみたり，相手の行為を同じようにやってみたり，身体が語る〈ことば〉を発

> ほうき　まほうのほうき
> まほうのほうきは　きれいだね
> まほうのほうきは　すごくきれい
> くるるん　くるるん　くるるん
> もっとまほうの　くるるんぱ
> くるるんぱ

してみたりと，様々な応答の可能性が開かれている。応答の仕方が初めから目的合理的に決まっているのではない。それは，様々な促しが開かれていることも意味している。それを瞬時に選び取って二人はこの〈ことば＝詩〉をつくりあげている。そうしてみると協働的な意味生成において，様々な促しが開けるような可能性があることにより，〈生きることとしての学び〉も開けてくるといえるのである。これは，目的がありそこに至るのに最短の道を行く直線的な学びではない。ヴァルデンフェルスは，「促し」は「象徴に関する余剰」を体現するとしている。そして，日常の貧困化はこの「象徴的な余剰の減少」にあるとして以下のように述べている。

> 　事物はすべて，それが何であるか，その何かにすぎず，それ以上を超えてあることはないかのようです。目的合理的世界では，事物から遊びに類するものは排除され，事物は，何かに役立つか役立たないかとみられますが，ひとたび既存の習慣が崩れるところでは，把握性格が象徴的な余剰を解き放つことになります[41]。

この指摘は子どもの意味生成においても当てはまるだろう。そもそもこの事例が生まれた学習活動時間の目的は川原で見つけたものにより「ビンゴカード」を完成することであった。しかし，このときのMとSは，オギや多摩川の空間に促されることにより，教師側の準備や目的，計画を超えている。子どもたちは，促されたことに自由に応答することで，このような豊かな〈生きることとしての学び〉を展開することができるのである。

（4）身体内部のはずみ，高まりとしての〈ことば＝詩〉の表出
　二人の応答関係として生まれでた〈ことば＝詩〉は，歌のように掛け合う

第2章 〈できごと〉の現れを生成する行為表現と〈学び〉 219

ようにしてつくられている。それは，意識的に「歌」として口にしたのではなく，いわゆる無意識のうちに口に出されている。このときの応答関係はどのようなことにより可能になっているのであろうか。それはまさに竹内敏晴のいう「ことばが，あるはずみを持ち，高まりを持つとき，それが歌になる」[42]のごとく，MとSの身体内部にあるこの事例に至るまでのオギとの多様なかかわりにより得られている感覚の動きが，「**はずみ**」や「**高まり**」をもち，〈語ること〉として〈ことば〉を表出している。したがって，この二人によって発せられた〈ことば＝詩〉は，単にあらかじめ決められていたことや考えていたことを提示した〈ことば〉ではなく，メルロ＝ポンティのいう「思想をわれわれ自身に対しても他人に対してもはじめて存在するようにさせる原始的な言葉」[43]となっている。MとSは，言葉にならない身体内部の動きを〈ことば〉として発することで，その場に確かな感覚として意味世界を成り立たせている。

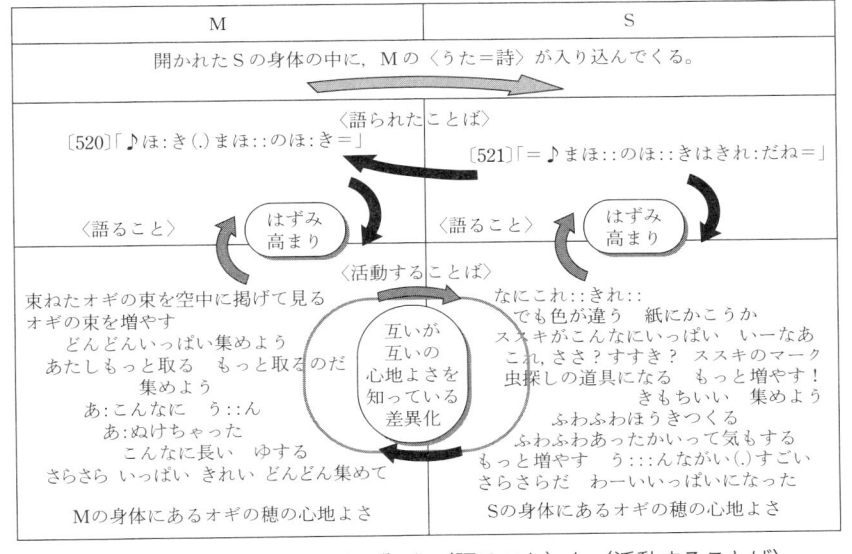

M	S
開かれたSの身体の中に，Mの〈うた＝詩〉が入り込んでくる。	
〈語られたことば〉	
[520]「♪ほ:き(.)まほ::のほ:き＝」	[521]「＝♪まほ::のほ::きはきれ:だね＝」
〈語ること〉　はずみ　高まり	〈語ること〉　はずみ　高まり
〈活動することば〉	
束ねたオギの束を空中に掲げて見る　オギの束を増やす　どんどんいっぱい集めよう　あたしもっと取る　もっと取るのだ　集めよう　あ:こんなに　う::ん　あ:ぬけちゃった　こんなに長い　ゆする　さらさら　いっぱい　きれい　どんどん集めて	なにこれ::きれ::　でも色が違う　紙にかこうか　ススキがこんなにいっぱい　いーなあ　これ,ささ？すすき？ススキのマーク　虫探しの道具になる　もっと増やす！　きもちいい　集めよう　ふわふわほうきつくる　ふわふわあったかいって気もする　もっと増やす　う:::んながい(.)すごい　さらさらだ　わーいいっぱいになった
互いが互いの心地よさを知っている差異化	
Mの身体にあるオギの穂の心地よさ	Sの身体にあるオギの穂の心地よさ

図表3-2-5　〈語られたことば〉と〈語ること〉と〈活動することば〉

220　第3部　子どもの遊びと生活芸術

　その身体内部の動きとは、メルロ=ポンティのいう「語られた言語のしたに、活動する言語ないしは語る言語」であり、「こうした言語における語は、定かならぬ或る生を生きており、それらの側面的ないし間接的な意味作用が求めるままに、結びついたりはなれたりしている」[44]。それは、〈ことば〉にならない〈ことば〉を身体内部で差異化させている動きでもある。これらのことを図で表すと図表3-2-5のようになる。

　〈語ること〉は、初めからあった意味や考えを再現する行為ではない。〈語られたことば〉以前には存在しなかった「結びついたり離れたりしている」〈活動する言語〉、すなわち身体内部の〈活動することば〉の差異化の中から「はずみ」や「高まり」が立ち上がり、〈ことば〉として存在するようにさせる動きである。したがって、その〈語られたことば〉だけを取りだしての理解ではなく、そのもとにある〈ことば〉にならない〈ことば〉があることを含めて〈語られたことば〉を読み取る必要がある。このことを丸山圭三郎は、メルロ=ポンティの言葉を引用しながら次のように述べている。

　　「画家が色彩や線の沈黙の世界を通じてわれわれに触れ、われわれの中のはっきりとした形をなさぬ或る読解力に働きかける」ように、コトバも語によるよりは語間に存在するものに働きかけ、「コトバは語るものによってと同様にそれが語らぬものによって何かを表現する」(『シーニュ1』67頁)のであるから、読者はこのコトバに混りあっている沈黙の背景を読み取らねばならないし、沈黙の糸をむき出しにせねばならぬ。換言すれば、絵画も文学作品も、「完成した作品は、物のように、それ自体として存在しているような作品ではなく、見ている者に働きかけ、彼に、その作品を創り出した動作を、もう一度繰り返させるような作品」(『シーニュ1』77頁)となるのである[45]。(下線および（　）内補足は筆者)

　この「沈黙の背景を読み取」ったり、「沈黙の意図をむき出し」たりする行為をあえて言葉にしなくても、SとMのあいだではそれを身体レベルで行っている（この動きは図表3-2-5の横矢印で表されている）。だからこそ、Mが

発話するや否やSは共鳴してすぐさま自分の〈ことば〉をつないでいくことができるのである。そして,お互いの〈ことば〉を引き受け〈共通世界〉をつくりだすことができたのである。

(5) 沈黙の〈ことば〉

SとMは,同じ時,同じ空間で,同じ〈もの(オギ)〉に向き合い,身体から湧きでる〈ことば〉にならない〈ことば〉を自分の内で差異化させながら外に語りだし,語りだされたお互いの言葉が語る「沈黙」の〈ことば〉をも読み,促され,自分の〈ことば〉を発したり行為をまねたりつないでいく。二人は一緒にここに生き,ここでのオギの意味をつくり,つくり変えていっている。メルロ=ポンティは,対話について次のように語っている。

> 対話の経験においては,他者と私とのあいだに共通の地盤が構成され,私の考えと他者の考えとがただ一つの同じ織物を織り上げるのだし,私の言葉も相手の言葉も討議の状態によって引き出されるのであって,それらの言葉は,われわれのどちらが創始者だというわけでもない共同作業のうちに組みこまれてゆくのである。そこにあるのは二人がかりでつくっている一つの存在であり,ここでは,他者ももはや私にとって単に私の超越論的領野のうちにある一個の行動にすぎぬようなものではないし,一方,私が彼の超越論的領野にあるというわけでもなく,われわれはたがいに完全な相互性のうちにある協力者なのであり,われわれの視覚は相互に移行し合い,われわれは同じ一つの世界をとおして共存しているのである[46]。

Mの語る〈ことば〉はM一人のものではなく,Sが語る〈ことば〉はS一人のものではない。あたかも詩のように紡ぎだされた二人の会話のつながりは,話す順番が回ってきたから順番に語られたというものではなく,Mの〈ことば〉はSの〈ことば〉であり,Sの〈ことば〉はMの〈ことば〉なのである。

さらに,二人にとってこのつくられた「まほうのほうき」やその「まほう

のほうき」から受ける「きれい」や「くるるんぱ」の感じはとても心地よいものになっている。それは同時に二人の関係の協働的なかかわりが生みだしたものであり，いま二人でつくりあげている空間の心地よさ，関係の心地よさといえる。

　身体の内部における〈ことば〉にならない〈ことば〉を差異化させながら外に出す。そのときに，自分がよいなと思ったことを受け止めてくれる相手がいる。外に出した〈ことば〉を超えた深層の部分でも他の人もよいなと受け止めてくれるその安心感，心地よさ。Sが自分の中だけであった〈こと〉にMも一緒になってかかわって，一緒になって生き，つくり，つくり変えていく生成が見られる。MもSと同じ〈こと〉を感じながら生きられる（生きている）のである。

　それが，Sの〔531〕「2人の合わせてもうい－(1)もう幸せだね」という発話を導いているし，さらにMの〔532〕「♪もっと幸せにするの」やSの〔533〕「♪のね↑」を誘うことになっている。二人が同じ〈こと〉を感じながら，二人がその場を同じように生きている，その〈幸せさ〉を二人はお互いにお互いの〈こと〉として感じることができるのである。このように二人は協働的に意味生成して〈学び〉を成り立たせている。

(6) 詩やリズムとして現れる
　　　重層的な〈できごと〉としての「まほうのほうき」

　これまで考察してきたように，MとSの二人のあいだで〈ことば＝詩〉が成り立っていくとき，相手の行為の促しとともに始まり，その連続でつくられていることがわかる。そのとき，相手と同じ〈ことば〉を繰り返してみたり，同じようなリズムを取ってみたり，相手の行為を同じようにやってみたり，身体が語る〈ことば〉を発してみたりと，様々な応答の可能性が開かれ関係し合っていた。その際，応答の仕方は初めから目的合理的に決まっているのではない。教師が用意したり準備したりしたものを乗り越え，場や状況に働きかけ働きかけられる過程で，子どもたち同士が互いに促し合い応答し

第2章 〈できごと〉の現れを生成する行為表現と〈学び〉　223

合って，いかようにも学びが展開されていく可能性があることを示している。

　二人がつくり合った「まほうのほうき」は，最後に全体として成り立ってきたもので，改めて見てみると，詩のかたちになっていたり，リズム符として現れたりしている。重要なことは，今までの考察からも明らかなように，これらが様々な身体の応答関係を媒介にしながら，協働的な営みとして，重層的に成り立っているということである。その関係性を表したものが，図表3-2-6「まほうのほうきリズム符」である。

　これは，二人がつくりだした「まほうのほうき」が音楽になっているということのみを表しているのではない。二人のあいだで身体の動き（行為）と身体内部の〈活動することば〉〈語ること〉〈語られたことば〉の動きが微妙

　　☆相手と同じ〈ことば〉を繰り返してみたり　☆同じようなリズムをとってみたり
　　☆相手の行為を同じようにやってみたり　☆身体が語る〈ことば〉を読み合ったり
　　　様々な応答の可能性が開かれ関係し合って，〈ことば＝詩〉が成り立っている。

図表3-2-6　二人が協働的につくりだした「まほうのほうきリズム符」

にズレながら重なり合い，リズムが生まれる。生まれてきたリズムは，そのリズムを聴いたり，互いの身体や身体内部の動きで，再びつくり変えられていく。その重なり合いの中で，リズムだけにとどまらず，〈詩(うた)〉も振りも生まれるという構造になっている。1つの行為だけで成り立つのではなく，2つ以上のことが同時に起こっているのである。

(7) 生きることとしての学び

Sのグループは，SとM，男の子二人の計4人で構成されており，この時間の活動は，この4人で「ビンゴカード」にある"秋を見つけ"てカードを完成させることを前提としていた。

男の子二人はその日の課題であるビンゴカードに熱心に取り組んでいた。カードに書かれている「カマキリ」が見つからずに，45分の活動時間ほとんどを「カマキリ」探しに費やし，同じグループであるSとMにも「そんなこと」ばかりしていないで「カマキリ」を見つけるように要求する場面が何度か見られた。それは，その日の課題に取り組んでいないように見られるSやMに対する不満でもある。課題に取り組まない姿勢は表面上確かに評価されるものではないだろう。しかし，SとMの「まほうのほうき」を考えると，〈ことば〉が〈生きることとしての学び〉として成り立つことを考えるうえでの問題が浮かび上がってくる。

男の子たちは確かに熱心に取り組んでいる。その日の課題の「達成」という観点からすれば，「今日はよく活動していた」と評価される行為である。しかしその学びのありようは，ビンゴカードの中にある「言葉」に囚われることにより，そこで起こるであろう身体的な〈できごと〉や感覚をビンゴカードの中の「言葉」に置き換え，身体の動きを沈めてしまうことにもならないであろうか。彼らが課題の世界に生きているのと対照的に，SとMの生きる世界はアクチュアリティに満ちたものであり，それでいてリアリティとも結びついているものでもある。

この事例からは，〈ことば〉が〈生きることとしての学び〉として成り立

つとはどのようなことなのかが見えてくる。今までの考察からも明らかなように，ともに〈一つの対象＝オギ〉に向かい合いながら，そこから感じとった様々な〈ことば〉にならない感覚をなんとか表現しようとしたり，二人で応答し合いながら，そのオギにみる意味を行為と会話によって次々に変えていったりする意味生成の道筋の姿である。〈ことば〉が表層的な一人歩きをしていないのである。Ｓが感じた〈ことば〉にならない感覚の動きや，実際にオギとかかわって自分に起こったことをＭと応答し合って感じ合い生き合うことにより，Ｍとともに紡ぎだした詩や歌や物語といったものが身体内部から立ち上がってくるのである。

　このように，〈ことば〉の成り立ちは，初めからわかり切った意味や考えを再現するなどという行為ではないのである。ここでのＭやＳのように，〈生きることとしての学び〉の〈ことば〉は，二人の生きている〈こと〉それ自体と実践的にかかわりながら協働的につくりあげられる。〈ことばの学び〉とは本来こうした過程が大切であることを二人の行為は物語っている。そうした中で，自分のものの感じ方，考え方，表し方なども深められていく。それは，他者とのかかわりを通じての新しい自己との出会いともなる〈学び〉なのである。

　そうしてみると，ＳやＭに見られたこうしたかかわりが，子どものあいだにも生まれやすくすることを考えていくことが大切になるだろう。私たちは通常，子どもたちがどのように学んでいるかわかっているつもりでいる。しかし，この事例に見られる二人の〈学び〉を見ていると，実はどのように子どもが学んでいるか，かかわっているかわからないでいることも多いのではないか。生き生きと活動（学んでいる）している子どもたちの姿から，どうやってかかわったらつながりができるのか，子どもの身体の深みから表現や意味が生まれるのかなど，子どもの中から見せてもらうことの大切さを改めて感じる。

　ここでのＳとＭは，無自覚的ではあるが，どのようにかかわったらつながったり，深みから意味が生まれてくるのかということをお互いにわかってい

る。だからこそ二人で〈ことば＝詩〉〈ことば＝リズム〉〈ことば＝物語〉をつくれるのである。子どもたちはそのようにして生きている。

　私たちは時として，結果にストレートに結びつく教師の学びの道筋で子どもに接してしまうことがある。しかしそうしてしまうことで，実際に〈もの，こと，人〉とかかわる中で自分の中に起こってきた〈できごと〉を，他者と感じ合い，生き合うことから生まれてくるものを切り捨ててしまうことがあるという点を考える必要がある。

§2 〈学び〉と共同体の成り立ち

1．学びの過程の重層性とアイデンティティ

　子どもが学んでいるアクチュアルな過程においては，①子どもの行為とともにつくり変わり現象していく〈もの，こと，人〉の文化的な意味と働き，②他者とともに〈もの，こと，人〉へと働きかけてこれをつくり変え，その意味や働きを現象させて協働的に共同化していく社会的関係性をつくる働き，そして，③その〈もの，こと，人〉との関係的実践を一つひとつ行っている自己のあり方が刻々とつくられつくり変えられているというその働きと歴史，以上の3者が同時に相互につくり合う実践が行われている。

(1) 意味生成と〈実践共同体〉への所属

　〈学ぶということ〉(learning)は，子どもが行為により新たな意味世界(meaning)を生成する実践(practice)であり，生成された意味世界の経験(experience)でもある。それは，他者との協働による意味生成の実践であり，意味を生成する社会的関係(community)が他者との相互行為によりつくられていくことでもある。意味生成の協働的実践過程は，感じ方，考え方，行い方，表し方等の自己の行為のあり方がつくられていく歴史的過程で

あり，同時にそれは，〈実践共同体〉への所属（identity）でもある[47]。

図表3-2-7に示すように"学んでいるという実践（learning）"は，他者とともに何事か有意味な活動を行っているという実践（practice : learning as doing）であり，そこで何事かを経験しているその意味である（meaning : learning as experience）。また，その活動を他者とともに行っている実践共同体に自分が所属していると同時に，その共同体を新たに形づくっていることを意味している（community : learning as belonging）。新たな有意味な何事かをつくり表していく自己や他者のふるまいや発話等は，実践的な共同体をつくると同時に，その共同体に所属する自分や他者の行為の意味（役割）が，個における意味であると同時に他者や共同体における意味として協働的につくられていく事態を意味している（identity : learning as becomimg）[48]。

図表3-2-7，8に示すように，学ぶということ，学んでいるということ（learning）は，学んでいる子ども（人間）にとって，実践により生成される新たな意味世界とその意味世界を成り立たせている実践的諸関係の総体のあ

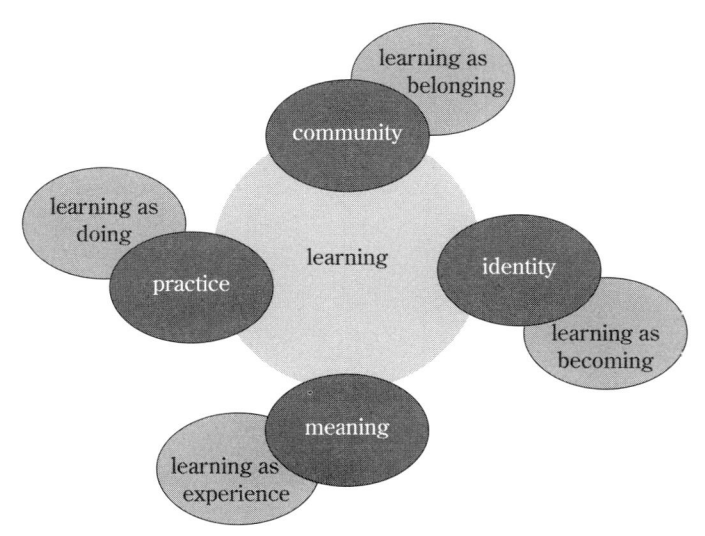

図表3-2-7　学びの社会理論の構成要素（Wenger, 1998）

文化的世界
対象（化）
〈もの〉→活動を媒介する
記号・道具の生成

相互作用・相互行為過程

経験・活動的世界
〈こと〉→行為・活動・経験の
働きや意味

社会的世界
〈人〉→アイデンティティ・
役割

〈できごと世界〉の協働的生成

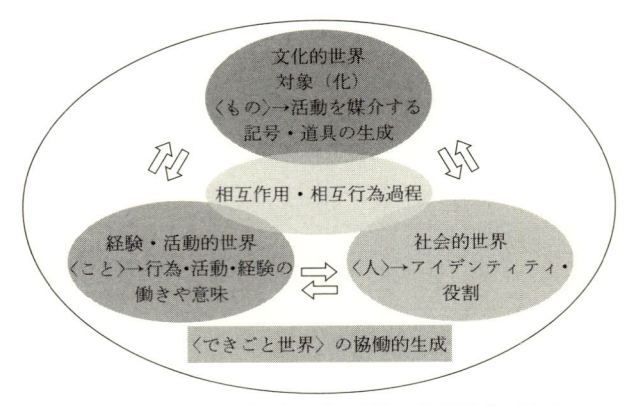

図3-2-8 〈できごと世界〉の相互的・重層的生成としての学び

りようである。子どもたちにとって"学んでいるということ"は、未知で新たな、文化的関係（meaning）、社会的関係（community）、自己との関係（identity）が、同時に相互につくられていく〈できごと世界〉と、そこへの参加の実践（practice）として、自他に開かれたあり方において実際につくりだされているといえる。〈できごと世界〉とは、活動世界であり、働きかけの世界であり、意味（関係）が生き生きと生成されつつある協働的過程である。その過程で個々人は、他者や環境世界とともに相互に変容していくのである。そうした協働的な実践の諸関係の相互的変容が〈学び learning〉なのである。

(2) アイデンティティとナラティヴ

〈できごと世界〉の協働的生成過程としての〈学び〉においては、〈もの、こと、人〉を媒介にして行う自他の一つひとつのふるまいの連鎖という活動過程それ自体が、実践、意味、共同体、アイデンティティのそれぞれを互いに同時生成し、同時に相互に成り立たせる関係論的事態にある。したがって、〈学んでいるということ〉は、既存の文化的諸内容を知っている者から

知らない者へと"伝達―習得"する平板で一方向的な認知過程として実践されているのではなく，社会文化的で発生的歴史的過程として人々に実践されている。〈学び〉は，複合的で重層的な実践の過程が同時に相互に生成されてともに〈成り立つ〉というあり方[49]において，子どもたちにおいて実践されている。これまで，「教える」過程の側から，子どもの学習活動を見る立場においては，子どもが学習活動においてかかわる対象は，社会的文化的に決定された「知識」や「技術」であることを自明のこととみなしてきた。あらゆる「知識」や「技術」は，「もの」のような実体としてあるのではなく，〈もの〉に対する人々のかかわりを媒介として〈もの・人〉の両方において，両者の関係として成り立つ意味としてある。今日の子育てや学校教育で扱われる「知識」や「技術」（カリキュラム）についても，社会的文化的に決定された「知識」や「技術」を効率的・効果的に子どもに転移させる「技術学」から質的に変化しつつある。

　佐藤学は「『イデオロギー』『権力』(power)，『抵抗』(resistance)，『再生産』(reproduction)，『疎外』(alienation)，『意識化』(awareness)『アイデンティティ』『共同体』などが，カリキュラム領域の中心的な言語として登場し，カリキュラム研究は，行動科学の心理学と技術学の枠組みから脱して，社会学と政治学を基礎とする領域へシフトしている」[50]とする。そして，「ポスト実証主義とポスト構造主義の先例を受けたアカデミズムにおけるカリキュラム研究は，もはや，教育技術やプログラムに関するテクノロジーの言語を捨て去ったといってよい。これまでの研究が教育内容と学習経験を選択し構成し評価する技術と原理を対象としていたのに対して，現在のカリキュラム研究は，教室に生起する教師と子どもの経験の文化的・政治的・倫理的意味を問うており，その経験を生みだした権力関係の解読を中心的な課題としている。それに伴って，カリキュラムの言語は，ディシプリン（学問分野）の枠を越えて脱領域化している。今日のカリキュラム研究は，『テキスト』『文脈』(context)，『場所』(place)，『身体』(body)，『空間』(space)，『時間』(time)，『関係』(relations)，『差異化』(defferenciation)，『語り』(narrative)な

どの用語を多用しており、個別科学を基礎とする『パラダイムの言語（命題的な言語）』から物語を基礎とする『ナラティヴの言語（語りの言語）』へと移行している」[51]と指摘する。大人や教師が教えることにより成り立つ過程と同一の実践過程とみなされてきた子どもが学ぶ活動過程は、出会いの驚きと感動を伴ったすべてが新しい意味と関係により成り立つ状況的で相互的な過程であり、自己と働きかける〈もの、こと、人〉との協働的な意味生成過程であるといえる。

　学ぶことは、個人的かつ集団的に何事かの有意味な〈できごと〉を新たにつくり表して〈できごと世界〉を経験していく過程であり、〈できごと〉をつくり現象させていく活動（実践）そのものの変化とその意味である。また、個人的・集団的に何事かの有意味な〈できごと〉を行う実践への相互的参加を持続的に可能とする〈できごと〉としての意味の経験である。そうした実践や経験を通して他者とのあいだに文化的で社会的な実践共同体をつくりそこに参加して、そこでの活動（役割）や経験として自他の行為の意味とその歴史（アイデンティティ）を生成していくことであるといえる。

　従来、子ども個人が朝顔を生育させ、第三者的視点から観察記録を行うことで、朝顔という植物について知識を得たり、育てる技術を学習する活動と捉えられる視点が教育実践上一般的であった。しかし、事例3「Kのあさがお」は、担任の先生や友だちとともに行う有意味な協働的な実践（practice）であり、事例4「まほうのほうき」はSとMが行う有意味な協働的な実践である。実践共同体（community of practice）にとっても共同の〈できごと〉、共同の新たな生活（〈生〉の実践過程）として成り立っている。その共同体に所属しながら自己の行為の意味と歴史（アイデンティティ）を「ナラティヴの言語」としてつくるのである。行為や活動を通して起こる重層的な〈できごと〉を、同時に行う過程であることがわかる。その過程を通して子どもの〈学び〉が成りたち、個人やクラスの子どもたちの社会文化的で生命・歴史的な発達が生起していくのである。

2.〈できごと世界〉と道具，言葉や記号

(1) 主体，道具，対象の位相

　子どもが新たな文化的社会的な知識や技術を習得する場面に限らず，私たち大人も含め仕事や日常生活等のあらゆる文化的社会的活動場面で，〈もの〉や他者，自分が今行っている行為や活動，参加している〈できごと〉において，私たちは行為を通して意味を常に状況的・相互的・協働的につくり表すことにより，自分が生きている〈できごと世界〉そのものをつくり続け，今まで慣れ親しんでいた「私」を，新たな〈私〉として生成して生きている。

　われわれの行為，すなわち，学びの過程において，われわれは行為することを通して，言葉や記号，道具をつくり，これを媒介にして，〈もの，こと，人〉を対象や世界として，「としてあるもの」として，つくり続けている。私たちは，〈もの，こと，人〉とのあいだで，状況的・相互的・協働的な「対話」過程に生きて働いている。この関係的な実践過程は，私たちの身の回りに途絶えることなく，生き生きとした世界を立ち現している。

　コールの示す図表3-2-9[52]は，主体と媒介する人工物と対象との個別的関係性を示す図であるが，媒介された行為による社会文化的活動過程の実際とは，エンゲストロームが示すように，「主体―道具―対象」関係は単独の

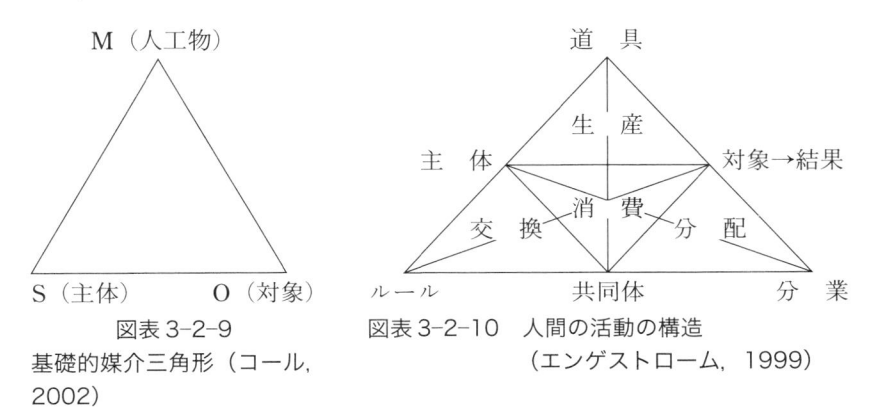

図表 3-2-9
基礎的媒介三角形（コール，2002）

図表 3-2-10　人間の活動の構造
（エンゲストローム，1999）

関係的モデルとしてあるのではない。他者や共同体とのあいだで,「媒介された行為」による対象の生成を互いに,「消費(使用)」すること,「交換(コミュニケーション)」すること,「分配(分有・分業・協同)」することという行為や活動遂行における複合的で相互的な生成関係であるといえる[53]。

(2) 対話

バフチンは「対話」について以下のようにいう。

> 人間はそこで自分自身を外部に向かって呈示するばかりか,そこで初めて,―中略―他者に対してだけでなく,自分自身に対しても,彼がそうであるところの存在となるのである。存在するということ―それは対話的に接触交流するということなのだ。―中略―だからこそ,対話は本質的に終わりようがないし,終わってはならないのである[54]。

> 言葉とは事物ではなく,永遠に運動し,永遠に移ろい続ける,対話的コミュニケーションのための媒体なのである。言葉はけっして1つの意識,1つの声で充足することはない。言葉の生活―それは1つの口から別の口への,1つのコンテキストから別のコンテキストへの,1つの社会集団から別の社会集団への,1つの世代から別の世代への移ろいの中に存在しているのである[55]。

〈できごと世界〉はわれわれの身体を含む道具(〈ことば〉)に媒介された行為(表現)を通してつくられている。

そうした,生き生きとした〈できごと世界〉をつくる過程により,私たちは自らをつくり変えて生き,学んでいる。K,SやMの〈学び〉の過程は,こうした本来私たちが生き,学んでいる実際の過程を示している。知覚,思考,技術の既存の様式の伝達過程のみを「学習活動」として着目し,それらを子どもが習得するために大人が事前に想定した行為のあり方により子どもに経験させることは,学びの本来の過程を貧困化させ,子どもがつくり生きる重層的な〈知=学び〉を成り立ちにくくしている。知識や技術の習得の成

り立ちにくさの原因もそこにあるといえる。

「生活科」や「総合的な学習の時間」のみならず，学校における生活全体や子どもの生活全体を通じて，子どもたちが〈もの，こと，人〉との相互作用・相互行為の過程で，ともに感じ・考え・行い表す活動をつくり変える過程に，〈できごと世界〉として〈知＝学び〉は生成される。〈もの，こと，人〉との実践的な諸関係をつくり変えながら，子どもとともに〈できごと世界〉をつくり生きる過程が保育や教育の実際であるといえる。

何事かを学ぶこと，何事かを教えることは，こうした協働的な実践過程に生起する〈こと（活動・行為・経験）〉として成り立つのであり，そのアクチュアリティとして意味生成の働きを行為においてつくり変えていく。活動を通して他者と〈できごと世界〉をつくり合う過程は，〈知〉（意味）と社会的関係性（実践共同体）と新たな自己（アイデンティティ）を相互につくる過程である。一つの行為や活動は，それらの関係としての意味を，常に幾重にも帯びている。

それは，活動・経験の意味の〈いま―ここ〉での行為を通した，過去と未来の双方向への意味生成の過程でもある。この過程において，一人ひとりの個別の世界が，重層的・多元的に行為相互の連接をつくることにより，各々の意味の位相を超えたふるまいの連鎖とその関係的状況がつくられ，個別でありながらも同時に共同でもある新たな共同（協働）的な〈できごと世界〉を終わりなく生成している。

そのために，大人や教師は，子どもが生きている行為を多元的で重層的な視点に立って捉え，子どもとともにその〈過程〉を協働的に生きることが求められている。

3．未知性とアクチュアリティ

(1) 他者性による分有的媒介

子どもたちの意味生成や内面から湧きあがる表現を支える言葉の獲得についてバフチンは以下のように指摘する。

生きた社会・イデオロギー的具体性としての，矛盾をはらんだ見解としての言語は，本質的に個人の意識にとっては，自己と他者の境界に存在するものである。言語の中の言葉は半ば他者の言葉である。それが〈自分の〉言葉となるのは，話者がその言葉の中に自分の志向とアクセントを住まわせ，言葉を支配し，言葉を自己の意味と志向性に吸収した時である。この収奪の瞬間まで，言葉は中性的で非人格的な言語の中に存在しているのではなく，（なぜなら話者は，言葉を辞書の中から選び出すわけではないのだから！），他者の唇の上に，他者のコンテキストの中に，他者の志向に奉仕して存在している。つまり，言葉は必然的にそこから獲得して，自己のものとしなければならないものなのだ。そして，あらゆる言葉を，誰もが同じように，容易に，収奪し，自分のものとして獲得できるとは限らない。頑固に抵抗する言葉は多いし，相変わらず他者の言葉にとどまり，その言葉を獲得した話者の唇の上で他者の声を響かせ，その話者のコンテキストの中で同化することができず，そこから脱落してしまう言葉もある。それらの言葉は，いわば自分自身，話者の意志にかかわりなく，自分を括弧の中にくくっているようなものだ。言語とは話者の志向が容易にかつ自由に獲得しうる中性的な媒体ではない。そこにはあまねく他者の志向が住みついている。言語を支配すること，それを自己の志向とアクセントに服従させること，それは困難かつ複雑な過程である[56]。

　〈自分の〉言葉は，自身の行為によりつくられることにより〈もの，こと，人〉への媒介となり，〈もの，こと，人〉の他者性によって分有的に媒介されることにより，自己と他者との〈あいだ〉に，対象や〈できごと世界〉を成り立たせている。われわれは，単に記号や記号に媒介された行為のみにより対象に触れることができるのでもないし，身体の感覚や行為のみにより対象（大きくなる水，植えてもいないのに出てきた芽）に触れることができるわけでもない。逆説的ではあるが，最終的に成り立つはずの対象や〈できごと世界〉を先取りし，そのわからなさ（未知性）や不在さ（未来）を志向的に媒

介にして相互作用・相互行為を行い，身体の感覚や経験の意味，媒介する記号，記号を媒介にして行う行為の意味の3者を同時進行的に生成している。そのようにして自己と〈もの，こと，人〉との〈あいだ〉に相互作用・相互行為が行われていく未知で未確定の場や状況がある。こうした場や状況を〈もの，こと，人〉とともに生きる過程に，常に未知で未来のことを生きようとする子どもの〈学び〉の臨床的な過程（あり方）がある。その過程のアクチュアリティが，子どもたちが生き生きと働きながら生成しつつある〈できごと世界〉であるといえる。したがって，大人や教師はこうした〈できごと世界〉の生成としての子どもの〈学び〉が生成されていく場や状況を用意し，子どもの行為の関係と過程を捉え，その関係と過程に対応して支えることが求められるのである。

(2) 〈こと〉性を帯びる〈もの，こと，人〉とその〈あいだ〉

教師や大人は，子どもという他者にとっての他者として，子どもにとっても，教師や大人自身にとっても，未知で未来の自己ならざるものとの〈あいだ〉である相互作用・相互行為的状況に子どもとともに出て，そこで〈もの，こと，人〉との関係や状況をつくり合う関係性にあるということである。そのとき，子どもは自らが生き生きと感じ・考え・行い表しながら生きていること，自分が働きかけているものや〈できごと世界〉が生き生きと現れていること，他者が他者として生き生きと働いていること，そして，他者を含めた私たち（われわれ）がともに生きている〈できごと世界〉が刻々と生成されつつあることを，感じながら生きることができる。このとき教師や大人は，子どもが〈働きかけ―働きかけられ〉ている〈こと〉性を帯びつつある〈もの，こと，人〉へとともに〈働きかけ―働きかけられ〉たり，子どもが〈もの，こと，人〉へと〈働きかけ―働きかけられる〉その関係性へと，働きかけることになる。

①〈こと〉性を帯びた〈もの，こと，人〉へと，ともに向かい〈働きかけ―働きかけられ〉ている子どもにとって自分以外の他者として，働いている

こと。②〈こと〉性を帯びた〈もの，こと，人〉へ〈働きかけ―働きかけられ〉ている子どもの感じ・考え・行い表す働きや，子どもにおける新たな経験にとって，他者としてともに働いていること。③〈こと〉性を帯びた〈もの，こと，人〉へとともに〈働きかけ―働きかけられる〉ことにより，"いま―ここ"を生成していること。その意味で，教師や大人は（a）子どもの行為と〈こと〉性を帯びつつある〈もの，こと，人〉との〈あいだ〉を，（b）ともに生きて働いている子どもが，感じ・考え・行い表す行為と行為との〈あいだ〉を，（c）子どもの行為と子どもにとっての〈他者〉としての自己（教師や大人）の行為との〈あいだ〉を，そして，（d）ともにつくりつつ生きている〈できごと世界〉と，子どもとの〈あいだ〉や自己との〈あいだ〉を，つくりつつ生きることになる。

　子どもの〈学び〉の「世界ではまだ何一つ最終的なことは起こっておらず，世界の，あるいは世界についての最終的な言葉はいまだ語られておらず，世界は開かれていて自由であり，いっさいは未来に控えており，かつまた永遠に未来に控え続ける」[57]のである。

第3章

遊びと生活芸術―まとめにかえて―

　子どもは，日々の生活や遊びの中で，歌う，語る，踊る，つくる，表すなどの行為表現を絶え間なく行っている。子どもの表現世界においてわれわれは，身体全体をかかわらせ，また，他者や身の回りの事物や事象と絡み合わせながら相互に意味をつくり合う人間の原初的な記号表現や芸術様式を感じ取ることができる。けれども，子どもたちの言語能力が未形成であったり，表現様式が大人と大きく異なったりするため，子どもの行為表現における個々の行為やつくり表されたものの意味や働きは，行為の実際の過程と関係において捉えられることはなかった。そのため，子どもの行為表現の過程のもつ社会文化的意味はこれまで言語化されてはこなかった。
　このような「発達」や「教育」の視点から制度化され言語化された人間観，文化観，社会観により，子どもの行為表現の実践と〈できごと〉の具体性が見えにくくなっている。こうした見方は人間の知覚と世界と表現の日常的で自明な構成のあり方に着目するのではなく，既にできあがった「芸術」や「教育」という文化の枠組みや眼差しから，知覚と表現行為の生成について捉えようとしてきたためである。また，他者から解読不能なブラックボックスとされるいわゆる「個人」の内面やイメージの側にその根拠をおいて，知覚と表現世界の構成と共同化に対する理解を得ようとしてきたためといえ

る。

　こうした個人と文化や社会が切り離された視点では，個人と文化と社会が同時生成される子どもの行為表現の過程を可視化することはできない。西阪は「たしかに，わたしの心が他人の心になることはできない。しかし，だからといって，他人の心が，あらかじめどこかに，わたしにたいして閉ざされたものとしてあるわけではない。わたしは他人の心を，表出された僅かの手がかりからかろうじて推測できるだけだ，などということはない。じっさい，他人の心は，しばしばわたしにとって透明である。心は，相互行為に先立って，相互行為の外にあるのではなく，むしろ，相互行為のなかにある。だから，心は，その相互行為のあり方に応じてさまざまな形をとりうる。閉じた暗箱のような心も，その1つにすぎない」[58]とする。心の「不透明性が，心自体の特徴であるのではなく，相互行為上の特徴だ，ということである。心が不透明なものとなるのは，ある特殊な相互行為の形式としてである」[59]とする。

　「保育」や「教育」という実践もまた，人（子ども）と人（他者）との協働的で相互的な実践である。そうした活動過程で知覚や表現もまた，われわれが自明に行う日常的な諸行為に不可分に埋め込まれて形成されている。

　第3部では，他者との遊びの〈できごと〉の相互的で協働的な生成過程において，子どもが行う行為表現を，子どもの行為表現の日常的あり方として位置づけ，家庭や幼稚園，学校での遊びや学びの観察事例の相互行為分析により，行為表現を伴う〈できごと〉の協働的生成過程と〈学び〉を考察してきた。

　第3章では，これまでの検討を踏まえながら，さらに身体や存在についての理論的な背景も加味し本稿のまとめとして，以下の5視点から遊びと生活芸術とは何かについて考察している。

1. 相互関係性とコンテキスト

(1) 〈できごと〉の実践的現象

　子どもの"遊び"は，石や水のような「実体」のあるものではない。子どもたちの行為を通してつくられるある〈できごと〉であり，人間的世界の〈できごとの意味〉の協働的な実践現象である。遊びを人と人とのあいだの〈できごと〉として捉えることは，遊びは自他間に開かれた相互行為を基盤とした意味の現れであり，その意味の現れは，そのつどその場で参加者が行う行為表現により刻々とつくられ，つくり変えられているものであると位置づけることになる。〈できごと〉としてつくられ現れていくその遊びの意味は，相互行為を通して自他に開かれた社会的な意味であり，各参加者は，各々の経験を背景とし，その〈できごと〉とともにもたらされる未来への志向に基づきながら〈できごと〉の開かれた生成に協働的実践的に参加している。遊びは，〈できごと〉として生成される実践の開かれた過程に参加し，その場の〈もの，こと，人〉と働きかけ合って感じ，考え，行為表現することにより，行為者（子ども）だけでなく，他者（友だち，保育者，教師等）もまた生成していくアクチュアルな実践である。〈できごと〉の実践的現象としての遊びという視点は，遊びの成り立ちを，当事者であるその子どもだけの変容に着目してその根拠を問うのではなく，協働（相互作用）的な活動のシステムとして位置づけることで，3者が相互に変容する相互的で力動的な関係の束（まとまりや単位）としてそのあり方を示すことになる。

　これまで取り上げてきた事例は，家庭と学校の違いはあるがどれも日常的な場面，あるいは日常性の視線（関係性）に立って捉えた事例である。離乳食の過程の協働的生成，見立てとふるまいによる他者との遊びの生成過程，朝顔を育てる過程での〈ことば〉と経験世界の成り立ち，川原で秋を見つけるふるまいと〈ことば〉の相互的生成，などである。他者とともに身の回りのものを通して何ごとかの〈こと〉を行い表して，その場の実践的関係を生き生きと触発して波打たせ，それを感じて新たにまたその場にともに生きる

こと，この行為とその過程が子どもを成長発達させている。子どもにとって親密な他者が身の回りのものや生き物などに触れたとき，その様子をその子どもが他者の視線や行為を追いかけながら見ている。子ども自身が身の回りのものや生き物などに触れたとき，地面が"ポカン"と音でもして割れるかのように，慣れ親しんでいた〈ものともの〉とのあいだに，〈ものと人〉とのあいだに，地割れが起こり裂開が走り，互いのあいだに浸したり浸し合ったりする働きかけ合いが生起していく。こうした地割れや裂開の場から〈世界〉という事象や社会文化的な活動（遊びや学び）の新しい輪郭（境界）線や形が，像を結んで浮かびあがってくる。子どもたちはその〈できごと〉に身体全体で参加し，新たに形や関係を結びつつある地割れや裂開と働きかけ合って，〈ものともの〉，〈ものと他者〉との関係という"向こう側"や，〈ものと自分〉，〈ものと自分と他者〉との関係という"こちら側"の両方で，感じ，考え，行為してつくり合い表し合って〈世界〉に生き，〈世界〉を現象させている。〈ものともの〉，〈ものと人〉との〈あいだ〉に熱中して行為する子どもは，〈世界〉と自己との両方に覚醒している。その意味で自己と〈世界〉を自覚している。そのことを発生させ息づかせ成り立たせているものは，子どもの〈私〉が，見ている，感じている，考えている，表しているという〈行為〉にある。それは同時に〈表現〉であり，〈経験〉でもある。こうした実践としての覚醒と自覚が，子どもたちの行為のあり方や道筋において，子どもたち自身を培い育むといえる。

（2）〈できごと〉の成り立ちと表現のデザイン

〈できごと〉として遊びが生成される協働的実践的な場においては，子どもと子どもの行為の織り成す関係の「広がり scope」と「連鎖 sequence」が生まれる。行為の関係性の広がりと連鎖により遊びの〈できごと〉の局面（場面 scene）が次々と現れてくる。事物を見立てて使ったり，事物や特定の場所に対して，身ぶりによる働きかけがなされ，身体とともに事物が動かされたり，変形されたり，結合されたりして，遊びの行為や場や道具がつくら

れていく。このように，遊びの〈できごと〉が生成される実践的な遂行過程においてつくりだされていく場や道具は，遊びの〈できごと〉の資源としてその〈できごと〉内で使用されることにより，その遊びの〈できごと〉を参加者相互のあいだに知覚可能なもの，実践（つくり変え）可能なもの，説明可能なものとして際立たせていく。子どもたちは〈できごと〉の〈世界〉の〈内〉にあって，〈世界〉を感じ，つくり表し，つくり変えていく。事物の配置という実践環境のデザイン，事物の配置やつくられたものに媒介されて他者に対して行う行為などにより，遊びの行為と〈世界〉は自分と他者や〈もの〉の側につくられていく。

　上野直樹は，われわれは日常的で素朴な表現のデザインにおいて，「ところどころにマーキングをしたり，『ハイライティング highlighting』[60]しながら表現をデザイン」し，さらにこの「表現をデザインすることを通して知覚的なフィールドを構成し，対象やできごとを『見える』ようにしながら相互行為をコーディネイトする」と指摘している。人々は，「環境，対象，できごとを自分だけではなく，公共的に『見える』ように組織化した上で社会的相互行為をコーディネイトしている」。すなわち，ハイライティングとは，「環境や表現をデザインすることを通して，知覚のフィールドを組織化し，また，同時に，社会的に観察可能にする実践」[61]である。マーキングやハイライティングは，人々の日常的な表現だけでなく，科学者たちによる科学実践においても行われている。上野は，M.リンチ「トカゲのテリトリー調査」（1990）[62]に言及し，「科学者が，"自然"のもともと存在する"リアリティ"を様々なテクノロジーや道具を使って"発見"するというよりは，科学的調査のために，環境を構造化し，あるいは知覚のフィールドを構成し，生物学調査という認知的活動，かつ，社会的な活動を組織化しているということをよく示している」[63]と指摘している。また，こうした環境の構造化や知覚のフィールドは，様々な職種のいわゆる「仕事」や「職業」とそのリアリティを理解したり説明したりするうえでも有効であるとし，以下のように指摘する。

242　第3部　子どもの遊びと生活芸術

　　パイロットとは，ある職業であり，また，ある活動を行なう。しかし，コックピットの中の様々な道具を要素的にリストアップしても，パイロットの職業，あるいは活動を記述したことにならないし，また，彼らの認知的な行為系を記述しているということにもならないだろう。これは，部屋の中で仕事をするとか，生活をするということを記述するときでも同じである。相互作用主義的な観点からすれば，「リアリティ」とは，主観的な価値，意味や客観的な環境の中にあるのではなく，諸関係，様々な相互行為，別の言い方をすれば，ある人々や動物の生活の仕方，活動のあり方の中にある[64]。

　遊びの〈できごと〉内でつくり表される場や道具も，遊びの〈できごと〉をめぐる相互行為の文脈を形成して，参加者がその〈できごと〉へ参加する行為のあり方を指し示すことにより，その遊びの〈できごと〉をメンバー間でよりリアルなものとして知覚可能にしたり，理解可能なものとしているといえる。同時に，遊びの道具と場もまた，〈できごと〉内で使用されることにより，参加者間において共通で自明な道具の「透明性 transparency」を協働的につくりだしたり，参与する場を共同性の高い「透明性の場 "fields of transparency"」[65] として生成しているのである。遊びや生活，学習の〈できごと〉を生成している相互行為の過程において成立してくる場や道具の透明性は，参加者の行為や知覚の相互的な透明性を形づくるものであり，それらは互いの相互的な透明性の根拠をもたらすものである。また参加する個々の子どもは，通常は実現できない"なってみたい他者（ウルトラマンチロ）になること"を実現し，その他者の視点や方法を通してその他者が実際に生きる行為や活動内の〈もの〉と行為と人の具体的関係性を表現し，他者の世界を感じたり，楽しんだり，よりよく改善しようとしたり，理解することを実現している。それは，単なる「遊び」ではなく，ものごと（〈世界〉）の知り方であり，つくり方であり，生き方（〈世界〉を感じ〈世界〉を生きる）として"リアル"なのである。子どもたちにとって行為や表現をしてみたい魅惑や

欲望に満ちたものである。そしてまた，〈もの〉や人や事象等の自分とは異なる者（他者）との協働や，異なる者たちのもつ働き（他者性）との協働の様々な実践の過程のあり方により，社会や公共性の基礎を培いながらともに生きるのである。

（3）行為とコンテキスト

　子どもの遊びの〈できごと〉において，各参加者が行う発話や身ぶり表現は，〈できごと〉そのものを形づくりながら「実践的に達成」されていく。このとき，一つひとつの発話，身ぶり，視線等の相互行為は，その遊びの〈できごと〉がある意味をもつ〈できごと〉として浮かび上がる背景となる意味文脈（コンテキスト）の境界を状況的・相互的に組織化している。つまり，遊びの〈できごと〉の実践的達成過程において，子どもはコンテキストをつくりながらコンテキストに参加している（"doing context together"）[66]。遊びの〈できごと〉をめぐって，対面関係にある参加者間でのやりとりとして遂行される発話や身ぶりや視線と，遊びの道具や場を製作して使用することは，遊びの〈できごと〉の意味が立ち現れる背景となるコンテキストを相互につくり合うことを意味している。そのため，遊びの〈できごと〉をめぐる相互の行為の進行に伴って，遊びの〈できごと〉の意味が次第に現出してくるように参加者には知覚可能となるし，遊びに参加している当事者である子どもも，"事後的に"第三者に対してどのような遊びをどのようにつくりあげたのかを説明可能となるのである。

　そうした子どもの遊びのダイナミズムは，彼らが行う遊びの〈できごと〉の内容が，現実の日常生活に対してかけ離れた，いわゆる大人が考えるような子どもらしい想像性や空想性を示していることにあるのではなく，コンテキストに参加しながらコンテキストを相互につくることにより相互的な〈できごと〉の現実性（reality）を，相互にリアルな現実として"いま―ここ"で表現し実現していくアクチュアリティ（行為の実感）にある。

(4) 自明性への問い

〈できごと〉は，具体的な自他関係における一つひとつの発話，身ぶり，視線という協働的な行為の連鎖や同型的な重ね合いによって現在進行形で〈できごと〉内の関係と文脈を形成しながら生成されていく。そうした生成的な実践が日常的に可能であり，そのような実践が生活の大半を構成していながらも子どもの生活が安定しているのも，相互行為のもつ文脈形成に基づく意味生成の方法を，子ども自身が生活を生成する主たる方法として感得しているからである。子どもの生活世界形成の方法とは，単独の個人の内側に根拠や起源をもつものではなく，また，子どもの外部にある文化，社会，自然等の環境や規則等のみに起源をもつものでもない。環境か個人かという近代主義的な二項対立的な世界観による因果関係では説明できないものである。子どもを含む複数の人間が自他相互の文脈形成による生活の現実（意味）の生成そのものという，社会や文化や環境と個人との〈あいだ〉に生起していく〈できごと〉が本源的な実践のフィールドなのである。だから，子どもは日常的で慣習的な行為や〈できごと（遊びや生活）〉に参加したり実践することにより，新しい現実と意味を刻々と生成することができるし，事実そのように行い自己を生成している。それは，計画や反省という個人の意識の働きを出発点とし常にそこへ回帰する，通常大人が自明とする実践のあり方と基本的に異なるあり方である。個人や意識に起源をもつと大人が想定している実践形式それ自体が，相互的な実践形式のひとつの特別な形式にすぎず，「わかっていることを行っている」と疑わない大人の日常的実践の基底もまた，子どもの遊びと同様に生活の現実（意味）生成の実践である。その意味で人間の育ちと発達において「一般的」で「普遍的」な実践の関係性（あり方）が埋め込まれている。しかし，その自明性ゆえにこれまであまり顧みられることのなかったあり方なのである。

その実践上の関係性は，子どもの遊びと表現にみるように実は複雑であり多元的な関係がつくりだす意味として実践されている。子どもの生きることとしての意味生成を，ありのまま捉え，それを根拠として子どもの行為表現

（行為や活動）としての成長発達を目指すこと。すなわち，子どもたちを子どもたち自身の活動を通して"育てよう"とし，子どもとともに大人が"自明性を脱する"とき，これまでの状況を脱することが可能となるのである。

　子どもの表現の本質がわかれば，環境（社会制度，自然環境），文化（保育・教育内容），個人（能力や資質）のいずれかの決定論に不本意にも陥っている保育・教育実践の現実から距離を取らざるをえなくなるだろう。子どもが行為し表現して育つ臨床の現実に注目する姿勢は，同時に，"子ども（人間）が育つということ"の真実や真理を志向する（目指す，明らかにする）ことにもつながっていく。そこに表現芸術が生まれる大地が浮きあがってくるのである。

2．存在と身体

（1）遊びの場や道具と「存在論的差異」

　遊びの〈できごと〉をつくる相互行為（行為表現）の不可逆的な連鎖において，遊びの場や遊びの道具を形づくられ，遊びの〈できごと〉の現出（現象）と意味の生成の重要な資源（resource）として機能している。

　子どもたちの生活や遊びと芸術の結びつきは，どのようにしてあるのであろうか。事例からは，子どもたちが環境との相互作用で何かをつくり，表し，他者とともに生きる姿としての行為表現を見てきた。こうした行為表現を通して身の回りの〈もの〉や人へと働きかけ合うことにより，生活を生き生きと現れさせ成り立たせていく子どもたちは，人間の生成にとって，社会の成り立ちにとって，文化の形成にとっての根源的な姿を示している。"ウルトラマンチロ"ではビニールシートとHや身の回りの他者のあいだに，"あまみず"では自分のフシギソウと校舎の前の水道の水や先生や友だちとのあいだに，"まほうのほうき"では川原のオギと二人の行為とのあいだに，その「個物」自体とは異なる意味が〈できごと〉として光り輝いて現れ成り立ってきている。そのそれぞれの事例の〈できごと〉において，そうした〈意味＝できごと〉が，それらがそれらとして〈有る〉のであり，それらが

そのようにして現れる場所が〈有る〉のである。

これが「存在論的差異」である。〈有る〉ことそれ自体は,「有る」という言葉で語ってしまうと「…として」の表現へと異なりをつくってしまうため, 語ることさえできない。〈有る〉ことそれ自体は,「沈黙の場所」「無言の場所」「いかなる人間にとっても絶対に自らとは異なる他なる場所として必然的に共同の場所」として存在している。そして, その場所を通して意味〈有る〉ことが〈できごと〉として現れでてくるのである。この謎は,「言葉」というものの成り立つ関係性の謎であるといえる。

(2)〈語る―行為表現〉としての生成

このことを多義図形をもとに考えてみたい。「ルビンの盃」のような多義図形を知覚するとき, 私たちは同じ1つの「物(刺激)」に「盃」を知覚したり,「向かい合った二人の人の顔」を交互に知覚したりして, どちらか一方に決定することができない。刺激はひとつであるにもかかわらず, そのように複数の図像として知覚されることに戸惑いを覚える。そして, 通常の私たちの知覚に比べ「異常な」「特別な」事態とみなそうとする。しかし, そうではなく, 通常の人間の知覚がこうした〈動きつつあるゲシュタルト〉として働いている。これについて木田元は, 以下のようにいう。

図表3-3-1　ルビンの盃

　言語は瞬間的なゲシュタルトではなく, ある平衡状態へ向かって進展している〈動きつつあるゲシュタルト〉だということになる。それにまた, いったんその平衡状態が獲得されても, まるで磨耗現象にでもよるかのよ

うにその平衡を失い，ふたたび別の方向に新たな平衡を求めてゆくことがある。

　ゲシュタルトは，「純粋な〈……がある(イリ・ア)〉」〔VI259〕，いわば事実的存在でありながら，同時に次元であり，水準であり，地平であり，知覚の骨組み，構造でもあるのであり，したがって，Gestaltung〔VI260〕，つまりゲシュタルトの出現は，ハイデガーの言うような動詞的な意味でのWesen〔現成〕〔VI260〕なのである。—中略—ゲシュタルトはこのような意味で現成するものなのである[67]。

(3) 輪郭線が現れることと〈動的ゲシュタルト化〉

　「ルビンの盃」についての知覚は，〈盃（図）—地〉や〈向き合った顔（図）—地〉へと変容し，〈もの〉と〈もの〉とのあいだに輪郭線が成り立ち，〈もの〉と〈もの〉は〈図—地〉となり，盃や向き合った顔が現れ成り立ってくる。その成り立ちにおいては，〈盃〉にも〈顔〉にも属さない両者にとってともに〈他〉であるような〈あいだ〉の場所がある。それは，「盃」か「顔」かいずれかどちらかに属してしまう'輪郭線'である。この'輪郭線'はどこに存在しているのだろうか。なぜこの'輪郭線'は現れてくるのだろうか。そして，私たちは，どうしてこの'輪郭線'を複数の人間でともに知覚できるのか。

　モノ（意味性を帯びる前の個物。以下同じ）とモノとの関係にかかわり合う他者の行為の関係性（志向性，連結等）は，個々のモノそれ自体に仮にかかわったとしても，個々のモノそれ自体ではない，それを超えた，また，それらの〈あいだ〉にある場や状況の関係性を，〈動的ゲシュタルト〉という力動的状況へもたらし，その行為によって他者みずからもその活動状況の生成へと参加していく。そこにともに参加し，その過程を見ている自分の側においても，他者の行為の意味と可能性がその行為によりもたらされる〈もの〉と〈もの〉との関係において現れでてくる。アガンベンのいうように人間は，経験に対する〈声〉をもたない生き物である。そうした経験に対するイ

ンファントとして〈声〉をもたない人間が，このように他者とともに生きる行為表現によりその壁が崩れる〈あいだ〉の場所に出で立ち，〈もの〉と〈もの〉との関係に区切りや形を加えたりなくしたりすること。その場所に区切りや形ではなく，〈異（言）なり〉，〈身ぶり〉，〈語り〉，〈詩い〉，〈描く〉行為表現をすることにより，〈声〉をもたないヒトという種は，言語活動（ランガージュ）を行う〈人間〉となる。

そこに，A（盃）でもB（向かい合った二人の顔）でもない輪郭線が浮かびあがり〈盃〉や〈向き合った顔〉，〈あまみず〉，〈まほうのほうき〉などが現れ成り立つ場が〈有る〉のだ。こうした動的な場，過程や運動としての場が，モノの周囲に開かれモノは〈こと〉へと向かう〈もの〉となり，子ども（人）がその場所やその〈動的ゲシュタルト化〉した〈もの〉と相互作用するとき，〈もの〉は〈こと〉へと〈ことなり〉を生みだしていく。そして，〈こと〉は〈もの（〈ことば〉）〉へと〈言成り〉を生みだしていく。

言葉と人間が「有に聴き従い属している」この関係性を生きる人間のあり方について，ハイデガーは以下のようにいう。

　　　言葉は，有（有るということ）に源を発し，それゆえ有に属す。こうして，すべては再び有「を」企投し思索することにかかっている。しかし今やわれわれは，このことを次のような仕方で思索しなければならない。それは，われわれが，思索の際に同時に言葉を想起する，という仕方である。―中略―明らかに，言葉が有への関連において経験可能になる，という仕方である。―中略―われわれ自身が，有に対するわれわれの関連の瞬間の内にあるのである[68]。(　)内補足は筆者

　　　人間は，ひとつの有るものとして有るものに属しており，そのようにして，人間はあり，これこれのものである，という最も一般的な規定のもとに服している〔ということである〕。しかしながら，このことは，人間を人間として際立たせて特徴づけておらず，人間をただ有るものとしてすべての有るものと等置しているにすぎない。―中略―人間は有を理解すると

いうことである．あるいは，人間は有の企投の執事であり，有の真理の見張りの役が，有から，そしてこの有から「のみ」把握される人間の本質を，構成するということである．

　人間は「言葉」を，彼の本質にとって脱自的なるものを守る住居として「得ている」のである．有の開けの内に立つことを，私は，人間の脱―存と名づける．そのような有り方は，人間にのみ自性として具わっている[69]．

　こうしてみると，行為表現によるゲシュタルト化は，人間と個物とが〈有〉を起源に〈世界〉を現成し，言葉（〈ことば〉）や有意味な行為の協働性根拠であり，共同性の根拠であるということができる．言葉の成り立つ場所は，「有（有るということ）に源を発し，それゆえ有に属す」という意味で，行為の次元において〈もの〉から〈世界（〈こと〉）〉を相互主観的に打ち立てることであるといえる．

　また，丸山圭三郎はこうした過程でわれわれが出会う意味について以下のようにいう．

　　〈意味＝現象〉は，まず意味をもたぬ対象が存在し，ついでこれに何らかの意味が付与される，といったものではなく，認知されるものは同時に意味であり現象であって，この二つは不可分離である．―中略―そもそもゲシュタルトというのは，「世界の出現そのもののことであって，その出現の可能性の条件ではない」（M-Ponty : *Phenomenologie de la perception,* 1945, p. 74）のだから，視点次第でさまざまな形に見えるものとか，地と図が反転するものではないのである[70]．

（4）脱自的実存

　こうしてみると，二人の子どもによってオギが"まほうのほうき"に象徴化され語られていくことは，行為の素朴さを凌駕して余りあるほど，人間の行為と意味と世界の発生を端的に示した事実といえる．Sの行為とオギとのあいだから，Sの発話行為の間合いから，二人の発話と発話のあいだから，

Mの行為とオギとのあいだから，Mの発話行為の間合いから，というようにいくつものあいだから言葉のリズムが現れでている。そして，SとMとの発話がつながり，二人のあいだに"まほうのほうき"にみる詩や音楽的リズムが生成され現れている。二人が戯れ合い悦び合って意味（語り—〈ことば〉）生成している場所は，脱自的実存（Ek-sistenz），語り合い，ふるまい合うことによって，次の語りへと脱（Ek-）していく「明るみ」なのである。

> あの〔世界内存在という〕規定において〈世界〉なるものが意味しているのは，存在者でも存在者のいかなる領域でもけっしてなく，存在の開け（offenheit des Seins）なのである。人間は脱自的に実存するものであるかぎりにおいて存在し，人間なのである。つまり，人間は存在の開けへと出で立っているのであり，そのようなものとしての存在こそが，投ずるものとして，おのれのために人間の本質を〈関心〉のうちに企投したものなのである。このようにして人間は存在の開けの〈内〉に立っている。〈世界〉とは，人間がその被投的な本質からして，そこへと出で立っている存在の明るみのことなのである。〈世界内存在〉とは，脱自的実存の本質を，その脱自的実存（Ek-sistenz）の脱（Ek-）がそこから現成してくる明るみの次元を顧慮しながら名指しているのだ。—中略—〈世界〉とはある意味で脱自的実存の内部にある彼岸であり，また脱自的実存にとっての彼岸なのである[71]。

また，スタイナーはいう。人間だけが「存在を思考する」ことができるというきわめて具体的な意味において，人間だけが「外に—ある」'ex-ists'。樹木や岩や神は**ある** *is* けれども，existence〔現実存在，実存〕という言葉を人間が自分の外に立つ（ここからして 'ex-ist' にハイフンが入れられる）可能性と解するならば，existするものではない。自分の外に立つとは，存在の光輝に忘我的に身を開きさらすことで，この姿勢には 'ex-istence'〔実存〕と 'ec-stasy'〔忘我恍惚〕との間の語源学的連関が一つの手がかりとなろう[72]。

スタイナーがいうように,「存在とは,いわばあらゆる存在者が存在するという出来事そのものである」[73]。それについて木田は以下のようにいう。

　　ハイデガーは「存在者の存在は,それ自体,一種の存在者〈である〉のではない」(SZ6)と言う。要するに存在は存在者を存在者たらしめるものであり,それ自体,一個の存在者ではないのだから,それを存在者のあいだに探しもとめても見つかりっこない。言いかえれば,ありとしあらゆるもの,〈あるとされるあらゆるもの〉をそのように〈あるもの〉たらしめているのが〈ある〉ということなのだから,それ自体は〈あるもの〉ではない,というのである。―中略―〈存在〉とか〈ある〉というのは一つの働きであり,その働きによって,ありとしあらゆるものが〈あるもの〉として見えてくるのだ[74]。

私たち人間が種としての〈声〉をもたず,経験に対する〈声〉をもたないのであれば,人間の世界にあり私たちが「…として」認めるものはすべて,人間にとってふるまいや言語（言葉）によってゲシュタルト化した「存在者」ということになる。それらは道具的な連関をつくって私たちの生活世界を形づくっている。しかし,これらは実体ではなく,世界の開けや現成の運動とともに〈(有る)こと〉と共起して〈もの化〉した社会的文化的道具なのである。子どもの行為表現は,こうした原初の意味生成を絶え間なく現成させることである。〈世界〉が有ること,〈世界〉が現れることを,自他間で驚いたり楽しんだりしている行為であるといえる。その場所は,遊びだけでなく,離乳食における親子の関係変化が生起した場所とも同一である。行為表現はこうした意味で〈表現〉や〈働きかけ〉と〈現成〉との絡み合いであるといえる。したがって,世界の現成と行為表現とは,〈もの〉と〈もの〉とのあいだから,〈もの〉と人とのあいだから,〈もの〉と〈こと〉とのあいだから,生まれてくるのである。それは,私たち人間の身体のかかわりという,人間の足元にある大地を経て〈世界＝できごと世界〉として現成するのである。

(5) 行為表現における三項関係

遊びという実践が〈世界〉を現成させる過程において，忘れてはならない契機，それは〈他者〉である。世界の生成も言語の生成も，個物と自己といったったひとりの人間との関係にその根拠があるのではなく，同型的な〈私／もの―他者／もの〉と相互的な〈私―もの―他者〉という，私と他者と〈もの〉との三項関係を根拠としている。

図表3-3-2のように，①最初，互いに目を合わせている関係，すなわち，"見ること"が「見られることになる」。「見る―見られる」という互いに他を脱中心化する関係である。②その関係から，一方（母）が〈もの〉へと視線を動かす。子は母の視線を追い，母が視線を送る先にある〈もの〉へと自分も視線を送る。③すると母の視線の先から〈もの〉が子に見えてくる。④母の視線の先から〈もの〉が見えてきたことにより，子が〈もの〉へと向ける視線が立ちあがる。

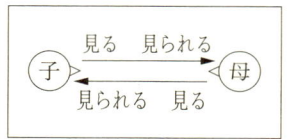

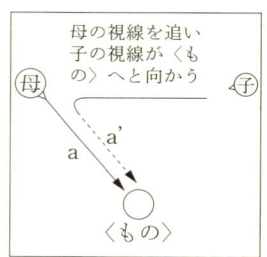

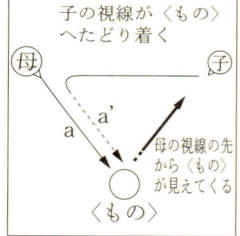

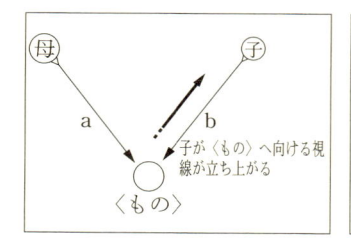

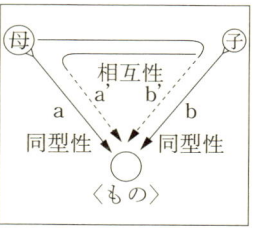

図表3-3-2 行為表現における三項関係

（見つめ合っているとき）私は彼が見ているのを見る、と言うときには、もはや、私は彼が考えていると考えると言うときのように、二つの命題の一方が他方の中にそのまま嵌込まれるという関係はなく、「主文」的視覚と「従文」的視覚とが互いに相手を脱中心化し合うのだ[75]。

このように、〈見る（子）―見られる（母）〉と〈見られる（子）―見る（母）〉が互いに反転し、子と母とは互いに他者と他者の行為を脱中心化する。それは、"見ること（行為、主体、〈こと〉）"を"見られるもの（客体、〈もの〉）"にすることである。

こうした主体と客体との越境は、人間の身体が「感じる物」であり、「主体的客体」でもあるという「両義的身体」であることを示している。この両義的身体とは、純粋にモノ化してしまうことのない〈もの―こと〉としての、運動（〈動的ゲシュタルト〉）としての身体であるが、身体それ自体が「関係への関係」という"ずれ（存在論的差異）"をはらむものであり、自己言及性という越境性を、行為や実践の中に有しているということである。人間が相互に両義的身体を生きていることが、人と人とのあいだにおける〈もの〉から〈こと〉への対象成立である三項関係という実践の協働的な関係的過程を生みだすのである。

　　たとえば私の右手が私の左手に触れるとき、私は左手を「物理的な物」として感ずるが、しかし同時に、私がその気になれば、まさしく、私の左手もまた私の右手を感じ始める、―中略―［それが身体になり、それが感じる］という異様な出来事が起こるのだ。物理的な物が生気を帯びる―もっと正確にいえば、―中略―ある探査能力がそこに着地し、住みつきにくるのである。したがって、私は触りつつある私に触り、私の身体が「一種の反省」を遂行する。私の身体のうちに、また私の身体を介して存在するのは、単に触るものの、それが触っているものへの一方的な関係だけではない。そこでは関係が逆転し、触られている手が触る手になるわけであり、私は次のようにいわなければならなくなる。ここでは触覚が身体のう

ちに満ち拡がっており，身体は「感ずる物」，「主体的客体」（subjet－objet）なのだ，と[76]。

　そこにいるその人が見ているということ，私の感受する世界が彼の世界でもあるということは，私には紛れようもなくわかるのである。それというのも，私は彼の視覚に立合っているからであり，彼の視覚が，その目を風景に向ける姿において見られるからである[77]。

　人間のこころは自らの内容である関係それ自身に関係することができる。つまり自己言及的である。この自己言及性こそが言語という機能を生んだのに違いない。この自己言及性が自己と自己自身とのあいだに隙間をあけて，そこに言語という隙間風が吹き込んだともいえる。人間は自己言及的なこころと言語の能力をもつことによって，自己自身と他人たちとのあいだでそのつど展開されている社会的関係を，すでに言語的に分節された形で，そしてそれをあらためて言語化することの可能な形で，意識の場に乗せる。自己と非自己の社会的関係をその内容としながら，それ自身もやはり自己の非自己にむかっての社会的行動であるというこの自乗された社会性―社会性の自己言及構造―こそ，心と呼ばれる人間の精神活動のもっとも基本的な特性だろう。そしてわたしたちは，この自己言及的な精神活動全体を遂行している行為主体のことをも，自己という名で呼んでいる。言い換えるなら，自己と呼ばれる生命活動の行為主体において，自らを絶えず新しい関係の主体として生み出し続けている「主体の自己産出」のプロセスが「こころ」なのである[78]。

　三項関係の成立の最初に働いている，メルロ゠ポンティのいう「『主文』的視覚と『従文』的視覚とが互いに相手を脱中心化し合う」関係は，両者の視線が互いに他の視線を"見る〈こと〉"から"見られる〈もの〉"へと脱中心化する関係を示している。このとき二人のそれぞれの経験は，〈見ている経験〉と〈見られている経験〉とが「ルビンの盃」の知覚のときのように反転

している。ひとつの行為が他者の行為との関係性において，"わたしは見る者（主体）であると同時に見られる物（客体）である"という複数の意味をもつ両義的状態となり，そのあいだを行き来することが可能となっている。こうした両義性の発生と成立が，個物を人間の実践的関与世界における〈もの〉へと，両義的で物象的なあり方へと至らしめている。

　先の図表3-3-2で，②二人が見つめ合う関係から，一方（母）が〈もの〉へと視線を動かす。子は母の視線を追い母が視線を送る先にある〈もの〉へと自分も視線を送る。母の関心（志向性）が，自分に向けられているのではなく別な〈もの〉へと向けられているという，他者（母）の側に生起した志向性（関心）を知ることになる。③すると母の視線の先から〈もの〉が子に見えて（現れて）くる。④母の視線の先から〈もの〉が見えてきたことにより，子が〈もの〉へと向ける視線（志向性，行為）が立ち上がる。③で母の視線の先から〈もの〉が子にとって見えてくることは，〈もの〉の側に母の志向性が知覚されることであり，他者（母）の側に「心（他者の自己）」という場所が存在することを知覚し始めることになる。そして，子の側にもまた，〈もの〉へと向ける視線が立ち上がる。子の側にも「心（自分の自己）」という場所が存在し始めることになる。こうして両者にとって「対－象」が〈もの〉との存在論的差異として現れ成り立っていく。

　この一連の過程は，生後はじめて他者との関係において生成したときに習得し終えるものではなく，終生他者とともに〈もの〉へと向かう関係において繰り返し生成し成立させていく関係である。三項関係の成立とは，こうした重層的で相互的な生成として位置づけることができる。鷲田は〈世界〉と〈私〉と〈他者〉の重層的で相互的な生成について以下のようにいう。

　　対象的な〈世界〉と〈わたし〉（主体）と〈他者〉（ともに機能している主体）とへの経験領野の分極化，言いかえれば，主体／客体の分離と自己／他者の分離とが同一事態の両面として同時的に生起してくるようなある構造的な歴史が，ここで問われなければならない[79]。

〈わたし〉の成立，〈他者〉の出現，〈世界〉の開設は，互いに深く交錯しあい，ひとつに編みあわされた出来事である。それはしかも，一定のフィクショナルな構成作業を介して，それら三つの"虚焦点"（focus imaginarius）をリアルな"定項"として制定していく間主観的な実践である[80]。

対象的な世界はそもそもはじめから，自―他に共通の唯一的な〈世界〉として間主観的に形態化される。だから，まずわたしに対してのみ現出してくる世界の第一次的所与というものがあって，それが自―他の交流の中で間主観的に共同化されるのではない。世界現出は根源的に多極的なものであり，対象的な世界のリアリティは私たちの共生によって媒介されている。〈わたし〉の成立は，「わたしだけに対して（pour-moi-seulement）ということの否定」なのである。言いかえれば世界現出の中心化によって生じる自―他の裂け目は，自―他の交通と相互補完的に発生するのである[81]。

隙間のない原初的な現前野の〈わたし〉，〈他者〉，〈世界〉への三極構造的な開口，言いかえると，〈わたし〉の成立，〈他者〉の出現，〈世界〉の開設という，相互に深く交錯しあい一つに編みあわされた出来事は，身体を「生地」としつつ，その全体がある共同的な歴史性によって媒介されていると考えなければならないのである[82]。

(6) 根源的沈黙と"開け"

三項関係の成立は，互いに他を脱中心化しつつも一体化している「見つめ合っている」関係からの「主体と客体」「自己と他者」の分離の同一態が繰り返し起こる〈歴史〉である。〈わたし〉と〈他者〉と〈世界〉は文化的で社会的なフィクショナルな〈こと〉として，人間の実践を形づくる契機であり，人間の実践を通してそれぞれが刻々と生成されて間主観的となる。〈わたし〉，〈他者〉，〈世界〉への三極構造的な開口とそれぞれの成立は，相互に深く交錯し合った身体を介した〈できごと〉の協働的な生成（協働的な歴

性）によって媒介されているのである。行為表現のこうした生成過程には，長井真理が述べるような各行為者における「二重の外出」が，行為している自他に相互にわかるということが含まれている。

> われわれがある対象について何かを表現しようとするとき，まずその対象と一体となる場，すなわち根源的沈黙のうち（デリダのいう「ある種の内部」）に身をおく。例えば，美しい景色をみてその美しさを感じとっている真只中では，私はこの景色と分かれてはおらず，景色の一部となったり，あるいは景色が私の一部となっている。この景色を表現しようとすると，私と景色が一体となっている根源的沈黙から，ある意味へ向けて，つまり後に「この景色は美しい」という表現で表わされるようなひとつの意味へと向かう動きがまず生じる。この意味志向の動きが，「ある種の外部」へと外出する最初の外出である。言葉が語り出される場を外部とするなら，この最初の外出先である「ある種の外部」はあくまで「内部」なのだが，しかしそれは，この私の身体のうちに閉じられた内部ではなく，「外部一般と関わることの内的な可能性」であり，「内部における還元不可能な開け」である。根源的沈黙のうちにとどまる限り，まだ外部と内部の区別はない。むしろ根源的沈黙こそが，外と内との区別を可能にするのである。最初の外出はこの根源的沈黙の場から出ようとする動きで，この段階ではまだ根源的沈黙から完全に出てしまってはおらず，あくまで根源的沈黙のうちの「ある種の外部」にとどまっている。この動きが「（外へ）押し出される（exprimé）」とき，言葉が真の外部としての世界へ向けて展開されて表現が完成するのである[83]。

長井は，「外部一般とかかわることの内的な可能性」も，「内部における還元不可能な開け」として表現している。この"開け"は，開けつつある〈世界（外部）〉と対として生まれつつある〈私〉の"開け"であるといえる。「根源的沈黙の場から出ようとする動き」であり，「言葉が真の外部としての世界へ向けて展開されて表現が完成する」，すなわちこれが〈できごと〉が

成り立つということである。

　　　表現（expression＝外へ押し出すこと）とは外化（extériorisation）である。それは，はじめある種の内部（un certain dedans）にある意味（sens）のある種の外部（un certain dehors）に刻む。この外部とこの内部は全く独特のものである。この外部は自然でも世界でもなく，意識に対比される現実的外在性でもない。意味作用（bedeuten）が目ざす外部は，イデア的対象という外部である。この外部が外へ押し出される（expremé＝表現される）とき，この外部は自己から出でもう一つの外部の中へと移る。……したがって，意味する記号（signe vaulant-dire）としての表現は，意味が自己のうちで……自己から外へ出る二重の外出（une double sortie horse de soi du sens）である[84]。

　意味する記号としての表現は，「意味が自己のうちで…自己から外へ出る二重の外出」であるとするのである。

3. アイデンティティと実践共同体

(1) 遊びの〈できごと〉とアイデンティティ

　遊びの場や道具をつくることは，ある"遊び"の〈できごと〉の現れの知覚的協働性をつくり，そこへ参加するメンバーのふるまい（身ぶりや発話）を共同的で同型的なものとしてつくりだしていく。共通の遊びの道具をつくり，身につけて周囲に対して使用する遊びの生成過程は，その道具を使用する身ぶりの理解可能性や説明可能性を，遊んでいる子どもたち（メンバー）のあいだに，新しく参加する者や，周囲でその様子を見ている他の子どもや大人たちに対してつくりだしている。

　また，遊びの〈できごと〉内でその道具を使用することは，〈できごと〉内の役割の取得と，その役割を通して自分がその遊びに「十全的参加 full participation」[85]するメンバーとして〈できごと〉内のアイデンティティ（役割行為）を実現することを意味しているし，そうしたアイデンティティを他

者からも認められ，その役割をもつ人として他者から応答されることも意味している。なおここでいう，アイデンティティとは，「『私』ないし自我が生の経験の全体を通じて同一に保たれている事実」である「斉一性」や「連続性」，また，「他者による私の中核部分の共有」ではない。「人―［行為＝〈できごと〉］―人」関係において，"いま―ここ"でともに活動する具体的な他者へと向けられた行為によって，他者とのあいだにつくられる行為の関係（ふるまい）である。または，自己の行為の先に現れる〈できごと〉のその場でつくられ，生きられるものである。

　子どもは生活の中で多元的なアイデンティティを，多様な文脈における様々な他者との相互行為により行為として生きるのであり，その行為の実践的関係によってアイデンティティ（ふるまい）は刻々と生成されている。

　こうしたアイデンティティ（ふるまい）の生成は，生活世界での〈できごと〉における役割行為として生成されているのであるが，役割行為の生成という一見すると表層的な変化は，つねに"私（現存在）が有る"という存在論的差異と結びついた〈できごと〉として生起しているといえよう。こうした〈できごと〉は出生後「自己の鏡像の習得」として，鏡を媒介にした自他の相互行為による三項関係として，自分と他者とを〈像＝もの〉として相互（協働）生成する生成過程に見ることができる。"鏡に映った像"とは《越境》を通じて現れる存在者（〈もの〉）であり，その〈もの〉を通じて，自己（自分の像）と他者（他者の像）が，相互に協働で生成される。こうして生みだされる事態は自己と他者という二分法（二元論）ではなく，「他者にとっての他者」という，ともに他でありながら終わりない循環（運動）の始まりなのだといえる。

　この鏡像（対象）や鏡像の生まれつつある場が〈もの〉となり，われわれはいつも常にこの三項関係を他者とともに営んでいる。こうしてある対象が生まれ成り立つことは，その対象をともに成り立たせている「他者の他者（自己）」を相互に同時に成り立たせていることを必然的契機として含んでいるのである。

人間は生まれ落ちたその日から，ハイデッガーのいう意味での現存在であるのではない。人間が，「みずからが存在することにおいて，あるということ自体と関わっているような」，そして「あるということを会得しながら存在者と関わっているような」特別な存在者としての現存在になりうるためには，長い歳月を必要とする。必要なのはもちろん歳月だけではない。このような現存在となるための素質的な下地は，もちろん生まれつき準備されているものだろう。しかし，この素質が十分に結実し開花するためには，長い幼年時代を通じての養分の吸収が必要なのである。この養分にあたるものが，人間関係，ことに家庭内における両親との関係であることはいうまでもないだろう。前にも書いたように，自己を個として自覚しうるということは，自己がみずからを「他者にとっての他者」として発見しうるということである。そして，自己がその人の前で自己を最初にその人にとっての他者として発見せねばならぬ他者とは，通常は母親であり，そして父である。

　この個としての存在者自己の発見は，同時に同じく個としての存在者他者の発見を伴う。この二つのことは同じ一つの発見の両面にすぎない。メルロ＝ポンティは，《幼児の経験が進歩するにつれて，幼児は，自分の身体が何と言っても自分の中に閉じこもっているものだということに気づくようになり，そして，主として鏡の助けを借りて獲得する〈自分自身の身体の視覚像〉から，ひとは互いに孤立し合っているものだということを学ぶようになります》と書いている。

　ここで注意されなくてはならないのは，単なる一個の身体と，もう一個別の身体との存在に気づいただけでは，まだ自己と他者とを発見したことにはならないという点である。この一個の身体が自己のものであり，もう一個の身体が他者のものであることが気づかれるためには，そこですでに，存在者自己や存在者他者の発見にはとどまらない，自己存在自体，他者存在自体の発見がなされているのでなくてはならないし，一方で存在者自己と自己存在自体との間，他方で存在者他者と他者存在自体との間の存

在論的差異が，それぞれ自己性および他者性として根拠が与えられているのでなくてはならない。一言でいえば，そこにはすでに超越が働いていなくてはならない。《超越において，また超越を通じて，存在者のうちではじめて，だれが「自己」であるか，……そしてなにが「自己」でないかが区別され決定される》のである[86]。

(2) 多元的なアイデンティティと共同性，相互性

多元的なアイデンティティを生きることは，大人の生活世界においても職場，家庭，地域社会等での様々な自他関係における行為を生きることにより生成することを意味している。大人においても〈できごと〉の前後にその〈できごと〉を生きる自分の行為について，常に言語的に意味賦与されているわけではない。生活世界の意味は，具体的な〈できごと〉をめぐり特定の他者との関係を相互に繰り広げる行為の関係性においてつくられている。そのため，意識内で言語により自己の行為や意識に対して行う意味賦与は，こうした関係的実践による意味賦与の特異なひとつの形式であるといえる。したがって，行為そのものではなく主に言語を媒介にしてつくられるアイデンティティはあくまで二次的なアイデンティティであるといえよう。アイデンティティは具体的な他者とのあいだで，具体的な〈できごと〉を形づくる一つひとつの行為の関係性の場に，それが生成される資源を得ているし，それ自体が実践そのものの場や関係において，固有の効力や機能を果たしている。

子どもの遊びの〈できごと〉内での役割取得とその役割を行う過程で，子どもたちが仮想的世界のアイデンティティをあたかも現実そのもののようにつくりあげることができるのは，行為の協働的な生成過程で，ある〈できごと〉内で多元的に成立する他者との関係において形成されるアイデンティティのつくられ方というものが，人間の生活世界における第一次的なアイデンティティのつくられ方であることを示している。子どものごっこ遊びにおいては，こうしたアイデンティティは自他の行為の網の目において協働的に生

成されている。つまり，アイデンティティとは，他者との関係における行為の実践的遂行（〈できごと〉を生成する互いの身ぶりと発話）による関係の現成なのである。したがって，意識や言語により意味づけられるかのように感じられるアイデンティティは，このようにして生成されているアイデンティティの事後的な物語にすぎないものである。

　このように，対他的な実践過程におけるアイデンティティの形成とは，自己のアイデンティティと，他者のアイデンティティや集団のアイデンティティが，両者の相互の行為による〈できごと〉の生成過程の中で，同時に決定していく事態を意味している。遊びの〈できごと〉内で同じ道具をつくり使用しながら，その遊びに参加すること，一緒に同じ遊びの場をつくることは，遊びの〈できごと集団〉という社会の，境界と結束性を形づくるものでもある。遊びの〈できごと〉内でつくられ使用される道具や場のアクセス可能性や「透明性」[87]とは，遊びの〈できごと〉に参画している〈私〉や〈私たち〉が使用し参加するという，協働的実践における共同性や相互性を示している。自己と遊びの〈できごと集団〉との関係の成立と，遊びの場や道具の共同性や相互性とは，相互に依存し合いながら同時成立するのである。

4. 間，タイミング，リズムと間主体性

(1) 音楽行為における〈あいだ〉

　木村敏は，合奏行為をもとに音楽と主体とが成立する〈あいだ〉について以下のようにいう。

> 　演奏するというノエシス的行為が音楽のノエマ的表象を意識に送りこむのではあるけれども，他方ノエマ的な音形態を知覚しないで演奏行為を行うことは不可能である。演奏はつねに自分がつくり出している音の知覚によって導かれ，規制されている。ことに聴衆の立場にたってみた場合，音楽を聴くというノエシス的行為が成立するのはつねに演奏によってノエマ的に音楽が与えられた「後」である。もちろん単なる要素的感覚のレヴェ

ルでの知覚に限って言えば，この場合にも「聴く」というノエシス的志向作用が音のノエマを構成すると言ってもいいだろう。しかしわれわれの生命的活動としての音楽行為というレヴェルで言うならば，演奏者が聴衆の意識のノエマ面に音楽を「生きた」音楽として，つまり豊かな感動を呼び起こすような「形態」をもつ表象として送りこんではじめて，聴衆のノエシス面においても豊かな感動を伴った創造的な鑑賞行為が成立すると言わなくてはならないだろう。だからわれわれも，ノエシス面とノエマ面とを意識活動の二契機として分離はするけれども，それはあくまでも便宜上のことであって，実際の意識活動においてはつねにノエシスはノエマに支えられ，ノエマはノエシスに支えられるという相互限定の円環的関係しかみられない。

　理想的な音楽演奏の場合には，先にも書いたように各演奏者の個別の演奏行為が統合されて，演奏者全員の「あいだ」にある虚の空間に音楽の全体像が結実する。めいめいの演奏者の「持ち寄り」であるはずの音楽の全体が，この虚空間では部分の寄せ集めではない一つのまとまった音楽形態を形成する。そしてこのまとまった音楽形態が，それぞれの演奏者の意識には各自のノエシス的演奏行為のノエマ面として表象されている。たとえばピアノとヴァイオリンの理想的な二重奏が行われている場面を考えると，ピアノはピアノのパートを，ヴァイオリンはヴァイオリンのパートを分担して音を出すことはもちろんなのだが，不思議なことに二人とも，ピアノとヴァイオリンとの音が合わさって一つにまとまった音楽を，自分自身の演奏している音楽として聴いている。自分の指はピアノの鍵盤しか叩いていないのに，同時に聞こえてくるヴァイオリンの音まで，まるで自分が弾き出した音であるかのように意識している[88]。

こうした音楽行為の場面は，「まほうのほうき」でのSとMの行為の関係に同様のものをみることができる。二人は行為と行為の〈あいだ〉を通して個々の行為をつないで行うことで，"まほうのほうき"の語りと動き（行為

表現）を生成している。

(2) タイミングと間主体の成立

"まほうのほうき"の世界が現出することは、まるで音楽演奏の世界と同様にその世界が生命をもつもののようにうごめき始め、その世界からの働きかけに耳をかたむけながら、その世界を相互につくり合うことが行われている。とりわけ音楽や詩の場合、間やタイミングやリズムが表現世界に生命を受けている第二の主体の働きであるといえる。

> タイミングとは、タイムが「タイムする」こと、時間が「時間する」ことである。タイムする時間、時間する時間を客観的に認識することはできない。タイミングの時間はつねに間主観的相互行為——あるいはそれに準じて考えられるような「動く世界」に対応する行為——の場面でのみ発生する。
>
> 静止した対象から距離をとってこれを認識している主観にとっては、タイミングが問題になるようなことはない。タイミングは純粋に行為の場面で生じるものであって、認識とは無縁である。相手とタイミングを合わせることによって「自己」の行為主体が維持され、「自我の生動性」が間主観的な「生き生きとした現在」の構成に参加でき、こうして自己と世界との界面現象として時間の流れが生み出されることになる。
>
> タイミングと呼ばれる間主観的な界面現象の場所に主体が成立し、それと同時に「生き生きとした現在」が開けて時間が流れはじめる。時間とはもともと複数個体の相互行為に淵源をもつ間主観的・間個体的な界面現象なのだろう[89]。

SやMのそれぞれが、タイミングをとりつつその世界に生き出ようとする発話（〈うた＝詩〉）や行為（ふり）は、二人の身体に沸き上がり、"いま—ここ"に生きようとする命のリズムである。そして、この生命のリズムによりSとMとがひとつになってつくり合い生きる〈まほうのほうきの世界〉に

おいて，躍動していく〈世界の生命〉ともいうべきリズムがある。〈まほうのほうきの世界〉が現れ成り立つその輝きが，その世界の躍動やリズムとして，SとMのそれぞれの身体に，〈うた＝詩〉と行為の生成をその根源からまた促していく。詩いふるまう行為の生命のリズムは，つくられ現れる歌や詩の世界のリズムの働きと相互につくり合い，まるでひとつの生命をもった生き物のようにおのずと世界を生成していく。そうした〈できごと〉において子どもたちが生きるとき，身体と世界とが，〈うた＝詩（リズム）〉という生地で編み上げられていくといえる。

　SとMはオギを通して互いに他者に対して，ともに臨床的にその場を生きている。二人の発話と行為がつながり合うのは，それぞれの「生動性」が間主観的な「生き生きとした現在」の構成に参加しており，「自己と世界との界面現象」の場所が開け，その場所で二人が「間主体」として成立し生きているからである。

5.〈こと〉と臨床

(1)〈こと〉としての経験とニヒリズム

　「木から落ちるリンゴ」という名詞的な言いかたをする場合，それを見ている人は，自分がそこに立ち会っているという事実を消去している。自分以外のだれが見ても，「木から落ちるリンゴ」は「木から落ちるリンゴ」なのであって，それは見ている人の主観には何の関係もなく，その人から何メートル前方のある場所に定位可能な客観的なものなのである。客観的なものの前では，自己はその存在を隠すことができる[90]。

　ことは眼に見えるように呈示することができない。ことはことばによって語り，それを聞くことによって理解する以外ないのである。―中略―ことはことばによって語られ，聞かれるものである。しかし，これは必ずしも言語的に文節され，構音された言葉として語られたり聞かれたりすることに限られるわけではない。ことばの語源が教えてくれるように，言葉に

よってとらえられるのは，ことの表層部分にすぎない。ことの本質は，むしろ言語によっては語り出しえず，言語から聞き取りえないところに潜んでいる。しかしそのような場合でも，われわれはやはり「聞く」という言い方ができるだろう。―中略―もの的にとらえられた「存在」が見る対象として客観的に理論化されるのとは違って，あくまで，こと的な性格を失わない「あるということ」は，1つの沈黙の声として聞くというしかたでしか知りえない[91]。

　子どもたちや私たちは，他者とともに行う行為や世界への協働的かかわりにより，〈こと〉としての経験をもつ。しかし，〈こと〉としての経験は〈もの〉（言葉）へと，差異を成り立たせなければ，語られ聴かれることとして成り立たない。これは，私たち人間が〈生きること〉そのものからの宿命的な疎外を背負っていることを意味している。私たちは，言語において神はおろか自らの経験にさえも永遠に触れることはできない。そこにニヒリズムが生起してくる。木村は，〈こと〉が〈こと〉として今まさに生起している事態を以下のように記述している。

　　私の眼の前に一本の花がある。「もの」としての私と「もの」としての花とのあいだには，物理的近接関係以上の関係はない。そしてそのかぎりにおいては，実はその花は私にとって，まだ「花というもの」としても現れてきていない，一個の無意味な物体にすぎない。私がその花を見る。あるいはそれを美しいと思う。そこに，花があるということが，花が美しいということが，そして，私が花を見ているということが開ける。そしてそれは同時に，花を見ているという状態において私があるということが開示されることでもある。しかもこの場合には，花を見ているということのほかには私があるということは成立しえない。私があるということと，私が花を見ているということと，そして花があるということとは，いずれも端的に同一のことの三つの側面をなしている。一つのことが，生きいきとした現実としていまここに――つまり，いわば私と花とのあいだに――生起

していて、この現実の躍動を向う側へ託けて言うと「花がある」ということになり、こちら側へ引き受けて言うと「私がある」ということになる、そういった構造になっている。―中略―

　私が花を見ているということにおいて、私があるということと、花があるということの両者がはじめて実現される。私があるということと花があるということとは、どちらが先でどちらが後というようなことではない。西田幾多郎が「世界が自覚する時、我々の自己が自覚する。我々の自己が自覚する時、世界が自覚する」（『論文集第五』259頁）というのは、まさにこのことである。そしてこの世界の自覚と自己の自覚の両者を同時に成立させている場所が、西田によって「事実」と呼ばれた局面、すなわちここでは「私が花を見ている」ということなのである。

　このことにおいて、私は「私がある」という実感として自己を自覚し、花は「花がある」という実感として、十全な意味で「花というもの」として実現される。花が単なる物理的存在から脱して「花というもの」になるためには、ことがこととして働いていなくてはならない。つまり、「『こと』は、『もの』を『もの』たらしめる基礎である」（和辻哲郎『続日本精神史研究』419頁）。―中略―

　私たちはふだん、たんにものを知覚しているだけでなくて、それと同時にそのものと私たちとのあいだを生きている[92]。

　私たち人間は、〈もの〉と〈私〉とのあいだを生きているとき、かろうじてその疎外を免れているのであろうか。決してうべなわれることのないニヒリズムの深淵をのぞいてしまった以上、その孤独からは逃れることができないのか。そうではない。気づかなければならないことは、経験が何らかの「言葉」と絶対的に一体化しなければならないと思ってしまうような、錯誤にある。そしてこのことによって経験（〈こと〉）や行為表現は、既存のありきたりの「言語」に絡めとられている。このとき「言語」は「制度」であり「規則」であり、経験への「抑圧」や「疎外」として高みから力による制圧

を個々の生に働きかけてくる。忘れてはならないのは、われわれにおいて経験の本質とは「インファンティア」なのである。

(2) 〈こと〉の生成と芸術

〈こと〉から〈言なり〉への変容だけではなく、〈こと〉から〈こと〉への重層化や、〈他者〉による〈こと〉の触発等、〈こと〉という行為や経験のもつ関係のつくり変えの過程そのもののうちに、単に「言語（ラング）」へと上昇するのではない、〈こと〉から〈こと〉へ、〈こと〉と〈こと〉の連鎖や衝突（ずれ）による〈こと〉の生成や〈世界〉との出会いというあり方がある。それが〈芸術〉である。

芸術は、〈こと〉から騒がしく"語る"のではない。〈こと〉という"沈黙"とまた別の〈こと〉という別の"沈黙"をつなぎ合い、出会わせ合う〈あいだ〉に"行為表現＝芸術"の経験という〈こと〉を現れだし成り立たせようとする人間のいとなみである。大地を覆っている自明な言語化した分厚い地層を静かに割って出てくる芽を、息づかせたり互いに関係づけたりして、地殻から出でる芽の動きそのものを鮮やかに経験することを可能としている。そのようにして、映画や音楽、詩や文学、絵画等の〈こと〉という〈もの〉となるものは、その〈こと〉を生成する〈こと〉に、また、その〈こと〉を経験する〈こと〉に、人間にとっての有意味さ（〈できごと世界〉＝芸術）があることに気づく。"言語により語るのではない"脱自（Ek-）のあり方、人間が人間になるあり方がある。

そのあり方とは、〈聴く〉というあり方なのであろう。私たちは天を仰いでとどかぬ言葉に絶望するのではなく、自分の心臓の鼓動や身体のゆらぎに悦びを感じ、そこに耳を傾けることができ、そのことを通じて、〈こと〉の深みへと超えることができる。

鷲田は、《聴くことの力》という問題設定を行うことにより、ロゴス＝言語中心主義の哲学から《臨床哲学》に迫ろうとする。《臨床哲学》は以下の3つの「非―哲学」的ないし、「反―哲学」的視点に立つとする。①「論じ

ること，書くこととしての哲学ではなく，〈聴く〉といういとなみとしての哲学を模索する」。②「だれかある特定の他者に向かってという単独性ないし特異性（シンギュラリティ）の感覚を重視する。つまり，普遍的な読者に対してではなく，誰かある個別のひとに向かってする哲学。それは一般原則の一例（イグザンプル）ではなく，ケース・スタディというときのそのケースにかかわろうとする」。③「あらかじめ所有された原則の適用ではなくて，—中略—むしろそういう一般原則が一個の事例によって揺さぶられる経験として哲学の経験をとらえる」。つまり，「主張するのでなく〈聴く〉ということ，普遍化が不可能であるということ，そして最後に〈臨床〉が『哲学する』者としての臨床の場面にのぞむ者の経験の変容を引き起こすひとつの出来事でもあるということ，その意味で〈臨床〉が時間の中にあるということ」，この三重の意味で《臨床哲学》は非―哲学的であろうとする[93]。

また，中村雄二郎は，「近代科学の三つの原理〈普遍性〉〈論理性〉〈客観性〉が無視し排除した〈現実〉の側面を捉えなおす重要な原理」として，「個々の場所や時間のなかで，対象の多義性を十分考慮に入れながら，それとの交流のなかで事象をとらえる方法」として「臨床の知」を提起している。〈臨床の知〉は，〈固有世界〉〈事物の多義性〉〈身体性をそなえた行為〉によりなる。〈固有世界〉とは，「有機的なまとまりをもった宇宙」，「他にない固有の場所としての宇宙」「生命体が個体的，集合的にそのなかに生きるさまざまな固有のコスモス」としての「コスモロジー」である。〈事物の多義性〉とはシンボリズム（象徴表現の原理）である。そして，〈身体性をそなえた行為〉とは，「働きかけをうけつつ行う働きかけ」「受動的な能動」という相互行為や相互作用であり，それは「自分の身体を他人の視線にさらしつつ行う行動」としての「パフォーマンス」である[94]。

他者とともに〈もの〉へと働きかけながら固有世界をつくりだしていく子どもたちの遊びの実践過程は〈臨床の知〉そのものであることがわかる。たとえば他者との相互的な遊びとしての造形的行為は生後約10か月から始まるが，子どもたちはまだ話し言葉を習得してはいない。名詞の習得がほぼ十

全となるのは,生後2歳の頃であり,1年以上も前の言語以前の状況にある。こうした状況にもかかわらず,原初的なシンボリズムが親密な他者とのあいだの固有世界として自他の相互行為や〈もの〉との相互作用により生成されることは,行為表現のもつ人間の生きる源であり,人間を人間とする力であるといえる。このとき,言葉は十全ではなく,〈こと〉から〈こと〉へのつながりが〈臨床の知〉そのものも育むことがわかる。

　　生活世界は,その世界のうちに目覚めつつ生きているわれわれにとって,いつもすでにそこにあり,あらかじめわれわれにとって存在し,理論的であれ理論以外であれ,すべての実践のための「基盤」となる。世界は,目覚めつつつねになんらかの仕方で実践的な関心をいだいている主体としてのわれわれに,たまたまある時に与えられるというものではなく,あらゆる現実的及び可能的実践の普遍的領野として,地平として,あらかじめ与えられている。生活とは,たえず〈世界確信のうちに生きる〉ということである。〈目覚めて生きている〉とは世界に対して目覚めているということであり,たえず現実的に,世界とその世界のうちに生きている自分自身とを「意識している」ということであり,世界の存在確実性を真に体験し,現に遂行しているということである[95]。

　子どもたちの生活における行為表現の過程にみる意味生成は,子どもたちと生活世界との相互作用において生まれる沈黙の経験の裂け目から〈大地〉と〈世界〉が協働的に生成する過程であった。この過程は,既存の生活世界を,慣れ親しんだ自明化された意味世界の分厚い地表を打ち破って経験の根底からそのつど耕し返す地殻変動なのである。しかし,それは,子どもたちにとっては,〈もの・こと・人〉とのかかわり合いによる遊びにおいて日常的に繰り返している活動の一貫した"質（関係性の生起）"であるといえる。しかもその〈大地〉から〈世界〉への行為と〈できごと〉の生成過程は,子ども相互の身体の経験の沈黙を経由して立ち上がる行為においてのみ生みだされていくものであり,そのときその場や状況はそれ自体が有機的な場とし

て生命をもって動き始める開かれた場（〈世界〉）として成立する。子どもたちはその場にみずからの身体の深層の経験を携えて出で立つ過程で，社会的文化的な人間として自他を協働生成していく。自分や他者の沈黙の経験と世界とに耳を傾け大地を耕し，しなやかに，軽やかに，まるで遊ぶように世界を立ち上げていくことが，生活とともにある表現の芸術であるといえる。

結びにかえて

　創世の神の世から伊耶那岐命・伊耶那美命が漂った国を整えるために島を生むにあたって「わしの身体のあまったところをおまえの身体の足りないところに刺し入れ、塞いで国を生みたいと思う」「それがいいわ」ということで男女のいとなみをすることになる。約束通り天の御柱を回って出会った際，伊耶那美命が「ああなんて，まあいい男だこと」と言い，続いて伊耶那岐命が「ああなんて，まあいい女だ」と言って生んだ子はくずの子だった。天つ神に占ってもらうと，女が先に言ったのがよくないということでもう一度やり直す。そして，淡路島，四国，隠岐の島，九州，伊岐，津島，佐渡，大倭豊秋津島（本州）など大八島の国とさらなる島々を生み，多くの神を生んで国づくりが始まる[1]。

　国づくりの始まりから近世に至るまで，美しい女も，"くはし女"というように「美」という言葉のない時代の表現芸術は，神話や民話，祭祀などのつくりものが人々の暮らしの中に密着してあり，遊ばれていた。それだからこそ気候風土やその地域社会の宗教，人々の暮らしのありようによって表現芸術の多様性がつくられていったのであって，そこに普遍があったわけではない。

　それは日本だけでなく西洋においても同じで「善」を志向する人々の生活の中に芸術があったことはプラトンが芸術に否定的であったことやアリストテレス（『断片』『形而上学』『詩学』）が，「芸術は経験より高尚な形の知識なり」「芸術は自然を模倣す」「芸術家は行動する人間を模倣す」といった言葉からもうかがえるように，自然や人間の生とともにあったのである。日本の埴輪のシンプルな美も，美として形づくられたものではなく埋葬者を慰めるものとして善を為す人々によって作られたものであり，織物の美しさも美を目的に織ったものではなく，実用を織る中に遊ばれたものから派生した自然の美である。やがて，人々がその集団内で共有する価値として「美」を求め

たところから美学が発生し，芸術が審美を追求するものとなっていくのである。生活にある芸術は，クラリク（『世界美：一般美学試論』）のいうような主観的感性から萌えでた5葉の芸術，つまり味覚芸術，臭覚芸術，触覚芸術，聴覚芸術，視覚芸術といった料理の旨さや衣装芸術，ビロードのやわらかさやしなやかさ，つややかさといった触覚芸術の論理も含めた生活につらなるものであり，今日の美の価値や基準に基づいた審美的な芸術とは位相が異なっている。

1. 芸術とは何か

　審美を芸術とするようになった歴史的過程を理解しておくことは，本巻3人の著者の真意をさらに深く理解することを助け，幼児教育における表現芸術を考える視座が得られるだろう。トルストイはその著[2]でシャスラーの『批判的美学史』（1872）をもとに近代から現代への美学の変遷過程を説明している。シャスラーの文献が邦訳されていない（と思われる）ので，トルストイの視座からその概略をなぞることによって，今日の芸術の混乱を整理しておきたい。

　美学の創始者はバウムガルテンで，彼が論理的に真善美を定義した中の美とは「部分相互の関係と，部分の全体に対する関係の中で部分の一致即ち秩序ということで定義される。その美の目的は快感を与えて欲求を惹起こすことだ」とする。そして自然の模倣が芸術の最も高い務めだとして美学を構造化した。これはシュッツやメンデルスゾーンらの，人間の生活全体の目的は社会生活の幸福でこれに達するには倫理観を育てる必要があり，芸術はこの目的に沿った善を含むものとする考えに相反する快感説である。善か快楽かの流れはヴィンケルマンによって再構築され，芸術の法則や目的は善とは別で，形式美，観念美，表情美に分類され，表情美が古代の芸術に現れた最高の目的故に，今の芸術も古代の芸術の模倣に向かわねばならないとされた。ヘンデルやゲーテらの論理もヴィンケルマンの美学と同方向である。一方，イギリスでは，シャフツベリが美と善とは融合するものとした説を，ハチソ

ンは芸術の目的は美であって，美は雑多の中に統一が現れる善とは別のものとして位置づけている。また，パークは芸術の目的である崇高と美とは自己保存の感じと共同生活の感じを元にして，この感じが個体を通して類が存続していく源になっているとした。フランスにおける芸術はバトゥーの，美は自然美の模倣であって目的は快楽だとする説をディドロやダランベールらもとっており，ヴィンケルマンに戻っていく。イタリアではパガーノの芸術は自然の中に散らばっている多くの美を見る力が趣味であって，まとめる力が芸術の天才であり，美は現れた善で，善は内にある美として融合してあるものとする説，パークと同様のムラトーリの説が紹介されている。オランダでは，ヘムステルホイスの美とは最大の快楽を与えるものだが，美の快楽は最も短い時間に最も多くの知覚を与えて人間に達することのできる最高の認識だとする。著者は18世紀のほとんどの美学説を紹介して，当時の美学が目的を「善」と「美」，「倫理」と「快楽」の2潮流にあることをうかがわせる。

　美学の次の発展はカントによってもたらされている。人間は自己の外で自然を認識し，自然の中で自己を認識する。自己の外の自然の中では真を求め（純粋理性），自己の中では善を求める（実践理性）。この2つの認識のほかに判断力があって，意味によらない判断と欲望によらない満足を成立させる美の感じの元があるとするものである。これを受けたシラーは，芸術の目的はカント同様，美であり，美の源は利益がない快楽であり，「遊戯」と名づけてもよいような美のほかに目的を立てない生活そのものの美の現れを起源だとする。一方，フィヒテは美は世界の中にあるのではなく美しい心にあり，芸術はその心の現れで，芸術の目的は頭の教養（学者の仕事）でもなく胸の教養（倫理説教者）でもなく人間全体の教養だとする。また，アダムミューラーもフィヒテと同方向で，社会美と個性美の2つを置き，社会美は古代の美であり個性美は眺める人自身がその美を引きつける新しい芸術の美であるとする。どんな芸術の制作も世界全体の調和の再現で，最高の芸術を生活の芸術に置いている。カントの流れを汲んだシェリングは，美は有限なものに

現れた無限の表象で，芸術は主観的なものと客観的なものの一致，自然と理性の一致，無意識的なものと意識的なものの一致だから認識の最も高い手段になるとし，芸術家は知識や意志で制作するのでなく美の観念そのものが創造を生むとする。

　こうして生まれた美学の多様な視点は，ヘーゲル，フィッシャー，ヘルバルト，ギュイヨー，リードとつながり，ダーウィンに至って美が人間だけに備わったものではなく，鳥類が配偶者の美を重んじたり雄が雌を呼ぶ声などに現れているとする種の本能説が提言される。そして，スペンサーが芸術が遊戯を始まりとするシラーの説に余剰エネルギー説を加えたり，ナイトがシェリングの説を補強したりして現代に至っている。

　結局，人間にとって最も崇高なものとして樹立してきた美学も，トルストイの「芸術というものの意味の土台に美の意味をもって来ていたということが」[3] 芸術を定義しているようでいて，なんらの定義も見いだせない結果になったという批判にさらされることになる。美の意味をもちださない芸術の定義としては，性欲感や遊戯の本能説としてシラーやダーウィン，スペンサーらにみられ，経験説がヴェロンの人間が経験した心持ちを線や色や身振りや音や言葉で現すこととするところにみられるが，トルストイは芸術の起源の説明や芸術の活動説明ではそれも不正確だとする。そうして彼が定義したものが，本巻「本書まえがき」に掲出したトルストイの文脈である。

　トルストイが美学に基づいた芸術を批判するのは，宮廷や貴族がキリスト教への信仰をなくしてから，娯楽として生みだした貴族芸術が，雇われ楽士や画家などによって，貴族の求めた刺激に応じてつくられるものとなって堕落していき，民衆芸術と遊離したことにある。大衆を奴隷としたほんの一部の贅沢を享受する人にしかわからない，つまり上流階級だけの娯楽のための芸術，トルストイの厳しい言葉を引用すれば「金持ち階級の無信仰と人並み外れた生活」のための芸術は「内容が貧弱になって，傲慢だの生の味気なさだの，何よりも先ず性欲の心持を伝えることばかり覘（ねら）うようになった」[4] ということになる。その芸術をヨーロッパやアメリカの芸術界全体が

真似ているという指摘は，日本にも当てはまろう。

　芸術が通ってきた路は生活芸術・民衆芸術としてあった大きな直径の円にだんだん小さな直径を重ねていき，円錐の頂点はすでに円ではなくなっている，つまり芸術ではなくなっているとトルストイが比喩するような状態が今日の芸術だということになる。民衆の芸術は，ある一人が激しい感動を受けて他者に伝えたくなるときに現れ感染するが，貴族芸術は，ある金持ちの娯楽や快楽の注文に答えて報酬を受けるところに現れ，創作の常套手段が使われて金持ちを満足させる。そこには人間の生と結びついた表現ではなく，"芸術の模造品が芸術作品に取って代わる"結果を招いていくのである。

　トルストイは，偽物の芸術品をつくりだす条件として，「①芸術家がその作品を渡す代わりに受取る相当な報酬，又それを元とした芸術家の職業化，②芸術批評，③芸術学校」[5] の3つをあげる。民衆芸術には報酬や芸術批評や芸術学校はない。しかし，芸術を職業とする芸術家や批評家のための学校は，「別の芸術家が味わった心持を別の芸術家が現わす通りに現わす」[6] ことを教える。自分が表現したいことがなくても有名な作家や画家を真似させる。美術学校では裸体を大家が描いた通りに描くことを教え，演劇学校では名題の悲劇役者の台詞をそっくり真似させ，音楽学校では大家と認められた作曲家の遣り口を繰り返させる。そうした意味で芸術学校の害は，本当の芸術をつくりだす天分を殺してしまうこと，偽物の芸術が広められることによって民衆の趣味，芸術を台なしにしてしまうという2つの側面がある。この偽物をつくりだす3つの条件によって，「今の大部分の人には，芸術とはどういうものかということさえ全く分からなくなって，この上なく下品な芸術の模造でも芸術と認める」[7] ようになっていることを指摘している。

2．未来の芸術

　清水氏のデンマークの風景からは，人間の生としての表現に基づいたともに生きる人々が生成している生活芸術をみることができる。コルの思想には，知性に傾きファンタジーを顧慮しない社会が生を失っていく現状を憂え

「われわれデンマーク民族は，いかなる哲学的な著作，あるいはその大系さえも古代から受け継いではいない。しかし，祖先たちの遺産を見れば豊かな物語という富をもっている」[8]として，想像力からつくられた物語が生を展望し多様な文化・芸術を生みだしていることに着目して，民族の原点に戻ることを実践した。それはトルストイが未来の芸術として意味を置いたものに近い。しかし，コルが嘆いたと同様，今日の日本の学校における芸術の位置づけ，芸術の指導，芸術の評価は，トルストイのいう芸術学校の弊害そのものを体現しているといえよう。

　誰しもが幼年期に夢中になって遊んだ表現活動が，いつのまにか苦手な教科目の一つになっている。保育士や教職を目指す学生やすでに教育実践にかかわっている人々が表現することに抵抗感や劣等感がある。こうした問題について学生と討論すると，子どもの表現活動を評価する学校教育システムの問題を指摘する者，表現者として自己形成する機会がなくどちらかというと表現しないことを求められてきたとする者，免許取得にあたってピアノが弾けない，美術の課題ができないなどで苦手意識をもった者など，多くが芸術学校の教育のように外部から指導され評価される自己表現活動への不安を抱えていることがあげられる。まさに，日本の学校教育に位置づけられた音楽・美術などの西洋的芸術科目が，日本人としての表現者を育てえない難しさと相関する。それは教師の側からすれば，生活に根を下ろした共同体の中にある民衆芸術を捨て置いて，西洋の美意識を取りだして教授し模倣させる難しさでもある。

　トルストイは，芸術に似たものに慣らす危険や，人を教えて芸術家に仕立てる理不尽さに言及し，こうした害を除くために，「すべての初等学校に図画や音楽唱歌の級を置いて，それを通りさえすれば，誰でも天分のある学生が，そこにあるみんなに使える手本を利用して，自分の力で自分の芸術にかけては一人前に仕上げられる」[9]ようにすることを説き，実践したのである。そして未来の芸術は，一部の人々のものではなく民衆の要求を満たす「人間を兄弟同士の結びつきに引張っていく心持や，すべての人間を結びつける力

のある，人類に共通な心持を伝える作品」[10)]になることを主張する。本来，小学校で絵画や音楽の基礎を教えなくても，あるいは芸術学校などなくても「民衆全体の中で最も天分のあるものが芸術にたずさわるようになって，そういう手本が多くなるしまた誰の手にも入るようになると，未来の芸術家は学校でやる稽古がなくなる代わりに，社会に行渡ったいい芸術の沢山の手本から稽古を受けるから，実は百倍も得をする。これが，未来の芸術と今の芸術との一つの違い」であり，もう一つの違いは未来の芸術をつくりだすものは「報酬を受取って自分の芸術だけしか仕事を持たずにいる職業的な芸術家ではないということだ」「未来の芸術家は人間として普通な生活をして，何か労働をやって自分の暮らしを立てて行くことになる」[11)]と。そして，湧きあがる心持ちを他者に伝えることが喜びとなり報酬となる芸術家の出現は，芸術の内容を例外なしにすべての人間にわかる心持ちを表す内容としていく。そうすることで「民衆芸術や児童芸術の領分全体，冗談や諺や謎謎や民謡や舞踊や子どもらしい物真似の遊びは芸術品と言われる価値がないと認められていた」[12)]ものに光が当たるようになり，芸術の領分が広がって内容は貧弱になるどころか，むしろ豊穣になるとするのである。だから，未来の芸術は，内容からいっても形式からいっても，今，芸術と考えられているものとはまるで違ったものになるだろうと予言した。

3．日本人の芸術観と美意識

　かつての日本では地域社会という共同体が遊びをともにし，祭祀から芸能や民芸などの文化を生みだし伝承してきた。小松氏の妖怪の世界も，大衆に受け入れられる芸術の世界に近接するもので，トルストイがいう未来の芸術の範疇に入るといえよう。物語をもつ民族のファンタジー性の豊かさである。結局，"未来の芸術とは，実生活に根を下ろした民衆の祈りや遊びの過程に生まれ，大衆によって洗練されていく土壌の中から，心持ちを伝える逸材の芸術家が生まれる"ということになる。
　このプロセスは，かつて日本の禅の実践過程に現れた芸術であり，今日の

私たちの生活の底流に潜在するものである。公家文化が衰退し始めた鎌倉期から五山文学として起こった仏教文化は，室町時代には禅文化としてきらびやかなものを否定して質素を旨としたわび，さびの生活文化として芸術の新しい位相を切り開いていく。暗くくすんだものは湿度の高い日本の風土に合い，無常思想が文化として土着化した結果，つまり禅宗が人々に浸透したのはその実践が生活化したところにある。生活化は，具体的なものをもち，情的なものと同じ要素をもって，日本人独特の美意識を生みだすことになったのである。

　たとえば，墨絵は「色彩をもって現すことの出来ない無限の色彩を墨一色に現している」[13]もので墨のもつ黒さ，暗さは深さを示している。禅宗は無心論（現象世界に心を乱さず純粋な状態におく）を唱え，禅の実践も「一衣一鉢」という簡素な生活に結びついた無の実践になり，武家の生き方と結びついたのである。「無一物中無尽蔵」というように絶対無の無こそ，無尽であり墨絵の一本の竹が繁茂する竹藪を表現する，竜安寺の石庭が水も木も一切捨てて水や木で現しえない自然美を現すというように，あるいは茶が書院でなく草庵でなされることでわび，さびを味わうというように，己の精神に向き合う深さが実践されたのである。禅の周辺に発生した芸術は，迷いならぬ悟り，悟りならぬ迷いの表現に活路を見いだしている。

　久松真一は，日本文化の不完全性は，岡倉天心がいうような不完全性を空想によって補うといった，いつか完全性に至る手前にあるのではなく，むしろ完全なものを抑えた「つやけし」の美しさにあり，日本人の美意識の不均衡をよしとし，偶数より奇数を尊ぶのもその現れであるとする。鈴木大拙も，わび（多様性の中に超越的孤独性―『日本の文化用語辞典』）を本質的に組成するものは「『貧困』，即ち消極的に云えば『時流の社会の裡に，又それと一緒に，居らぬ』と云うことである。貧しいといふこと，即ち世間的な事物―富・力・名に頼っていないこと，而も，其人の心中には，何か時代や社会的地位を超えた，最高の価値をもつものの存在を感じること」[14]であるとする。どんなに文明化された日本人であっても，自然の懐に帰って鼓動を感じ

ることを欲するように，土を忘れず，自然に親しみ，飾り気のない単純性を味わう習慣がある。それは生命を外からではなく内から把握する日本人の心的習慣であり，これが禅とつながったところから禅芸術が発生し日本人の意識形成がなされていったということである。大拙は「美とは必ずしも形の完全を指して云うのではない。此不完全どころか醜とも云ふべき形の中に，美を体現することが日本の美術家の妙技の一つである」この不完全さに古色や古拙味（原始的無骨さ）が伴えばさび（鄙びた無虚飾や古拙な不完全）となり，思索に訴える孤絶と孤独をさびが意味するとする。芸術衝動は道徳衝動より原始的であり，生得のものであり創造的であり，内部からの抑えがたい表現であるからこそ，禅は芸術と結びついたと考えられている。「非均衡性・非相称性・『一角』性・貧乏性・単純性・さび・わび・孤絶性・その他，日本の芸術及び文化の最も著しい特性となる同種の観念は，皆凡て『一即多，多即一』という禅の真理を中心に認識するところに発する」[15]として，禅では一と多が相互独立し，一念多を分析して即を置くのでなく，両つのものは同一と考えるのである。禅のもつ直接性・単純性・運動性・精神性・完全性は，芸術衝動として禅芸術を生みだしたといえよう。

　柳宗悦の美に対する論理も禅の観念に基づいている。禅で愛された「不」「未」「即」「一」「円」「黙」「如」の言葉を用いて，そこに「美」がなぜないかに言及する。「不」とは否定への要求で美には「不」「非」「空」「寂」が必要だとする。美は不であり美に非ず，美は空であり寂であるということである。また「未」は美醜の分別を脱するには美醜の未だ分かれる以前に帰る「未生」に置くとする。美が未だ生まれていない状態に美があるということになる。「即」は二者二にして而も不二なる境を「即」とする。「色即是空」「煩悩即菩提」といった言葉のように美醜を即で結んで一相に観ずるのである。「円」は，美醜の二は直線上の両極になるが「円」に溶け去ること，美もこの直線ではなく一円相を描くことが必要ということになる。「黙」は美醜の言葉が絶えるとき「黙」が呼ばれる。饒舌な説明は美を生まない。「黙」の神秘を知るからこそ美が動くのである。「如」は分別の作為を廃して自然

なるままを指す。そのままなる姿,無心で素朴な「如」の様が深められて美は始めて美となるということである。こうした禅思想からすると,美とは,美の概念以前のもので,美醜に先んじてあるものである。

　江戸時代には禅芸術は宗教色を離れて,茶禅一味,剣禅一致,俳禅一味といった具合に大衆化していった。それは大衆芸能をつくりだし,民族の思想を支えるものとなっていったのである。能を大成した世阿弥が児の舞い姿を「人の心に思いもよらぬ感を催す手だて,それ花なり」[16]として大事にしたのも,そのままの,無心で素朴な姿に美以前にある美の原点を見たからではなかろうか。自然と一体となって其の主に成り入り,二元的なものを一元とするところに,花があり,観念ではない実践としての幽玄があると考えたからである。世阿弥が遠島された佐渡には,かつて200ほどの能舞台があり神社の祭礼には能が舞われたといわれる。今でも佐渡には33の能舞台が残り,定例能や薪能が年間20数回催されており,農民が畑仕事の合間に謡曲を口ずさむ文化を継承している。

4. 大衆芸術の振興

　日本に美学という言葉がもたらされたのは,中江兆民のVeronの著書の邦訳が『維氏美学』として出されたことに始まる。そして,東京美術学校,東京大学でフェノロサのヘーゲル美学や森鴎外のハルトマン美学の講義がなされ,京都工芸学校においては西洋美学,美術史が講義された。近代国家建設のためにいち早く取り入れられたこれらの美学は,江戸時代に花開いた大衆芸術を脇に追いやっていく端緒になったのである。

　こうした国の姿勢に大衆は,自分たちの芸術を求めて運動を起こしている。宮沢賢治の農民芸術論は,「何故われらの芸術がいま起こらねばならないか」と問題提起する。「甞てわれらの師父たちは乏しいながら可成楽しく生きていた。そこには芸術も宗教もあった。いまわれらにはただ労働が,生存があるばかりである。宗教は疲れて近代科学に置換され,然も科学は冷たく暗い。芸術はいまわれらを離れ,然もわびしく堕落した。いま宗教家,芸

術家とは真善若しくは美を独占し販るものである。―中略―いまやわれらは新たに正しき道を行き，われらの美をば創らねばならぬ。芸術をもてあの灰色の労働を燃せ。ここにはわれら不断の清く楽しい創造がある。都人よ，来たってわれらに交れ，世界よ，他意なきわれらを容れよ」[17]と。そして農民芸術の本質，分野，主義，製作，産者，批評，総合とこの思想を実現するための具体的な視座を鼓舞する。産者に「われらのなかで芸術家とはどういふことを意味するか」として「職業芸術家は一度亡びねばならぬ。誰人もみな芸術家たる感受をなせ。個性の優れる方面に於て各々止むなき表現をなせ。然もめいめいそのときどきの芸術家である」[18]というのである。黒島傳治のプロレタリア文学運動も，「ゼイタクな菓子を食う少数階級でなく，一切のパンにも事欠いて飢え，かつ，闘争している労働者農民大衆の中にシッカリとした基礎を置く」[19]文学を目指して多くの農民に芸術振興を呼びかける。『凍をたらした神』の作者吉野せゐも，賢治や傳治に触発された一人である。賢治が「芸術のための芸術は少年期に現れ青年期後に潜在する，人生のための芸術は青年期にあり，青年以後に潜在する，芸術としての人生は老年期中に完成する」[20]というように，吉野75歳に出版された作品である。そして，賢治がいう芸術のための芸術以前の幼児期の，固定観念に囚われない表現芸術は，松本氏が詳細に検討したような，生活や遊びの中の関係の相互性から生まれるものとなろう。

　芸術の真髄を捉えた賢治の言と実践は見事というほかはない。賢治の愛読者であった中原中也は，賢治が「概念をできるだけ遠ざけて，なるべく生の印象，新鮮な現識を，それが頭に浮かぶままを」[21]書き仁けた，それは想起される印象を刻々新しい概念に翻訳したものとして，芸術としての高い意味を置く。中也自身，その『芸術論覚え書』に，芸術の本質に迫る言葉を多く残している。

　「名辞が早く脳裏に浮かぶことは尠（すくな）くとも芸術家にとっては不幸だ―中略―『かせがねばならぬ』という意識は芸術と永遠に交わらない」「芸術を衰退させるものは固定観念である」「芸術とは，物と物との比較以前の世界内

のことだ。笑ひが生じる以前の興味だ」「芸術は，認識ではない。―中略―芸術は，学問では猶更ない。芸術家が，学校にゆくことは，寧ろ利益ではない」「芸術家にとって先生はいないといっていい。あればそれは伝統である」[22]など，今日の芸術という言葉の概念を覆す辛辣な内容があげられている。そして芸術不振の根本理由として「即ち，人間直観層の希薄化。直観といふ精神の実質的動機とも云ふべきものが希薄となっては，作品も希薄であろうし，又諸々の議論も希薄にならざるを得まい」[23]とする。中也の芸術観の根底には，生活に平行して芸術自体が存在するもので，芸術が芸術的欲求に発祥して生まれるのであって生むものではないとする考えがある。希薄な直観層から生む芸術への危険を予知したのであろう。いずれにしろ，鈴木三重吉，西条八十などの詩や文学，童謡，童話運動に共感をもち実践した多くの人々や，小山内薫の新演劇から大道芸や紙芝居に至るまで，多様な生活芸術のすそ野が大正デモクラシーを支えたが，職業芸術に異を唱える人々の動きは，この時代を最後に消滅している。都人たちを中心とした芸術家が職業として成立するに従い，日本の生活芸術が西洋芸術に取って代わり，西洋の美の基準や価値が日本人の美意識となっていくのである。当然，幼稚園や保育所，学校等の表現活動は，人間の生に根を据えたものではなく，西洋的音楽，造形等が教授され，ますます芸術を衰退させる方向，つまり人間の生を破滅する方向に進んでいるのである。

　3人の執筆者には，芸術とは何かを改めて考える課題をいただいた。真の意味での表現芸術の世界を再興すること，それこそ人間性回復の根元である。近年はその掘り起こしも行われるようになってきて，日本文化にも目が向けられている。この灯が大きくなれば，日々，生成する人々の表現活動があり，遊びがあり，文化がつくられていく社会の活力が生まれ，やがて大衆とともにある秀逸の芸術家が誕生するであろう。世代を超えて，美を感じる普遍的センスが共同体のつながりを復活させる未来の芸術運動が，一つの活路を切り開くに違いない。それが，幼年期の生活に源があるからこそ，就学

前教育施設や幼年期の教育にかかわる者は，美を教える邪道に陥ることなく，表現が生成する生活を営むことではなかろうか。

 2010年4月

青木久子

【引 用 ・ 参 考 文 献】

〈本書まえがき〉
(1) トルストイ／河野与一 訳『芸術とは何か』岩波書店，1934，pp.21-64

〈第1部はじめに〉
(1) ミシェル・フーコー／田村俶 訳『監獄の誕生：監視と処罰』新潮社，1977
(2) 養老孟司『脳と自然と日本』白日社，2001
(3) 同上，p.281
(4) クリスチャン・カリオン 監督『戦場のアリア』フランス・ドイツ・イギリス合作，2005，DVD角川エンターテイメント，2006
(5) 養老，上掲書（2），p.259

〈第1部第1章〉
(6) カント『判断力批判』p.59
　　　※以下頁数は原書初版のものである。どの訳書にもこの頁数は記されている。
(7) V.E. フランクル／霜山徳爾 訳『夜と霧：ドイツ強制収容所の体験記録』みすず書房，1985
(8) 同上，p.121
(9) ミルトン・メイヤロフ／田村真・向野宣之 訳『ケアの本質』ゆみる出版，1987
(10) カント，上掲書（6），p.49以下
(11) カント，上掲書（6），p.80以下
(12) "Über die ästhetische Erziehung des Menschen in einer Reihe von Briefen" Schillers Werke, Nationalausgabe, 20Bd. Weimar, 1962
　　　シラー／石原達二 訳『美学芸術論集』冨山房，1977
(13) 同上，S.400，同上訳書，p.207
(14) 同上，同頁
(15) D.G. シンガー，J.L. シンガー／高橋たまき ほか訳『遊びがひらく想像力』新曜社，1997など
(16) アリストテレース／松本仁助・岡道男 訳『詩学』・ホラーティウス／岡道男 訳『詩論』岩波書店，1997，p.87
(17) ヴィーコ／上村忠男・佐々木力 訳『学問の方法』岩波書店，1987，pp.70-71

(18) http://www.douke.co.jp/　2008年12月6日
(19) シラー，上掲書（12），S.410，同上掲訳書（12），p.220
(20) 同上，S.412，同上訳書，p.223
(21) 宮本常一『忘れられた日本人』岩波書店，1984
(22) Kant "Grundlegung zur Metaphysik der Sitten", in Kant Werke in zwölf Bänden, Bd. VII, Frankfurt am Main, 1968, S. 59-60
　　カント／篠田英雄 訳『道徳形而上学原論』岩波書店，1971，p.75
(23) フィヒテ／藤澤賢一郎・杉田孝夫・渡部壮一 訳『自然法論 フィヒテ全集 第6巻』哲書房，1995
　　フィヒテ著，ラインハルト・ラウト 編／忽那敬三・高田純・藤澤賢一郎 訳『道徳論の体系 フィヒテ全集 第9巻』哲書房，2000
(24) メイヤロフ，上掲書（9），p.20
(25) 同上，p.15
(26) ホルクハイマー，アドルノ／徳永恂 訳『啓蒙の弁証法』岩波書店，2007
　　ユルゲン・ハーバマス／三島憲一 ほか訳『近代の哲学的ディスクルス 1，2』岩波書店，1999 など
(27) アクセル・ホネット／山本啓・直江清隆 訳『承認をめぐる闘争』法政大学出版局，2003，p.225
(28) 清水満『共感する心、表現する身体』新評論，1997
　　清水満『生のための学校』新評論，1996

〈第1部第2章〉
(29) 清水満「コミュニケーションとしての身体表現」『演劇と教育』晩成書房，2000年12月号
(30) 影山健・岡崎勝 編『みんなでトロプス！：敗者のないゲーム入門』風媒社，1984
(31) 同上，p.26
(32) 同上，p.26
(33) 清水満『生のための学校』新評論，1996
(34) ヘニング・アイヒベルク／清水諭 訳『身体文化のイマジネーション：デンマークにおける身体の知』新評論，1997
(35) http://www.dgi-byen.dk/　2008年12月6日
(36) アイヒベルク，上掲書（34），p.31
(37) Jorn Møller, Gamle idrætslege i Danmark Bind 1-4 Idræthistorisk Varksted, 1990

(38) Andrew Fluegelman, The New Games Book, Doubleday/Dolphin, 1976
    Andrew Fluegelman, More New Games, Doubleday/Dolphin, 1981
(39) 酒井青樹・峯岸純子『スロースポーツに夢中！』岩波書店，2004

〈第1部第3章〉
(40) アイザィア・バーリン／小池銈 訳『ヴィーコとヘルダー』みすず書房，1981，p.204
(41) 同上，p.319
(42) 同上，p.321
(43) 同上，p.320
(44) クリステン・コル／清水満 編訳『コルの「子どもの学校論」』新評論，2007
(45) マルティン・ルター「小教理問答書」ルター著作集委員会 編『ルター著作集 第1集 第8巻』聖文舎，1971，pp.567-608
(46) 清水，上掲書（33）
    永田佳之『オルタナティブ教育』新評論，2005
(47) Christen Kold, Om borneskolen, Dansk Friskoleforening, 1993, s.3
    清水満 編訳『コルの「子どもの学校論」』新評論，2007，p.98
(48) 同上，同頁，同上訳書，pp.98-99
(49) Christen Kold, fortaller, Dansk Friskoleforening, 1988, s.10，上掲訳書（47），p.62
(50) 同上
(51) コル，上掲書（47），s.2，同上掲書（47）p.95
(52) 同上，s.2，同上訳書，p.96
(53) 同上，s.5，同上訳書，p.106
(54) 同上，同頁，同上訳書，p.108
(55) 同上，s.10，同上訳書，p.139
(56) 同上，s.7，同上訳書，p.113
(57) 同上，s.14，同上訳書，p.142
(58) 同上，同頁，同上訳書，p.143
(59) 同上，同頁，同上訳書，p.142
(60) 同上，s.15，同上訳書，p.147
(61) 同上，s.17，同上訳書，p.154
(62) 永田，上掲書（46），p.160
(63) 清水，上掲書（33）

(64) http://janguru2003.hp.infoseek.co.jp/ 2008年12月6日
(65) http://www.zuni.org.hk/zuni06/art-edu_bbe_e.html 2008年12月6日
(66) http://www.pladstilliv.dk/ 2008年12月6日
(67) 岡本夏木『幼児期』岩波書店，2005

〈第2部第1章〉
（ 1 ） 柳田國男「郷土生活の研究法」『柳田國男全集 第8巻』筑摩書房，1998
　　　　柳田國男「民間伝承論」，同上書
　　　　小松和彦 ほか編『芸術と娯楽の民俗』（講座日本の民俗学 第8巻）雄山閣，1999
（ 2 ） 柳田国男・関敬吾 編『新版日本民俗学入門』名著出版，1982
（ 3 ） 大塚民俗学会 編『日本民俗事典』弘文堂，1972
（ 4 ） 新井恒易「芸術と芸能と呪術と」民俗芸能研究の会・第一民俗芸能学会 編『課題としての民俗芸能研究』ひつじ書房，1993，pp.79-96
（ 5 ） 柳田，上掲書（1）「民間伝承論」
（ 6 ） 赤松啓介『非常民の民俗境界』明石書店，1988
（ 7 ） 脇野沢村史調査団 編『脇野沢村史 民俗編』脇野沢村役場，1983，pp.701-702
（ 8 ） 同上，p.676
（ 9 ） 脇野沢村史調査団 編『脇野沢村史 民俗編 資料集』脇野沢村役場，1983，pp.43-44
（10） 同上，pp.16-17
（11） 脇野沢村史調査団，上掲書（7），p.707
（12） 大藤時彦「ヒダル神」民間伝承の会『民間伝承』9(1)，1943，p.19
（13） 柳田國男「遠野物語」『柳田國男全集 第2巻』筑摩書房，1997
（14） 柳田國男「民謡の今と昔」『柳田國男全集 第4巻』筑摩書房，1998
（15） 小川学夫「民謡」，上掲書（1）『芸術と娯楽の民俗』，pp.160-180
（16） 早川孝太郎『花祭』岩崎美術社，1966，p.254
（17） 小松和彦「荒神鎮め儀礼の分析」日本記号学会 編『記号学研究』3，東海大学出版会，1983，pp.186-189
（18） 柳田國男「民謡覚書」『柳田國男全集 第11巻』筑摩書房，1998
　　　　町田嘉章・浅野建二 編『日本民謡集』岩波書店，1960
　　　　野本寛一『言霊の民俗』人文書院，1993
（19） 赤松，上掲書（6）
（20） 浅野建二『新講わらべ唄風土記』柳原書店，1988

　　　　伊藤信吉『土の唄と民話』四元社，1939
(21)　町田嘉章・浅野建二『わらべうた』岩波書店，1962
(22)　宮城の正月飾り刊行会　編『祈りのかたち』宮城県神社庁（出版）・日賀出版社（発売），2003
(23)　住友和子編集室・村松寿満子　編『土佐・物部村神々のかたち』INAX出版，1999
(24)　高知県文化財団　編『仮面の神々』高知県立歴史民俗資料館，1992
(25)　鹿児島県歴史資料センター黎明館　編『南九州の仮面』鹿児島県歴史資料センター黎明館，1992
(26)　石子順造　編著『小絵馬図譜』芳賀書店，1972
　　　岩井宏實『絵馬』法政大学出版会，1974
　　　佐藤健一郎・田村善次郎『小絵馬』淡交社，1978
(27)　佐藤・田村，同上，p.183
(28)　三隅治雄『日本民俗芸能概論』東京堂出版，1972
(29)　大石泰夫「芸能の二面性」，上掲書（1）『芸術と娯楽の民俗』，pp.110-125
(30)　山路興造「民俗としての芸能・演劇」，上掲書（1）『芸術と娯楽の民俗』，pp.95-109
(31)　宮本常一『日本の子供達』（写真でみる日本人の生活全集　第9巻）岩崎書店，1957
　　　宮本裳裟雄　監『子ども歳時記』桐原書店，1983
　　　柳田國男「こども風土記」『柳田國男全集　第12巻』筑摩書房，1998
(32)　小松和彦『異界と日本人』角川書店，2003
　　　小松和彦『妖怪学新考』洋泉社，2007
(33)　脇野沢村史調査団，上掲書（9），p.119
(34)　柳田，「遠野物語」，上掲書（13）
(35)　鶴見俊輔「芸術の発展」『鶴見俊輔著作集　第4巻』筑摩書房，1975，p.5
(36)　柳宗悦『民芸四十年』岩波書店，1984，pp.83-84
(37)　柳，同上，p.116
(38)　松井健『柳宗悦と民藝の現在』吉川弘文館，2005，p.116
(39)　松井，同上，pp.118-119

〈第3部第1章〉
(1)　麻生武『身ぶりからことばへ』新曜社，1992，p.379
　　　トマセロ，M．／大堀壽夫・中澤恒子・西村義樹・本多啓　訳『心とことばの起源を探る』勁草書房，2006，pp.71-126

（2）松本健義「造形教育の変革—協働される創造と知」石黒広昭 編『社会文化的アプローチの実際』北大路書房，2004，pp.153-185

松本健義「幼児の造形行為における他者との相互行為の役割に関する事例研究（1）」美術科教育学会誌編集委員会 編『美術教育学』15，美術科教育学会，1994，pp.265-280

（3）ワーチ, J. V.／田島信元・佐藤公治・黒須俊夫・石橋由美・上村佳世子 訳『行為としての心』北大路書房，2002，pp.iii-v, pp.24-81

（4）Gerfinkel, H., *Studies in Ethnomethodology*, Englewood Cliffs, NJ : Prentice-Hall, 1967, p.1, p.4

山崎敬一「ガーフィンケルとエスノメソドロジー的関心」佐藤慶幸・那須壽 編著『危機と再生の社会理論』マルジュ社，1993，pp.346-347

（5）ワーチ, J. V.／田島信元・佐藤公治・茂呂雄二・上村佳世子 訳『心の声』福村出版，1995，p.29

（6）松本健義「幼児の造形行為における他者との相互行為の役割に関する事例研究（2）：「顔」の描画表現様式形成における知覚的同一性と相互行為文脈への依存性」美術科教育学会誌編集委員会 編『美術教育学』17，美術科教育学会，1996，pp.231-246

松本健義『幼児の造形表現と会話における物語の展開に関する事例研究』平成8〜9年度科学研究費補助金基盤研究（C）研究成果報告書（課題番号 08680302），1998

西阪仰『相互行為分析という視点』金子書房，1997

（7）菅原和孝「ひとつの声で語ること—身体とことばの「同時性」をめぐって」菅原和孝・野村雅一 編『コミュニケーションとしての身体』大修館書店，1996，p.250

（8）クロン, A.／山田富秋・水川喜文 訳『入門エスノメソドロジー』せりか書房，1996，pp.52-53

※リフレキシビティとインデックス性については，以下の文献を参考とした。

山崎敬一「主体主義の彼方に」西原和久 編著『現象学的社会学の展開』青土社，1991，pp.213-252

山崎，上掲書（4），pp.333-351

前田泰樹・水川喜文・岡田光弘 編『エスノメソドロジー』新曜社，2007，pp.20-28

（9）森岡清美・塩原勉・本間康平 編『新社会学事典』有斐閣，1993，p.75

　　　　前田 ほか，上掲書（8），pp.29-34
（10）上野直樹「状況的認知とギブソン 5」『言語』25（5）大修館書店，1996，p.113
　　　　上野直樹『仕事の中での学習：状況論的アプローチ』東京大学出版会，1999，pp.69-70
（11）鷲田清一『顔の現象学』講談社，1998，pp.29-30
（12）中山元「メルロ=ポンティの〈身体〉の思想」メルロ=ポンティ，M.／中山元 訳『メルロ=ポンティ・コレクション』筑摩書房，1999，p.297
（13）メルロ=ポンティ，M.／滝浦静雄・木田元 訳『眼と精神』みすず書房，1966，p.260
（14）Goodwin,C., Restarts, Pauses, and the Achievement of a State of Mutual Gaze at Turn-Beginning, *Sociological Inquiry*, 50（3-4），1980, p.287.
（15）Goodwin, C., Notes on story structure and the organization of participation, In J. Maxwell Atkinson & J. Heritage（Eds.），*Structures of Social Action : Studies in Conversation Analysis*, Cambridge, New York : Cambridge University Press, 1984, p.230
　　　　西阪，上掲書（6），pp.59-60
　　　　菅原，上掲書（7），pp.19-21
（16）浜田寿美男「初期関係力動の流れを素描するための基本枠組み」浜田寿美男・山口俊郎『子どもの生活世界のはじまり』ミネルヴァ書房，1984，pp.292-294
（17）アガンベン，J.／高桑和巳 訳「思考の終わり」『現代思想』34（7），青土社，2006，pp.78-83
（18）アガンベン，J.／上村忠男 訳『幼児期と歴史』岩波書店，2007，pp.76-116
（19）レイヴ，J. & ウェンガー，E.／佐伯胖 訳『状況に埋め込まれた学習』産業図書，1993
（20）松本健義・三浦真里「幼児の造形的遊びによる日常生活空間の変容について」日本子ども社会学会 編『子ども社会研究』6，ハーベスト社，2000，pp.56-69
　　　　山形恭子「0～3歳の描画における表象活動の分析」『教育心理学研究』36（3），日本教育心理学会，1988，pp.201-209
　　　　山形恭子「なぐり描きと人物画の誕生」『発達』10（38），ミネルヴァ書房，1989，pp.19-30
　　　　茂呂雄二『なぜ人は書くのか』東京大学出版会，1988，pp.1-42
（21）松本健義「子どもの造形的表現活動における学びの活動単位」大学美術教育学会誌編集委員会 編『大学美術教育学会誌』41，大学美術教育学会，2009，p.317
（22）フッサール,E.／渡辺二郎 訳『イデーンⅠ—Ⅰ』みすず書房，1979，pp.132-143

(23) 木田元・野家啓一・村田純一・鷲田清一 編『現象学事典』弘文堂，1994，p.42
山田富秋『日常性批判』せりか書房，pp.15-36
(24) 森岡清美・塩原勉・本間康平 編『新社会学事典』有斐閣，1993，p.569
(25) 山田洋子・中西由里「乳児の指さしの発達」日本児童青年精神医学会 編『児童青年精神医学とその近接領域』24(4)，日本児童青年精神医学会，1983，pp.239-259
(26) 田島信元「ヴィゴツキー」浜田寿美男 編『別冊発達』20，ミネルヴァ書房，1996，p.76
(27) 田島信元『共同行為としての学習・発達：社会文化的アプローチの視座』金子書房，2003，p.143
(28) 上野，上掲書(10)下，1999，p.222
(29) 西阪，上掲書(6)，pp.vii-ix
(30) 松本健義「子どもが生きるできごと世界としての学びの過程」日本芸術教授学研究会 編『芸術教授学』7，日本芸術教授学研究会，2004，pp.63-88
※トランスクリプトは同論文に掲載。
(31) 小林敏明『〈ことなり〉の現象学：役割行為のオントプラクソロギー』弘文堂，1987，pp.92-146の「Seinを〈こと〉として解釈すること」を参照
(32) 木田元『メルロ=ポンティの思想』岩波書店，1984，p.204
(33) 麻生，上掲書(1)，1992，pp.324-326
(34) 鷲田清一『分散する理性』勁草書房，1989，p.iii
鷲田清一『現象学の視線』講談社，1997
(35) エンゲストローム，Y.／山住勝広・松下佳代・百合草禎二・保坂裕子・庄井良信・手取義宏・高橋登 訳『拡張による学習：活動理論からのアプローチ』新曜社，1999，p.141
(36) コール，M.／天野清 訳『文化心理学：発達・認知・活動への文化：歴史的アプローチ』新曜社，2002，pp.194-202

〈第3部第2章〉
(37) ナタンソン，M. 編／渡辺光・那須壽・西原和久 訳『アルフレッド・シュッツ著作集 第2巻 社会的現実の問題［Ⅱ］』マルジュ社，1985，pp.177-179
(38) シュッツ，A.／森川眞規雄・浜日出夫 訳『現象学的社会学』紀伊國屋書店，1980，pp.78-85
(39) 新藤直美・松本健義「生きることとしての子どもの学びの臨床学的研究—自己と他者にひらかれた身体的な応答性による学び—」日本芸術教授学研究会 編『芸術

教授学』8，日本芸術教授学研究会，2005，pp.31-41
※トランスクリプトは，新藤直美「生きることとしての子どもの学びの成り立ちに関する臨床学的研究」，上越教育大学大学院修士課程学位論文，2005，巻末資料に掲載.
(40) ヴァルデンフェルス，B./山口一郎・鷲田清一 監訳『講義・身体の現象学』知泉書館，2004，p.405
(41) 同上，pp.406-407
(42) 竹内敏晴『教師のためのからだとことば考』筑摩書房，1999，p.96
(43) メルロ=ポンティ，M./竹内芳郎・木田元・宮本忠雄 訳『知覚の現象学 2』みすず書房，1974，pp.273-274
(44) メルロ=ポンティ，M./海老坂武・粟津則雄・木田元・滝浦静雄 訳『シーニュ 1』みすず書房，1969，p.115
(45) 丸山圭三郎『カオスモスの運動』講談社，1991，p.61
(46) メルロ=ポンティ，上掲書 (43)，p.219
(47) 松本，上掲書 (21)，2009，p.318
(48) Wenger, E., *Community of Practice : Learning, Meaning, Identity*, Cambridge, UK : Cambridge University Press, 1998, p.5
(49) 浜田寿美男『「私」とは何か』講談社，1999，pp.177-233
(50) 佐藤学『カリキュラムの批評：公共性の再構築へ』世織書房，1996，p.14
(51) 同上，p.15
(52) コール，上掲書 (36)，p.165
(53) エンゲストローム，上掲書 (35)，1999，p.79
(54) バフチン，M./望月哲男・鈴木淳一 訳『ドストエフスキーの詩学』筑摩書房，1995，p.528
(55) 同上，pp.406-407
(56) バフチン，M./伊東一郎 訳『ミハイル・バフチン著作集 5 小説の言葉』新時代社，1979，pp.66-67
(57) バフチン，上掲書 (54)，p.333

〈第3部第3章〉
(58) 西阪，上掲書 (6)，p.131-132
(59) 同上，p.123
(60) Goodwin, C., Professional vision. *American Anthoropologist* 96(3)，1994，pp.606-633

(61) 上野直樹「状況的認知とギブソン 4」『言語』25(4), 大修館書店, 1996, p.105-106
(62) Lynch, M., The externalized retina : Selection and mathematization in the visual documentation of objects in the life science. In. M. Lynch, & S. Woolgar (Eds.), *Representation in Scientific Practice*, Cambridge, MA : The MIT Press., 1990, pp.153-186.
(63) 上野直樹「協同的な活動を組織化するリソース」日本認知科学会 編『認知科学』3(2), 日本認知科学会, 1996, p.13
(64) 上野直樹「状況的認知とギブソン 1」『言語』25(1), 大修館書店, 1996, pp.105-107
(65) Lave, J. & Wenger, E., *Situated Learning : Legitimate Peripheral Participation*, Cambridge, UK : Cambridge University Press. 1991, pp.102-103.
(66) 上野, 上掲書 (10) 上, 1996, pp.112-113
上野, 上掲書 (10) 下, 1999, pp.69-81
Latour, B., Drawing things together, In. Lynch, M., & Woolger, S., *ibid*, 1990, pp.19-68.
(67) 木田, 上掲書 (32), p.204, p.345
(68) ハイデッガー, M./大橋良介・秋富克哉 訳『ハイデッガー全集 第65巻 哲学への寄与論考』創文社, 2005, p.538
(69) ハイデッガー, M./辻村公一 訳『ハイデッガー全集 第9巻 道標』創文社, 1985, p.410
(70) 丸山圭三郎『欲動』弘文堂, 1989, pp.12-13
(71) 木田元『ハイデガー』岩波書店, 1983, pp.170-171
(72) スタイナー, G./生松敬三 訳『ハイデガー』岩波書店, 1980, p.103
(73) 同上, p.97
(74) 木田元 編著『ハイデガー「存在と時間」の構築』岩波書店, 2000, p.40
(75) メルロ=ポンティ, M./竹内芳郎・木田元・滝浦静雄・佐々木宗雄・二宮敬・朝比奈誼・海老坂武 訳『シーニュ 2』みすず書房, 1970, pp.19-20
(76) 同上, pp.14-15
(77) 同上, p.19
(78) 木村敏『偶然性の精神病理』岩波書店, 2000, p.223
(79) 鷲田清一『現象学の視線』講談社, 1997, p.149
(80) 同上, p.157
(81) 同上, p.156
(82) 同上, p.157

(83) 長井真理『内省の構造』岩波書店，1991，pp.40-41
(84) 同上，p.40
　　　デリダ，J.／高橋允昭 訳『声と現象』理想社，1970，p.64
(85) レイヴ＆ウェンガー，上掲書（19），p.12
(86) 木村敏「存在論的差異と精神病」『木村敏著作集 2 時間と他者』弘文堂，2001，pp.102-103
(87) レイヴ＆ウェンガー，上掲書（19），pp.83-89
(88) 木村敏『あいだ』弘文堂，1988，pp.47-48
(89) 木村，上掲書（78），pp.173-175
(90) 木村敏『時間と自己』中央公論社，1982，pp.9-10
(91) 同上，pp.15-16
(92) 木村敏『自分ということ』筑摩書房，2008，pp.53-55，pp.112-113
(93) 鷲田清一『「聴く」ことの力』TBSブリタニカ，1999，pp.107-108
(94) 中村雄二郎『臨床の知とは何か』岩波書店，1992，pp.9-10，pp.133-136
(95) フッサール，E.／細谷恒夫・木田元 訳『ヨーロッパ諸学の危機と超越論的現象学』中央公論社，1995，p.255

〈結びにかえて〉
（1）梅原猛『古事記』学習研究社，2001
（2）トルストイ／河野与一 訳『芸術とはなにか』岩波書店，1934
（3）同上，p.56
（4）同上，p.96
（5）同上，p.148
（6）同上，p.155
（7）同上，p.159
（8）クリステン・コル／清水満 編訳『コルの「子どもの学校論」』新評論，2007，p.97
（9）トルストイ，上掲書（2），p.158
（10）同上，p.236
（11）同上，p.237
（12）同上，p.240
（13）古田紹欽 編集・解説『禅と日本文化 1：禅と芸術Ⅰ』ぺりかん社，1996，p.28
（14）同上，p.52

(15) 同上，p.57
(16) 白州正子『世阿弥』講談社，1996，p.92
(17) 宮澤賢治「農民芸術概論綱要」『宮澤賢治全集 第12巻』筑摩書房，1968，p.10
(18) 同上，pp.13-14
(19) 黒島傳治「農民文学の問題」『黒島傳治全集 第3巻』筑摩書房，1970，p.146
(20) 宮澤，上掲書（17），p.12
(21) 中原中也「評論、小説本文篇」『中原中也全集 第4巻』角川書店，2003，pp.61-64
(22) 同上，pp.131-153
(23) 同上，pp.156-159

【索　引】

〈ア　行〉

アイデンティティ ……258, 259, 261
秋祭り ………………………148
遊び ………111, 130, 167, 205, 206,
　　　　　　209, 239
遊びの道具 …………206, 207, 245
遊びの場 ……………………245

異界 …………………150, 155
異界観 ………………………151
生きた言葉 …………………70, 71
生きる喜び …………………101
一 ……………………………280
イドラット・フォルスク ……49, 56,
　　　　　　57, 58
〈意味＝現象〉………………249
意味（の）生成 ………174, 194, 202,
　　　　　　226, 243, 270
インデックス性 ……………169

歌 ……………………………124
詩 ……213, 214, 217, 222, 224, 226
促し …………………………217, 218

絵馬 …………………………138
演劇的世界 …………………23

〈カ　行〉

快楽 …………………110, 111, 141
観客 …………………………143

間主観的 ……………………256
感性的衝動 …………………18, 20
カント ………………10, 13, 25, 30

貴族芸術 ……………………275, 276
教育装置 ……………………119, 142
共通感覚 ……………………17
共同体的価値 ………………150
協働的 ………172, 180, 182, 206
儀礼 …………………………124

コル …………………65, 66, 82
グルントヴィ ………………50, 65

ケア …………………………32, 33
形式衝動 ……………………18, 21
芸術 ……156, 159, 268, 272, 283
芸術的萌芽 …………………129
芸能 …………………………142
ゲシュタルト ………………246
結界 …………………………152
限界芸術 ……………157, 158, 162
言語芸術 ……………………109
言語形象 ……………………108

行為表現 ……205, 206, 245, 246, 268
口承文芸 ……………115, 116, 130
ごっこ遊び …………………22, 23, 24
ことば ………………………219, 265
〈ことば〉………220, 221, 224, 225
コトバ ………………………221

言葉 …………109, 232, 234, 248
〈ことば＝詩〉…………………218
子どもの学校論 …………68, 71
コミュニケーション …8, 9, 17, 42,
　　　　　　　　　125, 211, 232
根源的沈黙 ………………………257
コンテキスト ……………203, 243

〈サ　行〉

祭具・飾り ………………………134
再・表現活動 ……………………113
祭礼 …………………111, 125, 141
作品 ……………………………114, 115
さび ………………………………280
三項（的共有）関係 ………174, 252,
　　　　　253, 254, 255, 256, 259

自己言及的 ………………………254
自己信頼 ……………………………34
自己尊重 …………………34, 35, 36
自己評価 ……………………34, 36
実践共同体 ………227, 230, 233
実践的な関係状況 ……………203
詩の朗読 ……………………86, 88
社会的な成長 ……………………101
自由時間の家 ………………………96
純粋芸術 ……………157, 158, 161
正月 ………………………………145
状況的行為 ………………………181
象徴に関する余剰 ………………218
常民 ……………………107, 109
常民社会 …………………………163
常民の世界観 ……………………121

シラー …………………18, 19, 20, 25
心意表現 …………………………108
人格主義 …………………28, 30, 32
神事 …………………125, 126, 127, 141
身体 ………………42, 43, 110, 189
身体的行為の応答関係 …………193
身体の交換性 ……………190, 191
身体の互換性 ……………………189
身体の両義性 ……………………171
身体文化 …………………52, 54, 56

生活芸術 …156, 157, 158, 162, 276
生のための学校 ………………80, 91
生のための場 ……………………84
セーディンエ・フリースクール …37
世間話 ……………………121, 122, 123
節供 ………………………………147
節分 ………………………………146
善 …………………………………272

造形 ………………………………134
造形表象 …………………………110
相互行為 …………………167, 239, 243
相互志向性 ………………………173
相互主観的 ……………167, 168, 170, 249
相互承認 ……………27, 30, 31, 33
相互反映的 ……………168, 170, 183
存在論的差異 ……………………246

〈タ　行〉

大衆芸術 ……………157, 158, 161
タイミング ………………………264
対話的生成過程 ……………195, 197

多元的リアリティ ……………209
脱自的実存 ………………250
七夕 ……………………148

通過儀礼 ………………145

〈できごと〉 ………168, 172, 205, 237
〈できごと世界〉 ………228, 230, 231, 232, 235
伝説 ………………116, 118, 154
デンマーク体操 ……………51

動的ゲシュタルト ……………247
トランスクリプト …………183, 188
トルストイ ………………275
トロプス ……………45, 46, 48

〈ナ 行〉

年中行事 ………………144

ノエシス的 ………………262
ノエマ的 ………………262

〈ハ 行〉

花見 ……………………147
パレット幼稚園 ……………96
ハレとケ ………………140
判断停止 …………177, 182

美 …………………10, 15, 272
美学 ……………………9, 275
美醜の感覚 ………………150
美的距離 ……………13, 15, 39

美的な仮象 ………………21
美的な経験 ………………5, 6, 7, 9
美的な承認 ………………38
美的な成長 ………………101
美的（な）判断 ……10, 11, 15, 16, 26, 39, 102
美の共和国 …………25, 26, 27, 39
美の創造された現場 …………160
比喩 ……………………23
表現活動 ……7, 8, 39, 107, 108, 109, 156, 163, 164
表現芸術 ……………245, 272
表現行為 ………………175, 176
表現者 …………………106
表現主義 ………………63
表現的な生 ………………102
表現的な生命 ……………8
表現の芸術 ………………271
表現の視覚的再現性 ………208
表現のデザイン …………241
（表現の）メディア …………42, 48
表現物 ……………106, 114, 163

ファンタジー ……72, 73, 81, 276
フィヒテ ………………30, 31
フリースクール ……67, 69, 74, 79
プロジェクト ……………97, 99
文脈状況（への）依存性 …169, 183

ヘルダー ………………63, 64

ポエジー ………………76
盆踊り ……………………148

〈マ 行〉

マルクス ………………………………7

民間伝承 ……………………114, 155
民芸 …………………………159, 161
民衆芸術 ……………………275, 276
民俗 …………………………………156
民俗学 ………………………………107
民俗芸能 …………………140, 141, 143
民謡 …………………………………124

ムーブメント …………………………53
昔話 ………………118, 119, 120, 154
虫送り ………………………………148

メディア ………………………………17
面 ……………………………136, 137

目的なき合目的性 ……………………11
物語 ………………………67, 68, 84, 115,
　　　　　　　　　　　211, 225, 230
〈もの，こと，人〉……202, 226, 228,
　　　　　　　　　　　235, 239
森の幼稚園 ……………………82, 94

〈ヤ 行〉

遊戯 …………………………………21
遊戯衝動 ……………………19, 20, 22
有形文化 ……………………………107

妖怪 …………………………152, 155
養老孟司 ……………………………3

〈ラ 行〉

リズム ……………212, 222, 224, 226
両義的身体 …………………………253

レグスゴー ……………………………91

労働 ………………………124, 129, 130

〈ワ 行〉

わび …………………………………279
わび，さびの生活文化 ……………279
わらべ歌（唄）………124, 132, 133

〈本巻著者〉　　**清 水　　満**（しみず　みつる）
　　　　　　　　　　　　　　　　　　　　〈執筆分担：第1部〉

〈出身〉長崎県
〈学歴・職歴〉
　鹿児島大学法文学部卒業，九州大学大学院博士後期課程単位取得退学，ドイツ・エッセン大学留学。現在，教育市民運動ネットワーク「日本グルントヴィ協会」幹事　他に九州女子大学，筑紫女学園大学非常勤講師。
〈専門領域等〉ドイツ近代思想　デンマーク民衆教育思想
〈所属学会〉日本フィヒテ協会　西日本哲学会　九州大学哲学会
　Grundtvig-Selskabet（デンマーク）
〈主な著書〉『新版 生のための学校』（新評論，1996）／『共感する心、表現する身体』（新評論，1997）／『コルの「子どもの学校論」』（編訳・解説，新評論，2007）

〈本巻著者〉　　**小 松 和 彦**（こまつ　かずひこ）
　　　　　　　　　　　　　　　　　　　　〈執筆分担：第2部〉

〈出身〉東京都
〈学歴・職歴〉
　埼玉大学教養学部教養学科卒業，東京都立大学大学院社会科学研究科博士課程単位取得退学。信州大学教養部助教授，大阪大学文学部助教授，同教授を経て，現在，国際日本文化研究センター教授・総合研究大学院大学文化科学研究科教授。
〈専門領域等〉文化人類学・民俗学　民間信仰論　口承文芸論　妖怪文化論
〈所属学会〉日本文化人類学会　日本民俗学会　日本口承文芸学会　日本民俗芸能学会
〈主な著書・論文〉『憑霊信仰論』（講談社，1994）／『異人論』（筑摩書房，1995）／『神なき時代の民俗学』（せりか書房，2002）／『妖怪文化入門』（せりか書房，2006）／『妖怪学新考』（洋泉社，2007）／『百鬼夜行絵巻の謎』（集英社，2008）

〈本巻著者〉　　**松 本 健 義**（まつもと　たけよし）
　　　　　　　　　　　　　　　　　　　　　〈執筆分担：第3部〉
〈出身〉長野県
〈学歴・職歴〉
　　上越教育大学大学院修士課程修了，山口女子大学（現山口県立大学）助手，同講師，鳴門教育大学助教授を経て，現在，上越教育大学教授。修士（教育学）
〈専門領域等〉美術教育学　学習臨床学　幼児造形教育
〈所属学会〉大学美術教育学会　美術科教育学会　日本質的心理学会
　　日本子ども社会学会
〈主な著書・論文〉『社会文化的アプローチの実際』（共著，北大路書房，2004）／『教育心理学』（共著，北大路書房，2004），『地域文化と美術教育』（共著，長門出版社，1995）／「幼児の造形的遊びによる日常生活空間の変容について」（共著，『子ども社会研究』6，2000）／「子どもの造形的表現活動における学びの活動単位」（共著，『大学美術教育学会誌』，2009）

〈シリーズ編者〉 青木久子
青山学院大学大学院修士課程修了
幼稚園教諭より，東京都教育庁指導部 都立教育研究所統括指導主事，国立音楽大学教授 兼 同附属幼稚園長職等を歴任。
現在，青木幼児教育研究所主宰。

磯部裕子
聖心女子大学文学部教育学科卒業
8年間幼稚園教諭職を経，青山学院大学大学院後期博士課程満期退学。
現在，宮城学院女子大学児童教育学科教授。

〈装幀〉レフ・デザイン工房

幼児教育 知の探究 11
表現芸術の世界

2010年5月21日 初版発行©

	清水　満
著　者	小松和彦
	松本健義
発行者	服部雅生
発行所	株式会社 萌文書林

検印省略

〒113-0021 東京都文京区本駒込6-25-6
TEL(03)-3943-0576　FAX(03)-3943-0567
URL:http://www.houbun.com
E-mail:info@houbun.com
落丁・乱丁本はお取替えいたします。　振替口座　00130-4-131092

印刷／製本　シナノ印刷

ISBN978-4-89347-111-6　C3037